境内企业境外上市监管问题研究

China's Regulation for Domestic Companies' Overseas Listing: An Analysis of Policy Issues

刘 轶 著

图书在版编目（CIP）数据

境内企业境外上市监管问题研究/刘轶著. —北京：经济管理出版社，2013.6
ISBN 978-7-5096-2530-9

Ⅰ.①境… Ⅱ.①刘… Ⅲ.①境外上市—上市公司—融资—监管制度—研究—中国 Ⅳ.①F279.246

中国版本图书馆 CIP 数据核字（2013）第 137156 号

组稿编辑：宋　娜
责任编辑：宋　娜　杨雅琳
责任印制：黄　铄
责任校对：超　凡

出版发行：经济管理出版社
　　　　　（北京市海淀区北蜂窝 8 号中雅大厦 A 座 11 层　100038）
网　　址：www.E-mp.com.cn
电　　话：(010) 51915602
印　　刷：北京银祥印刷厂
经　　销：新华书店
开　　本：720mm×1000mm/16
印　　张：17.5
字　　数：287 千字
版　　次：2013 年 6 月第 1 版　2013 年 6 月第 1 次印刷
书　　号：ISBN 978-7-5096-2530-9
定　　价：78.00 元

·版权所有　翻印必究·
凡购本社图书，如有印装错误，由本社读者服务部负责调换。
联系地址：北京阜外月坛北小街 2 号
电　　话：(010) 68022974　　邮编：100836

编委会及编辑部成员名单

(一) 编委会

主　任：李　扬　王晓初

副主任：晋保平　张冠梓　孙建立　夏文峰

秘书长：朝　克　吴剑英　邱春雷　胡　滨（执行）

成　员（按姓氏笔画排序）：

卜宪群　王　巍　王利明　王灵桂　王国刚　王建朗　厉　声
朱光磊　刘　伟　杨　光　杨　忠　李　平　李　林　李　周
李　薇　李汉林　李向阳　李培林　吴玉章　吴振武　吴恩远
张世贤　张宇燕　张伯里　张昌东　张顺洪　陆建德　陈众议
陈泽宪　陈春声　卓新平　罗卫东　金　碚　周　弘　周五一
郑秉文　房　宁　赵天晓　赵剑英　高培勇　黄　平　曹卫东
朝戈金　程恩富　谢地坤　谢红星　谢寿光　谢维和　蔡　昉
蔡文兰　裴长洪　潘家华

(二) 编辑部

主　任：张国春　刘连军　薛增朝　李晓琳

副主任：宋　娜　卢小生　高传杰

成　员（按姓氏笔画排序）：

王　宇　吕志成　刘丹华　孙大伟　陈　颖　金　烨　曹　靖
薛万里

本书为教育部人文社会科学研究一般项目"次贷危机与金融监管模式的变革"（批准号：08JC820027）的研究成果，并得到了中国博士后科学基金的特别资助。

序 一

博士后制度是19世纪下半叶首先在若干发达国家逐渐形成的一种培养高级优秀专业人才的制度,至今已有一百多年历史。

20世纪80年代初,由著名物理学家李政道先生积极倡导,在邓小平同志大力支持下,中国开始酝酿实施博士后制度。1985年,首批博士后研究人员进站。

中国的博士后制度最初仅覆盖了自然科学诸领域。经过若干年实践,为了适应国家加快改革开放和建设社会主义市场经济制度的需要,全国博士后管理委员会决定,将设站领域拓展至社会科学。1992年,首批社会科学博士后人员进站,至今已整整20年。

20世纪90年代初期,正是中国经济社会发展和改革开放突飞猛进之时。理论突破和实践跨越的双重需求,使中国的社会科学工作者们获得了前所未有的发展空间。毋庸讳言,与发达国家相比,中国的社会科学在理论体系、研究方法乃至研究手段上均存在较大的差距。正是这种差距,激励中国的社会科学界正视国外,大量引进,兼收并蓄,同时,不忘植根本土,深究国情,开拓创新,从而开创了中国社会科学发展历史上最为繁荣的时期。在短短20余年内,随着学术交流渠道的拓宽、交流方式的创新和交流频率的提高,中国的社会科学不仅基本完成了理论上从传统体制向社会主义市场经济体制的转换,而且在中国丰富实践的基础上展开了自己的伟大创造。中国的社会科学和社会科学工作者们在改革开放和现代化建设事业中发挥了不可替代的重要作用。在这个波澜壮阔的历史进程中，中国社会科学博士后制度功不可没。

值此中国实施社会科学博士后制度20周年之际，为了充分展示中国社会科学博士后的研究成果，推动中国社会科学博士后制度进一步发展，全国博士后管理委员会和中国社会科学院经反复磋商，并征求了多家设站单位的意见，决定推出《中国社会科学博士后文库》（以下简称《文库》）。作为一个集中、系统、全面展示社会科学领域博士后优秀成果的学术平台，《文库》将成为展示中国社会科学博士后学术风采、扩大博士后群体的学术影响力和社会影响力的园地，成为调动广大博士后科研人员的积极性和创造力的加速器，成为培养中国社会科学领域各学科领军人才的孵化器。

创新、影响和规范，是《文库》的基本追求。

我们提倡创新，首先就是要求，入选的著作应能提供经过严密论证的新结论，或者提供有助于对所述论题进一步深入研究的新材料、新方法和新思路。与当前社会上一些机构对学术成果的要求不同，我们不提倡在一部著作中提出多少观点，一般地，我们甚至也不追求观点之"新"。我们需要的是有翔实的资料支撑，经过科学论证，而且能够被证实或证伪的论点。对于那些缺少严格的前提设定，没有充分的资料支撑，缺乏合乎逻辑的推理过程，仅仅凭借少数来路模糊的资料和数据，便一下子导出几个很"强"的结论的论著，我们概不收录。因为，在我们看来，提出一种观点和论证一种观点相比较，后者可能更为重要：观点未经论证，至多只是天才的猜测；经过论证的观点，才能成为科学。

我们提倡创新，还表现在研究方法之新上。这里所说的方法，显然不是指那种在时下的课题论证书中常见的老调重弹，诸如"历史与逻辑并重"、"演绎与归纳统一"之类；也不是我们在很多论文中见到的那种敷衍塞责的表述，诸如"理论研究与实证分析的统一"等等。我们所说的方法,就理论研究而论,指的是在某一研究领域中确定或建立基本事实以及这些事实之间关系的假设、模型、推论及其检验;就应用研究而言,则指的是根据某一理论假设,为了完成一个既定目标,所使用的具体模型、技术、工具或程序。众所周知,在方法上求新如同在理论上创新一样,殊非易事。因此,我们亦不强求提出全新的理论方法,我们的最低要求,是要按照现代社会科学的研究规范来展开研究并构造论著。

我们支持那些有影响力的著述入选。这里说的影响力,既包括学术影响力,也包括社会影响力和国际影响力。就学术影响力而言,入选的成果应达到公认的学科高水平,要在本学科领域得到学术界的普遍认可,还要经得起历史和时间的检验,若干年后仍然能够为学者引用或参考。就社会影响力而言,入选的成果应能向正在进行着的社会经济进程转化。哲学社会科学与自然科学一样,也有一个转化问题。其研究成果要向现实生产力转化,要向现实政策转化,要向和谐社会建设转化,要向文化产业转化,要向人才培养转化。就国际影响力而言,中国哲学社会科学要想发挥巨大影响,就要瞄准国际一流水平,站在学术高峰,为世界文明的发展作出贡献。

我们尊奉严谨治学、实事求是的学风。我们强调恪守学术规范,尊重知识产权,坚决抵制各种学术不端之风,自觉维护哲学社会科学工作者的良好形象。当此学术界世风日下之时,我们希望本《文库》能通过自己良好的学术形象,为整肃不良学风贡献力量。

中国社会科学院副院长

中国社会科学院博士后管理委员会主任

2012年9月

序 二

在 21 世纪的全球化时代，人才已成为国家的核心竞争力之一。从人才培养和学科发展的历史来看，哲学社会科学的发展水平体现着一个国家或民族的思维能力、精神状况和文明素质。

培养优秀的哲学社会科学人才，是我国可持续发展战略的重要内容之一。哲学社会科学的人才队伍、科研能力和研究成果作为国家的"软实力"，在综合国力体系中占据越来越重要的地位。在全面建设小康社会、加快推进社会主义现代化、实现中华民族伟大复兴的历史进程中，哲学社会科学具有不可替代的重大作用。胡锦涛同志强调，一定要从党和国家事业发展全局的战略高度，把繁荣发展哲学社会科学作为一项重大而紧迫的战略任务切实抓紧抓好，推动我国哲学社会科学新的更大的发展，为中国特色社会主义事业提供强有力的思想保证、精神动力和智力支持。因此，国家与社会要实现可持续健康发展，必须切实重视哲学社会科学，"努力建设具有中国特色、中国风格、中国气派的哲学社会科学"，充分展示当代中国哲学社会科学的本土情怀与世界眼光，力争在当代世界思想与学术的舞台上赢得应有的尊严与地位。

在培养和造就哲学社会科学人才的战略与实践上，博士后制度发挥了重要作用。我国的博士后制度是在世界著名物理学家、诺贝尔奖获得者李政道先生的建议下，由邓小平同志亲自决策，经国务院批准于 1985 年开始实施的。这也是我国有计划、有目的地培养高层次青年人才的一项重要制度。二十多年来，在党中央、国务院的领导下，经过各方共同努力，我国已建立了科学、完备的博士后制度体系，同时，形成了培养和使用相结合，产学研相结合，政府调控和社会参与相结合，服务物质文明与精神文明建设的鲜明特色。通过实施博士后制度，我国培养了一支优秀的高素质哲学社会科学人才队伍。他们在科研机构或高等院校依托自身优势和兴趣，自主从事开拓性、创新性研究工作，从而具有宽广的学术视野、突出的研究能力和强烈的探索精神。其中，一些出站博士后已成为哲学社会科学领域的科研骨干和学术带头人，在"长江学者"、"新世纪百千万人才工程"等国家重大科研人才梯队中占据越来越大的比重。可以说，博士后制度已成为国家培养哲学社会科学拔尖人才的重要途径，而且为哲学社会科学的发展造就了一支新的生力军。

　　哲学社会科学领域部分博士后的优秀研究成果不仅具有重要的学术价值，而且具有解决当前社会问题的现实意义，但往往因为一些客观因素，这些成果不能尽快问世，不能发挥其应有的现实作用，着实令人痛惜。

　　可喜的是，今天我们在支持哲学社会科学领域博士后研究成果出版方面迈出了坚实的一步。全国博士后管理委员会与中国社会科学院共同设立了《中国社会科学博士后文库》，每年在全国范围内择优出版哲学社会科学博士后的科研成果，并为其提供出版资助。这一举措不仅在建立以质量为导向的人才培养机制上具有积极的示范作用，而且有益于提升博士后青年科研人才的学术地位，扩大其学术影响力和社会影响力，更有益于人才强国战略的实施。

　　今天，借《中国社会科学博士后文库》出版之际，我衷心地希望更多的人、更多的部门与机构能够了解和关心哲学社会科学领域博士后及其研究成果,积极支持博士后工作。可以预见,我国的博士后事业也将取得新的更大的发展。让我们携起手来,共同努力,推动实现社会主义现代化事业的可持续发展与中华民族的伟大复兴。

人力资源和社会保障部副部长
全国博士后管理委员会主任
2012 年 9 月

摘 要

境内企业境外上市始于20世纪80年代后期，逐渐形成了境外直接上市和境外间接上市两种方式，而后者又进一步区分为"大红筹"上市和"小红筹"上市，相应的监管框架也并行建立起来。实践表明，境内企业境外上市是吸收利用外资的重要渠道，有利于国有资产保值增值，改善企业经营管理，完善公司治理，提升国际化水平，也是借鉴成熟资本市场先进经验的纽带。

境内企业境外上市监管框架的演进历史与国际、国内资本市场环境的发展变化息息相关。由2007年美国次贷风波引发的国际金融危机，使国际金融监管模式呈现出以原则为基础的发展趋势。这一监管模式强调以概括性的原则作为主要的监管依据，既能够确保监管的有效性，又能够合理配置监管资源并培育监管对象的创新能力，实现了公共目标和商业价值的融合。然而，以原则为基础的监管模式的有效实施要受诸多因素的制约。中国尚不具备全面推行这一监管模式的条件，但应适应国际、国内资本市场环境的新形势，积极借鉴其中蕴涵的先进监管理念和监管经验，在境外上市监管方面适度调整监管思路和方法，以此为指引，进一步完善监管框架和制度。

境外直接上市监管框架以1993年颁布的《中华人民共和国公司法》为基础，由《境外直接上市特别规定》、《章程必备条款》、《境外主板上市通知》、《境外创业板上市指引》等监管文件构成。在新形势下，境外直接上市监管暴露出了诸多问题，如监管框架不尽合理，上市条件过于严格、僵化，监管效率和透明度不高等。与境外直接上市监管框架基本保持稳定发展的态势有所不同，境外间接上市监管框架在实践中变动较大，且逐渐演化成为一种"双轨制"的模式，分别适用于国有企业和非国有企业境外间接上市的情形。基于早期资本市场为国有企业改革服务的历史背景，中国建立了针对国有企业境外间接上市的监管制度，旨在通过中国证监会的审批程序防控国有资产权益非法跨境移转和境外上市。21世纪初，随着民营经济的发展壮大，中国建立了针对非国有企业境外间接上市的监管制度；受防控国有资产流失、限制资本外逃等多重政策因素的影响，这一监管制度先后发生了两次较大的变动，并形成了目前多部门协同配合、齐抓共管的权力配置格局。长期的监管实践以及本次中国概念公司财务信息造假丑闻均表明，上述监管框架同样存在诸多缺陷和不足。

为确保境内监管与境外上市监管的合理衔接，应适时完善境外上市监管体系。一方面，应充分尊重市场机制的作用，统筹考虑优化境外直接上市监管框架，完善监管制度，明确监管标准，提高监管效率并增强监管工作的透明度。另一方面，应适时修订完善境外间接上市监管框架，包括准确定位监管宗旨、统筹规划监管框架、协调完善监管制度、合理配置监管权力、增强监管标准和监管实践的透明度等。

作为规范境内企业到境外上市的主要法律文件，《章程必备条款》强制性地要求涉及中国香港境外上市公司的跨境证券合同争议和侵权争议均应通过仲裁方式解决，并适用中华人民共和国法律。上述规定超越了国务院证券监督管理机构的立法权限，违背了商事仲裁的基本原则，与2005年修订的《中华人民共和国公司法》的有关规定相抵触，也与该条款的立法本意相悖。为平等地保护境内外投资者的合法权益，确保境外上市公司章程的合法性，应当适时修正上述关于争议解决的条款，对跨境证券争议的解决方式以及解决跨境证券侵权争议的准据法等问题不作规定，允许境外上市公司的股东自主选择争议的解决方式，并尊重当事人对解决跨境证券合同争议准据法的意思自治。

近年来，众多境外上市公司相继在美国遭遇集团诉讼。为了防范证券诉讼风险，境外上市公司应充分了解上市地法律体系和司法体制，综合考虑选择适当的境外上市地点和发行上市方式，在具体操作境外发行上市的过程中以及在持续上市期间严格遵守上市地的各项法律、法规和规则，妥善处理投资者关系，有效控制被诉的风险和损失。

针对美国公众公司会计监察委员会可能检查中国部分会计师事务所的有关情况，中国在美上市公司和有关会计师事务所应注意是否存在违反 2010 年修订的《中华人民共和国保守国家秘密法》及 1996 年修正的《中华人民共和国档案法》的风险以及审计服务协议关于保密义务的例外规定是否能够为证券监管机构合理接受。在美上市公司应依法加强保密和档案管理工作，依法认定和保护国家秘密信息及其他档案资料；有关会计师事务所应及时提请档案主管部门对有关问题进行解释。并且，在美上市公司和有关会计师事务所还应考虑以更为稳妥的方式商定审计服务协议的保密条款。

关键词： 境外上市　跨境审计监管　跨境证券争议　证券集团诉讼　跨境并购

Abstract

The practice of Chinese enterprises' overseas listings can be traced to the end of 1980s. From then on, a double-track regulatory framework was established with regards to direct overseas and indirect overseas listings. Furthermore, the latter are classified into two categories: "Grand Red-Chip Listing" and "Small Red-Chip Listing." The practice of Chinese companies' overseas listings has greatly contributed to China's strategy to absorb foreign capital, added much value to state-owned assets, promoted the SOEs' corporate reform and governance, pushed Chinese overseas-listed companies' strategy of internationalization and acted as an important bridge of China to learn from developed capital markets.

The history of these regulatory frameworks are closely related to the evolution of China's and international capital market environment. In the era after the international financial crisis arising from subprime loan problems in the U.S., there appears a clear trend towards a principle-based approach in international financial regulation. This approach emphasizes the role of regulatory principles that could harmonize the regulatory and business objectives in helping to enhance the effectiveness of regulation, reasonably allocates regulatory resources and inspire the regulated to innovate. Although there are some legal obstacles as well as some challenges in implementing principle-based regulation, it advises that China shall absorb the philosophy in overseas listing regulations in view of the material changes in the domestic and international capital markets over recent years. It is advised that China shall absorb the philosophy in overseas listing regulation. This will provide a solid base for proper revisions of regulatory framework and regimes to remedy the problems exposed in current regulatory practices.

Under the regulatory framework for direct overseas listing, regulatory documents based on the *Company Law* (1993) includes the *Special Provisions on Direct Overseas Listing*, the *Mandatory Provisions for Articles of Association*, the *Circular on Direct Overseas Listing* and the *Guidelines for Listing on the Hong Kong GEM*. Under the new landscape, there are existing numerous problems in the domestic regulation of direct overseas listing. The indirect overseas listing regulatory framework is independent from the regulatory framework of direct overseas listing and also has a dual-track system providing separate regulatory rules for "Grand Red-Chip" and "Small Red-Chip" companies. In the early 1990s, China established the regulatory regimes for SOEs' indirect overseas listing, of which the core aim is to prevent the loss of state-owned assets. China's private economy has gradually grown strong by the late 1990's which gave birth to the regulatory regimes for private enterprises' indirect overseas listing. As the problems are inherent in the indirect overseas listing of massive private companies upon foreign-capitalization like capital flight and loss of interest in assets became increasingly prominent, establishing a regulatory mechanism based on multi-ministry cooperation under the PRC State Council has realized. However, some deficiencies are existing in this regulatory framework and the related regulatory system and practice.

In order to ensure that there are no loopholes in domestic and foreign regulation of cross-border listing activities, a series of measures shall be taken to refine current regulatory system. On one hand, it is necessary to regulate direct overseas listing to a certain extent but the exercise of domestic regulatory power shall be self-restrictive and respect the functions of market force. In view of this, there is an urgent need to refine the regulatory framework for direct overseas listing, clarify the regulatory standards, improve the regulatory efficiency and increase the transparency of regulatory process. On the other hand, it is necessary to take measures to refine the regulatory framework for indirect overseas listing, i.e. the purpose of regulation should be accurately positioned, the regulatory framework should be planned, the regulatory power should be reasonably allocated, the transparency of regulatory standards and regulatory practices should be enhanced.

The dispute settlement clause in the *Mandatory Provisions for Articles of Association* mandates that all transnational contractual and non-contractual securities disputes involving Chinese companies listed on the HKEx shall be submitted to arbitration with the PRC law being the applicable law. Such provisions fall beyond the legislative authority of the CSRC, breached the principles of voluntary arbitration, and equal status of the arbitration institutions and contradicts the pertinent provisions of the Company Law of the PRC and also the original legislative intent of this clause. In order to protect the lawful rights and interests of domestic and overseas investors equally and assure the legitimacy of the articles of association of overseas listed companies, the above dispute settlement clause should be duly amended and make no provision for the settlement method of transnational securities disputes and the applicable law for non-contractual transnational securities disputes, so as to allow shareholders of overseas listed companies to select the method of dispute settlement independently and fully respect the party autonomy on the applicable law for contractual transnational securities disputes.

With regards to the possible inspection of the U.S. PCAOB on Chinese accounting firms, Chinese companies listed on U.S. stock exchanges and related Chinese accounting firms shall consider the risks of violating PRC laws guarding state secrets and archives as well as the acceptability of secret-keeping clause in the auditing services agreement. It is suggested that the above mentioned companies and accounting firms consolidate to the state secret and archive management. To lawfully identify and protect state secret and other archives, accounting firms should advise national authority to interpret related uncertain rules. Furthermore, secret-keeping clause in the auditing services agreement should be properly negotiated.

Key Words: Overseas Listing; Cross-Border Audit Oversight; Cross-Border Securities Dispute; Securities Class Action; Cross-Border M&A

目 录

第一章 境外上市监管概述 ... 1

第一节 境外上市的主要形式 ... 1
一、境外直接上市和境外间接上市 ... 1
二、境外间接上市的具体形式 ... 2

第二节 境外上市的历史和现状 ... 3
一、早期阶段：在国际资本市场崭露头角 ... 3
二、中期阶段：大型国有企业为主力 ... 5
三、近期阶段：发行方式的创新和上市地的多元化 ... 7

第三节 境外上市的作用 ... 9
一、境外上市是吸收利用外资的重要渠道 ... 9
二、实现企业国有资产保值增值 ... 11
三、改善企业经营管理，完善公司治理结构 ... 12
四、提升境内企业的国际化水平 ... 15
五、推动境内资本市场发展 ... 17

第二章 境外上市监管模式的创新与发展 ... 19

第一节 传统的金融监管模式：规则监管模式 ... 19
一、监管规范的类型和特点 ... 19
二、规则监管模式及其缺陷 ... 20

第二节 金融监管模式的新发展：原则监管模式 ... 24
一、原则监管模式的渊源 ... 24
二、原则监管模式的含义 ... 25
三、原则监管模式的优越性 ... 27

四、原则监管模式的实践效果 ……………………………… 28
第三节　有效实施原则监管模式的四大挑战 …………………… 30
　　一、合理协调原则与规则的关系 …………………………… 30
　　二、确保监管标准具有确定性和可预见性 ………………… 31
　　三、确保信息公开和公共参与 ……………………………… 32
　　四、建立和发展有效的监管合作关系 ……………………… 33
第四节　完善境外上市监管模式的政策建议 …………………… 33
　　一、借鉴原则监管模式的必要性 …………………………… 33
　　二、推行原则监管模式的制约因素 ………………………… 35
　　三、吸收原则监管模式的思路和方法 ……………………… 36

第三章　完善境外直接上市监管的政策建议 ……………… 39

第一节　监管框架的发展和演变 ………………………………… 39
　　一、基本法律依据 …………………………………………… 39
　　二、《境外直接上市特别规定》的形成 …………………… 41
　　三、《章程必备条款》的制定 ……………………………… 42
　　四、明确申请条件和审核程序 ……………………………… 42
　　五、其他相关规范性文件 …………………………………… 43
第二节　境外直接上市监管存在的问题 ………………………… 44
　　一、监管框架不尽合理 ……………………………………… 44
　　二、上市条件过于严格僵化 ………………………………… 45
　　三、原有股份无法上市流通 ………………………………… 45
　　四、核心监管文件亟待修订完善 …………………………… 46
　　五、关于境外上市公司与境内上市公司的监管要求不尽
　　　　协调 ……………………………………………………… 47
　　六、监管的效率和透明度有待提高 ………………………… 48
第三节　完善境外直接上市监管的政策建议 …………………… 49
　　一、明确监管宗旨 …………………………………………… 49
　　二、确立监管的基本原则 …………………………………… 50
　　三、改进和完善监管的具体措施 …………………………… 50

第四章 加强境外间接上市监管的政策建议 ········· 53

第一节 监管框架的发展和演变 ········· 53
一、监管框架的初创 ········· 53
二、"双轨制"的监管框架 ········· 57
三、监管框架的重构 ········· 63

第二节 监管框架演进的历史背景 ········· 70
一、初创阶段：防控国有资产流失 ········· 70
二、形成阶段：规范民营企业境外上市 ········· 71
三、发展阶段：迈向统一的监管框架 ········· 72

第三节 境外间接上市监管的缺陷和不足 ········· 74
一、"双轨制"监管模式不尽合理 ········· 74
二、监管框架的覆盖范围不完整 ········· 75
三、部分核心监管要求不合理或者不明确 ········· 76
四、境外直接、间接上市监管制度不协调 ········· 77
五、监管标准和监管执法的透明度不高 ········· 78

第四节 加强境外间接上市监管的政策建议 ········· 79
一、准确定位监管宗旨 ········· 79
二、统筹规划监管框架 ········· 80
三、合理配置监管权力，协调完善监管制度 ········· 81
四、增强监管标准和监管实践的透明度 ········· 81

第五章 跨境上市争议解决机制的发展和完善 ········· 83

第一节 《章程必备条款》关于争议解决的具体规定 ········· 84
一、条文表述 ········· 84
二、立法渊源 ········· 85

第二节 跨境证券争议解决规定的缺陷和不足 ········· 85
一、立法越权 ········· 85
二、违背商事仲裁的基本原则 ········· 86
三、与上位法的有关规定相抵触 ········· 87
四、不利于多地上市公司顺利解决争议 ········· 87
五、与立法本意相悖 ········· 88

第三节　完善跨境上市争议解决制度的政策建议 …………… 89
一、对立法背景的分析 ……………………………………… 89
二、政策建议 ………………………………………………… 90
三、完善争议解决条款的制约因素 ………………………… 91

第六章　境内企业境外证券集团诉讼的法律问题 ……………… 93

第一节　境内企业在美发行上市的有关情况 …………………… 93
一、直接上市和"大红筹"上市 …………………………… 93
二、"小红筹"上市 ………………………………………… 93

第二节　在美遭遇证券集团诉讼的总体情况 …………………… 94
一、被诉案件的数量 ………………………………………… 94
二、诉因和诉讼结果 ………………………………………… 95
三、典型案例：中国人寿案 ………………………………… 95

第三节　在美遭遇证券集团诉讼的原因和应对策略 …………… 97
一、美国证券法制发达，司法制度完善 …………………… 97
二、美国投资者诉讼意识强烈 ……………………………… 98
三、美国证券诉讼服务专门化程度较高 …………………… 98
四、公司内部控制体系不健全或者失效 …………………… 99
五、公司合规管理存在缺陷，境外诉讼风险防控能力不足 … 99

第七章　中美跨境审计监管合作的法律问题 …………………… 101

第一节　背景情况 ………………………………………………… 101
一、美国证监会对德勤中国的传票执行诉讼 ……………… 101
二、美国证监会对中国会计师事务所的行政处罚 ………… 102
三、中国香港证监会对安永中国香港的诉讼 ……………… 103

第二节　公众公司会计监察委员会对中国会计师事务所的跨境检查 …… 104
一、公众公司会计监察委员会对会计师事务所的登记和检查 …… 104
二、公众公司会计监察委员会对非美国会计师事务所的检查 …… 106
三、中国对公众公司会计监察委员会跨境检查的态度 …… 109

第三节　公众公司会计监察委员会跨境检查的法律风险 ……… 112
　　一、违反保守国家秘密法规的风险 ……… 112
　　二、违反档案管理法规的风险 ……… 113
　　三、境内监管机构的消极态度 ……… 114
第四节　应对公众公司会计监察委员会跨境检查的措施和建议 ……… 115
　　一、完善保密和档案管理机制 ……… 115
　　二、严格遵守保密和档案管理法规 ……… 115
　　三、准确界定敏感资料的范围 ……… 117
　　四、修订审计服务协议 ……… 117

第八章　境外上市的其他监管问题 ……… 119
第一节　境内外会计准则差异对境外上市的影响 ……… 119
　　一、境外上市公司适用的会计准则 ……… 119
　　二、中国会计准则的国际化进程 ……… 120
第二节　境外上市相关税收监管问题 ……… 125
　　一、境外上市公司适用的相关税法 ……… 125
　　二、中国税法对境外投资者的影响 ……… 128
第三节　境外上市公司股权激励监管 ……… 130
　　一、股权激励的主要形式 ……… 130
　　二、境外上市公司股权激励的有关规定 ……… 132
　　三、境外上市公司股权激励制度的特点 ……… 134
第四节　境外上市相关外汇管理问题 ……… 135
　　一、募集外汇资金的管理 ……… 135
　　二、分红派息的外汇管理 ……… 138
　　三、其他外汇管理事项 ……… 138
第五节　美国相关法规政策对境内企业境外上市的影响 ……… 139
　　一、《萨班斯法（2002年）》的影响 ……… 139
　　二、美国财政部相关规定的影响 ……… 141
第六节　境内企业境外收购应警惕内幕交易风险 ……… 143
　　一、境外战略并购的新动向 ……… 143
　　二、境外战略并购牵涉内幕交易案件的情况 ……… 144

三、防控内幕交易风险的政策建议 …………………… 147

结　论 …………………………………………………… 149

附　录 …………………………………………………… 151

参考文献 ………………………………………………… 235

索　引 …………………………………………………… 239

后　记 …………………………………………………… 243

Contents

1 Introduction ·· 1
   1.1 Modes of Overseas Listing ································· 1
      1.1.1 Direct Overseas Listing and Indirect Overseas Listing ······ 1
      1.1.2 Methods of Indirect Overseas Listing ························ 2
   1.2 Historical Review of Overseas Listing ························ 3
      1.2.1 Early Stage: A Fresh Face on International Capital Market ·· 3
      1.2.2 Following Ten Years: Large SOEs Playing the Main Role ·· 5
      1.2.3 Recent Years: Diversification of Listing Methods and Target Market ·· 7
   1.3 Positive Implications of Overseas Listing ····················· 9
      1.3.1 Absorbing Foreign Capital ···································· 9
      1.3.2 Adding Value to State-Owned Assets ······················ 11
      1.3.3 Promoting the SOEs' Corporate Reform and Governance ·· 12
      1.3.4 Pushing the Strategy of Internationalization ················ 15
      1.3.5 Developing Domestic Capital Market ······················ 17

2 Innovation of Regulatory Approach to Overseas Listing ············ 19
   2.1 Traditional Regulatory Approach: Rule-Based Regulation ·· 19
      2.1.1 Three Classes of Regulatory Norms ························ 19

>　　2.1.2　Rule-Based Regulatory Approach and Its Shortcomings …… 20
2.2　Emerging Regulatory Approach: Principle-Based
>　　Regulation ……………………………………………………… 24
>　　2.2.1　Origin of Principle-Based Regulation …………………… 24
>　　2.2.2　Connotation of Principle-Based Regulation ……………… 25
>　　2.2.3　Advantages of Principle-Based Regulation ……………… 27
>　　2.2.4　Practice and Effect of Principle-Based Regulation …… 28
2.3　Four Challenges in Implementing Principle-Based
>　　Regulation ……………………………………………………… 30
>　　2.3.1　Seasonal Harmonization of Regulatory Principles
>　　　　　and Rules ……………………………………………… 30
>　　2.3.2　Ensuring Certainty and Foreseeability of Regulatory
>　　　　　Requirements …………………………………………… 31
>　　2.3.3　Enhancing Openness of Information and Public
>　　　　　Participation …………………………………………… 32
>　　2.3.4　Development of Effective Public-Private Partnership …… 33
2.4　Policy Proposals for Refining the Daradigm to Overseas
>　　Listing Regulation ……………………………………………… 33
>　　2.4.1　Implications of Principle-Based Regulation ……………… 33
>　　2.4.2　Legal Obstacles to Implementing Principle-Based
>　　　　　Regulation ……………………………………………… 35
>　　2.4.3　Adjusting and Refining Approach to Overseas Listing
>　　　　　Regulation ……………………………………………… 36

3　Policy Recommendations for Improving Direct Overseas
Listing Regulation …………………………………………………… 39
>　3.1　The Regulatory Framework for Direct Overseas Listing …… 39
>　　3.1.1　Legal Basis of Direct Overseas Listing Regulation ……… 39
>　　3.1.2　The *Special Provisions for Direct Overseas Listing*
>　　　　　*(1993)* ………………………………………………… 41
>　　3.1.3　The *Mandatory Provisions for Articles of Association*
>　　　　　*(1994)* ………………………………………………… 42

Contents

   3.1.4 Conditions of Overseas Directing Listing and CSRC's Review Process ……… 42
   3.1.5 Other Regulatory Rules ……… 43
  3.2 Deficiencies of Direct Overseas Listing Regulation ……… 44
   3.2.1 Unreasonably Devised Regulatory Framework ……… 44
   3.2.2 Overly Strict Listing Conditions ……… 45
   3.2.3 Restrictions to Original Shares' Overseas Listing ……… 45
   3.2.4 Core Regulatory Rules to be Revised ……… 46
   3.2.5 Different Regulatory Treaments Between H-Share and A-Share Companies ……… 47
   3.2.6 Regulatory Efficiency and Transparency to Be Enhanced ……… 48
  3.3 Policy Proposals for Improving Direct Overseas Listing Regulation ……… 49
   3.3.1 Legislative Objectives of Overseas Listing Regulation ……… 49
   3.3.2 General Principles of Overseas Listing Regulation ……… 50
   3.3.3 Policy Measures to Improve Oversea Listing Regulation ……… 50

4 Policy Recommendation for Improving Indirect Overseas Listing Regulation ……… 53

  4.1 The Regulatory Framework for Indirect Overseas Listing ……… 53
   4.1.1 Origin of Regulatory Framework ……… 53
   4.1.2 Formation of "Dual-Track" Regulatory Framework ……… 57
   4.1.3 Re-establishment of Regulatory Framework ……… 63
  4.2 Backyround for the Regulatory Framework ……… 70
   4.2.1 Early Stage: Preventing Loss of State-Owned Assets ……… 70
   4.2.2 Intermediate Stage: Setting Rules for Chinese Non-SOEs' Overseas Listing ……… 71
   4.2.3 Latest Stage: Toward a Consolidated Regulatory Framework ……… 72
  4.3 Defects and Deficiencies ……… 74

  4.3.1 Unduly Devised "Dual-Track" Regulatory Framework ………… 74
  4.3.2 Blind Spots of Regulatory Coverage ………… 75
  4.3.3 Unclear and Unreasonable Core Regulatory Requirements ………… 76
  4.3.4 Differences Between Direct and Indirect Regulatory Regimes ………… 77
  4.3.5 Ambiguous Regulatory and Enforcement Practice ………… 78
 4.4 Some Policy Proposals ………… 79
  4.4.1 Objectives of Indirect Overseas Listing Regulation ………… 79
  4.4.2 Reconstruction of Regulatory Framework ………… 80
  4.4.3 Reasonable Allocation of Regulatory Authorities and Improvement of Regulatory Regimes ………… 81
  4.4.4 Enhancing Regulatory and Enforcement Transpancy ………… 81

5 The Development of Resolution Mechanism of Disputes Arising from Cross-Border Lisitng ………… 83

 5.1 Dispute Resolution Rules in the Mandatory Provisions for Articles of Association (1994) ………… 84
  5.1.1 Relate Provisions ………… 84
  5.1.2 Legislative Origin ………… 85
 5.2 Loopholes in Current Dispute Resolution Mechanism ………… 85
  5.2.1 CSRC's Legislative Authority ………… 85
  5.2.2 Principles of Voluntary Arbitration and Status of Arbitration Institutions ………… 86
  5.2.3 The State of Disharmonization with Higher-level PRC Law ………… 87
  5.2.4 *Resolution of Disputes Concerning Multiple Listing Companies* ………… 87
  5.2.5 Underlying Legislative Intent ………… 88
 5.3 Policy Proposals ………… 89
  5.3.1 An Analysis on Legislative Background ………… 89

Contents

  5.3.2 Proposals to Improve Current Rules ………………… 90
  5.3.3 Certain Factors to Be Balanced …………………… 91

6 Legal Issues of Securities Class Actions Encountered by China-Based Companies …………………………………… 93

 6.1 Brief Introduction of Listing in the U. S. by Chinese Companies ………………………………………………… 93
  6.1.1 Direct and "Grand Red-Chip" Listing …………… 93
  6.1.2 "Small Red-Chip" Listing ………………………… 93
 6.2 Securities Class Actions Brought Against Chinese Companies ………………………………………………… 94
  6.2.1 Quantity Analysis …………………………………… 94
  6.2.2 Result Analysis ……………………………………… 95
  6.2.3 A Representative Case: *China Life Insurance* Case …… 95
 6.3 Reasons for Chinese Companies' Being Brought Securities Class Action in the U. S. ……………………………… 97
  6.3.1 Developed Securities Regulation and Judicial System in the U. S. ………………………………………… 97
  6.3.2 American Investors' Strong Intent to Self-Safeguard …… 98
  6.3.3 Expertise of Securities Lawyers ………………… 98
  6.3.4 Internal Control Defects of Chinese Companies ………… 99
  6.3.5 Defects of Chinese Companies in Compliance and Cross-Border Legal Risk Management ……………… 99

7 Legal Issues of China-U.S. Accounting Oversight Cooperation ………………………………………………… 101

 7.1 Background Analysis …………………………………… 101
  7.1.1 Subpoena Enforcement Action Against *Deloitte China* ……………………………………………… 101
  7.1.2 Administrative Proceedings Against Chinese Accounting Firms …………………………………………… 102
  7.1.3 Action against *Ernst & Young* in Hong Kong ………… 103

7.2 PCAOB's Cross-Border Inspection of Chinese Accounting Firms ………… 104
  7.2.1 PCAOB's Registration and Inspection Requirements …… 104
  7.2.2 PCAOB's Inspection of Non-U.S. Accounting Firms …… 106
  7.2.3 CSRC's Attitude to PCAOB's Cross-Border Inspection ………… 109
7.3 Legal Risks Arising from PCCAOB's Cross-Border Inspection ………… 112
  7.3.1 Risks of Violating PRC State Secret Laws ………… 112
  7.3.2 Risks of Violating PRC Archives Laws ………… 113
  7.3.3 Negative Attitudes of Chinese Authorities ………… 114
7.4 Applicable Responsive Measures ………… 115
  7.4.1 Enhancing State Secrets and Archives Management …… 115
  7.4.2 Ensuring Compliance with Relevant Laws and Regulations ………… 115
  7.4.3 Accurate Classification of Sensitive Information ……… 117
  7.4.4 Revision of Audit Service Contract and Engagement …… 117

8 Other Regulatory Issues Concerning Overseas Listing ………… 119

8.1 Differences Between Domestic and Foreign Accounting Standards ………… 119
  8.1.1 Accounting Standard Applicable to Chinese Overseas Listing Companies ………… 119
  8.1.2 Internationalization of China's Accounting Standards …… 120
8.2 Tax Matters Concerning Overseas Listing ………… 125
  8.2.1 PRC Tax Laws Governing Overseas Listing ………… 125
  8.2.2 PRC Tax Laws and Their Implications for Overseas Investors ………… 128
8.3 Compensation Plan of Overseas Listed Companies ……… 130
  8.3.1 Different Methods for Compensation ………… 130
  8.3.2 Relevant Regulations for Overseas Listed Companies' Compensation Plan ………… 132

　　　　8.3.3 Main Characteristics of Overseas Listed Companies'
　　　　　　Compensation Plan ……………………………………… 134
　8.4 Foreign Exchange Regulation Related to Overseas
　　　Listing ………………………………………………………… 135
　　　　8.4.1 Foreign Exchange Regulation of Capital Raised from
　　　　　　Overseas Listing ………………………………………… 135
　　　　8.4.2 Foreign Exchange Regulation of Dividends …………… 138
　　　　8.4.3 Other Foreign Exchange Issues ……………………… 138
　8.5 Relavent U. S. Laws and Their Implications for Chinese
　　　Companies' Overseas Listing ………………………………… 139
　　　　8.5.1 Implications of the *Sarbanes–Oxley Act of 2002* ……… 139
　　　　8.5.2 Implications of Relevant Regulaltions of the U.S.
　　　　　　Department of Treasury ………………………………… 141
　8.6 Insiders Risk Arising from Chinese Enterprises'
　　　Cross-Border M&A …………………………………………… 143
　　　　8.6.1 Trends of Chinese Enterprises' Cross-Border M&A …… 143
　　　　8.6.2 Representative Insider Trading Cases Involving Chinese
　　　　　　Enterprises' Cross-Border M&A ……………………… 144
　　　　8.6.3 Policy Proposals to Control Insider Trading Risks in
　　　　　　Cross-Border M&A ……………………………………… 147

References ………………………………………………………………… 149

Conclusions ……………………………………………………………… 151

App ………………………………………………………………………… 235

Index ……………………………………………………………………… 239

Acknowledgements ……………………………………………………… 243

第一章 境外上市监管概述

第一节 境外上市的主要形式

在现行监管框架下，境内企业到境外发行上市主要可以采用两种方式，即直接到境外发行上市（以下简称境外直接上市）和间接到境外发行上市（以下简称境外间接上市），相应的监管框架也是以这种划分标准为基础建立和发展起来的。

一、境外直接上市和境外间接上市

境外直接上市，是指在中国境内依照公司法设立的股份有限公司到境外发行证券或者上市。在法律上，这类公司在境外发行上市的股份被界定为境外上市外资股（Foreign Capital Shares Listed Overseas），而国际资本市场通常称为"H股"（H-Share），并将发行H股的公司称为"H股公司"（H-Share Company）。自1994年8月8日起，恒生指数有限公司（Hang Seng Indexes Company Limited）开始编制"恒生中国企业指数"（Hang Seng China Enterprises Index），又称"H股指数"（H-Share Index），其选股范围就包括了所有在中国香港联合交易所首次上市的H股公司。[①]

境外间接上市，是指境外控股公司（通常为特殊目的公司）取得或者控制境内企业的权益（股权或者资产）后，以该境外控股公司为主体在境外发行证券或者上市。

[①] 关于恒生中国企业指数的有关情况，参见 http://www.hsi.com.hk/HSI-Net/HSI-Net。

二、境外间接上市的具体形式

以境内企业的所有制性质为标准,境外间接上市可进一步区分为"大红筹"(Grand Red-Chip)上市和"小红筹"(Small Red-Chip)上市。前者主要是指境内国有企业(实践中也包括集体企业)通过其境外控股公司到境外发行上市,后者主要是指境内非国有企业(实践中主要是民营企业)通过其境外控股公司到境外发行上市。

在国际资本市场上,"红筹股"(Red Chips)泛指在中国境外设立、主营业务在中国境内(指中国大陆地区,不含中国香港特别行政区、澳门特别行政区以及台湾地区,下同)且由中国境内的法人、其他经济组织或者自然人控制的公司公开发行并在境外交易所上市交易的股票,发行"红筹股"的公司为"红筹公司"(Red-Chip Company)。可见,"红筹股"、"红筹公司"等概念主要是从上市公司的业务以及实际控制人两个方面来界定的。

但是,"红筹股"和"红筹公司"等概念并没有严格、统一的界定。例如,中国香港联合交易所认为,符合下列条件之一的公司为"红筹公司":至少有30%的股份由中国境内实体直接持有;该公司由中国境内实体(包括国有企业及由省、市级政府所控制的实体,下同)通过其所控制并属单一最大股东的公司间接持有;由中国境内实体直接、间接持有的股份合计不足30%,但达到20%或者20%以上,而与中国境内有联系的人士在该公司的董事会有重大影响力。①

恒生指数有限公司则认为,红筹公司的认定应同时符合以下两项条件:中国境内机构(含国有机构、政府部门)持有股份的比例为30%以上;来自中国境内公司的营业收入(或者利润,或者资产)占营业收入总额(或者利润总额,或者资产总额)的比例为50%以上。②

此外,在国际资本市场上,"大红筹"和"小红筹"的称谓也不是统一的。例如,摩根士丹利国际资本公司(Morgan Stanley Capital International,

---

① 关于中国香港联合交易所对H股和红筹股的解释,参见 http://www.hkex.com.hk/chi/global/faq/hkex%20markets_c.htm。
② 关于恒生中资控股公司指数(Hang Seng China-Affiliated Corporations Index)的选股标准,参见 http://www.hsi.com.hk/HSI-Net/HSI-Net。

Inc.) 在编制 MSCI 中国区相关指数时,分别以"红筹股"和"私企红筹股"(P Chip)对应"大红筹"和"小红筹",从而形成了 MSCI 中国红筹股指数(MSCI China Red Chip Index)和 MSCI 中国私企红筹股指数(MSCI China P Chip Index)。① 又如,中国香港联合交易所将到境外间接上市的境内企业区分为红筹公司和非 H 股大陆私营企业(Non-H Share Mainland Private Enterprises)两类。

此外,境外间接上市还可以发行上市的操作方式为标准,进一步区分为首发上市、介绍上市和反向收购(Reverse Mergers)上市等。其中,反向收购上市又称借壳上市(Back-Door Listing),是指非上市公司股东通过收购一家上市壳公司的股份来控制该公司,再由该公司反向收购非上市公司的资产和业务,使之成为上市公司的子公司。反向收购这种上市方式在境内外市场都比较常见。

第二节 境外上市的历史和现状

一、早期阶段:在国际资本市场崭露头角

大体上,境内企业到境外发行上市的早期阶段应从 1984 年开始,至 1997 年 6 月亚洲金融危机爆发前。期间,经历了最初的以借壳上市为主,到后来以 H 股、红筹股首发上市为主并得到投资者的追捧,是境内企业在国际资本市场上崭露头角的时期。

中国香港作为毗邻内地的国际金融中心,成为境内企业迈向国际资本市场的首选目的地。最初,境内企业在中国香港上市采用了相对易于操作的借壳上市方式。1984 年 1 月,华润集团和中银集团联手组建合资公司,收购原康力投资有限公司(现名航天科技国际集团有限公司,HK:0031),这既是境内企业首次境外并购,也开了境内企业在境外借

---

① 关于 MSCI 中国红筹股指数的基本信息,参见 http://www.msci.com/products/indices/country_and_regional/domestic_equity_indices/china/。

壳上市的先河。

在20世纪90年代初期，中信集团、华润集团、光大集团等中资驻港机构纷纷收购和参股中国香港上市公司。在其带动下，收购和借壳上市的主体也扩展至许多境内企业，形成了一股在港借壳上市的热潮。例如，原粤海企业（集团）有限公司（现粤海控股集团有限公司）于1987年1月收购中国香港上市公司原友联世界发展有限公司（现粤海投资有限公司，HK：0270），原中国国际信托投资公司（现中国中信集团公司）于1990年2月收购在中国香港上市公司原泰富发展（集团）有限公司（现中信泰富有限公司，HK：0267）等。

由于借壳上市有时成本较高，且一些境内企业通过其中国香港窗口公司的多年经营发展，也达到了在中国香港首发上市的条件，这一时期还出现了将中资在港窗口公司的子公司分拆后首发上市的情况。例如，海虹集团（现名招商局国际有限公司，HK：0144）于1992年7月在中国香港首发上市，融资约9200万港元，成为"中国香港第一红筹股"；中国建筑工程总公司重组其境外业务设立中国海外发展有限公司（HK：0688），于1992年8月在中国香港首发上市。

1993年6月19日，中国证券监督管理委员会（以下简称中国证监会）、中国香港证券及期货事务监察委员会（以下简称中国香港证监会）、上海证券交易所、深圳证券交易所和中国香港联合交易所签署了五方《监管合作备忘录》，为境内与中国香港地区的证券监管合作和执法协助奠定了基础。同年7月，青岛啤酒股份有限公司（HK：0168）在中国香港首发上市，境外投资者反应热烈，超额认购超过100倍，上市首日股价涨幅达29%，这是首家在境外直接上市的境内企业。此后，前两批共31家H股试点企业中，有中国石化上海石油化工股份有限公司（HK：0338，NYSE：SHI，以下简称上海石化）、马鞍山钢铁股份有限公司（HK：0323，以下简称马鞍山钢铁）等12家相继在境外发行上市，均受到了市场的追捧。

但是，在这一时期，中国香港投资者对H股的投资热情只持续到1994年底。因业绩不良、管理层不熟悉海外资本市场运作规律及不善于维护与投资者的关系、信息披露存在诸多问题等原因，H股公司逐渐遭受市场冷遇，H股指数由1994年最高1562点下探至1995年最低673点，H股的一级市场也遭遇寒流。

到1996年时，中国经济经过近三年的宏观调控，在"软着陆"后开始趋于活跃，境外投资者对中国经济发展的前景重拾信心。当年5月，"大红筹"公司上海实业控股有限公司（HK：0363）在中国香港首发上市，受到了市场的热情追捧。由此，"红筹股"热潮再起，一度延续近两年时间。1997年5月，另一家"大红筹"公司北京控股有限公司（HK：0392）在中国香港首发上市，公开发行部分获得创纪录的1276倍超额认购，上市首日开盘涨幅达360%，"红筹股"首发上市形成了一个新的高潮。当时，国际资本市场普遍认为，与H股公司相比，红筹公司的治理较为完善，红筹公司的市场形象也好于H股公司。这样，"红筹股"热潮得以延续至1997年亚洲金融危机爆发。

在这一阶段，境内企业到境外发行上市的目标市场以中国香港为主，在其他国际成熟资本市场发行上市的只有为数不多的几家，且集中于美国市场。1992年10月9日，华晨中国汽车控股有限公司（以下简称华晨汽车）在纽约证券交易所首发上市，融资约8000万美元，这也是首家在境外间接上市的境内企业。①此后，部分H股公司如中国石化上海石油化工股份有限公司、广深铁路股份有限公司（HK：0525，NYSE：GSH）均采用了在H股首发的同时发行三级美国存托凭证（American Depository Receipt，ADR）的方式，实现在纽约和中国香港两地同时上市。

二、中期阶段：大型国有企业为主力

自1997年亚洲金融危机爆发至2004年的这段时间是境内企业到境外发行上市的中期阶段。在这一时期，大型国有企业改制、重组后到境外首发上市成为主流。

从1997年7月开始，金融危机肆虐亚洲并波及全球，中国香港证券市场也遭受重创。在这一严峻形势下，作为"央企海外上市第一股"的原中国电信（中国香港）有限公司（现为中国移动有限公司，HK：0941，

---

① 由于融资条件不佳、维持上市的合规负担较重等原因，华晨汽车于2007年7月5日在纽约证券交易所终止上市，这也是第一家在纽约证券交易所上市后又终止上市的境内企业。Peter M. Friedman, China's Information Control Practices and the Implications for the United States, Testimony before the U.S. China Economic and Security Review Commission（USCC），July 30, 2010, available at http://www.uscc.gov/hearings/2010hearings/transcripts/10_06_30_trans/friedman_testimony.pdf.

以下简称中国移动）仍于当年10月完成首发并在中国香港、纽约两地上市，国际配售部分获得超额认购20倍，公开发行部分获得超额认购32倍，融资约42.2亿美元，从融资规模上讲，是当年中国香港市场最大、全球第三的首发上市项目。

2000年以后，随着中国石油天然气股份有限公司（HK：0857，NYSE：PTR，以下简称中国石油）、中国石油化工股份有限公司（HK：0386，NYSE：SNP，LSE：SNP，以下简称中国石化）等若干大型国有企业在境外上市，发行H股并到境外直接上市逐渐成为大型国有企业登陆国际资本市场的主要模式。

当时，国际资本市场对中国公司的了解存在相当大的局限性，中国公司的影响力非常有限。因此，为了扩大投资者基础，提升中国公司的形象，这一时期大型国有企业境外上市通常采用两地或者三地同时上市的操作方式。例如，中国石油、中国联合网络通讯（中国香港）股份有限公司（HK：0762，NYSE：CHU）、中国铝业股份有限公司（HK：2600，NYSE：ACH）等就采用了"中国香港+纽约"两地上市的模式，中国国际航空股份有限公司（HK：0753，LSE：AIRC）采用了"中国香港+伦敦"两地上市的模式，中国石化和中国人寿保险股份有限公司（HK：2628，NYSE：LFC，以下简称中国人寿）采用了"中国香港+纽约+伦敦"三地上市的模式。

值得注意的是，随着美国《萨班斯—奥克斯利法（2002）》（Sarbanes-Oxley Act of 2002，以下简称《萨班斯法（2002年）》）的颁布施行，在美上市外国公司承担的法律风险和合规成本显著上升，境内国有企业到美国发行上市的热情也因此逐渐降温。2004年12月，原中国网通（集团）有限公司完成"中国香港+纽约"两地上市，至今再无境内企业直接到美国发行上市。①

这一时期，大型国有企业是境内企业到境外发行上市的主力军。然而，随着民营经济的逐步发展壮大，部分运营较为成熟的民营企业已开始有利用国际资本市场融资的需求。1998年末至1999年初，恒安国际集团有限公司（HK：1044）、鹰牌控股有限公司（SP：EBH）、侨兴环球电话公司（现为侨兴环球资源公司，NASDAQ：XING）等主营业务位于境内的

---

① 因电信行业重组，该公司已于2008年10月15日在中国香港联合交易所和纽约证券交易所终止上市。

境外控股公司相继在境外发行上市。2000年，在互联网泡沫顶峰时期，新浪公司（NASDAQ：SINA）、网易公司（NASDAQ：NTES）、搜狐公司（NASDAQ：SOHU）等"小红筹"公司先后在美国纳斯达克股票市场（NASDAQ）上市。此后，携程国际有限公司（NASDAQ：CTRP）、盛大互动娱乐有限公司（NASDAQ：SNDA）等"小红筹"公司也相继于2003~2004年登陆美国资本市场。

除以美国为目标市场外，部分境内企业也开始尝试在其他国家和地区上市融资，而新加坡成为主要的目标市场。H股公司中新药业集团股份有限公司（SGX：TZX）以1997年在新加坡交易所首发上市融资6800万美元为起点，1997~2004年，先后27家境内企业直接或者间接在新加坡交易所上市，但融资规模普遍偏小，总计只有约6亿美元。

三、近期阶段：发行方式的创新和上市地的多元化

2005年以后，一批大型国有企业先后改制、重组并在境外发行上市，屡屡刷新纪录。例如，中国工商银行股份有限公司（HK：1398，以下简称工商银行）于2006年10月成功实施"A+H"发行方案（A股和H股同时招股、同时发行、同股同价、同日上市），是当时全球规模最大的首次公开发行项目，其中境外发行募集资金约160亿美元；2008年3月，中国铁建股份有限公司（HK：1186，以下简称中国铁建）首次公开发行H股冻结申购资金约6312亿港元，迄今仍为中国香港市场上的历史最高水平；2010年7月，中国农业银行股份有限公司（HK：1288，以下简称农业银行）先后发行A股和H股，是由2007年美国次贷危机引发的国际金融危机爆发以来全球规模最大的首次公开发行项目，境内、境外融资总计约211亿美元，其中境外融资约120亿美元。

这一时期，大型国有企业到境外直接上市仍主要集中于中国香港市场。一方面，中国经济发展的成就举世瞩目，国际投资者持续加大对中国背景上市公司股票的配置比例，为了更加贴近中国大陆市场，他们纷纷在中国香港地区设立机构，作为大中华地区乃至整个亚洲地区的投资总部。这使得中国香港市场对于专业投资者的吸引力和聚集力显著提升，市场承接能力也随之大大增强。另一方面，如前所述，《萨班斯法（2002年）》施行后，到美国发行上市的合规成本过高，法律风险较大，在相当大的程度

上制约了境内大型国有企业选择美国作为目标上市地的愿望。

值得注意的是，境外直接上市操作方式的积极创新，是这一时期境内企业境外上市的显著特点。除工商银行和中信银行股份有限公司（HK：0998）先后实施"A+H"发行方案外，中国中铁股份有限公司（HK：0390）、中国铁建、中国南车股份有限公司（HK：1766）、中国冶金科工股份有限公司（HK：1618）和农业银行等先后成功实施了"先A后H"的发行方案，即先发行A股后在较短的时间内完成发行H股。在"A+H"发行方案中，A股的发行和H股的发行适用不同的法律，不互为条件且没有回拨机制。因此，"A+H"发行方案实质上包含了两次独立的发行；而"先A后H"发行方案在操作上的特点是，A股和H股的发行基本同步开始，基本同步确定价格区间，A股率先定价和上市，H股随后定价和上市。采取上述操作方式能够确保H股的发行价不低于A股的发行价，有利于境内、境外两地上市公司A股和H股市场交易价格的趋同。

这些创新发行方式的做法需要境内、境外证券监管机构、证券交易所以及证券服务机构有效地配合，包括发行时间表的衔接、信息披露的一致性以及境内外发行定价的协调等，为境内企业走向国际资本市场积累了宝贵的经验，对境内和中国香港资本市场的发展以及两地证券监管法规的协调完善，均发挥了积极的促进作用。一方面，通过将多项国际成熟市场通用的发行机制（如绿鞋机制、回拨机制等）引入境内市场，对国内资本市场的发展起到了良好的借鉴意义和促进作用；另一方面，工商银行、农业银行等超大规模中资控股金融企业的首发上市巩固和提高了中国香港国际金融中心的地位，也促使中国香港监管机构对此类企业的发行条件和信息披露等做了灵活调整，相关规则更加契合境内大型国有企业到境外发行上市的实际情况。

随着一批大型绩优国有控股H股公司的发行上市，中国香港市场获得了长足的发展，H股公司总市值由2004年底的4551亿港元大幅攀升至2007年底50568亿港元的最高水平，占整个中国香港市场总市值的比重也由7%跃升至25%。同时，H股公司在中国香港市场上地位的逐渐提高，对提高市场流动性、改善上市公司行业结构等都发挥了重要的作用。一个重要的标志是，恒生指数有限公司宣布，自2006年8月起，已完成境内股权分置改革的H股有资格纳入恒生指数成分股，以便更准确、及时地跟踪和反映中国香港资本市场的发展状况。2006年9月，中国建设银行股份有限公司（HK：0939，以下简称建设银行）成为首家跻身恒生指数选股范围的H股公司，加入中国香港市场主流蓝筹公司之列。

经过20多年的发展，到境外直接和间接上市的境内企业已成为国际资本市场上一支重要的力量。截至2012年底，先后有179家境内企业直接到境外上市，募集资金总额约1906.59亿美元。其中，148家在中国香港联合交易所主板上市（含中国香港、纽约同时上市的10家，中国香港、伦敦同时上市的4家，中国香港、纽约、伦敦同时上市的1家），28家在中国香港联合交易所创业板上市，3家在新加坡证券交易所上市；上述境外直接上市公司中，有81家已发行A股、1家已发行B股、1家已发行A股和B股。此外，先后有近70家"大红筹"公司和近800家"小红筹"公司间接到境外发行上市，融资总额约971.79亿美元。并且，"小红筹"公司的上市地也趋于多元化，除了传统的上市地中国香港联合交易所、新加坡证券交易所、纽约证券交易所和纳斯达克股票市场外，法兰克福证券交易所、伦敦证券交易所、韩国证券交易所等也相继出现了中国概念公司的身影。

第三节 境外上市的作用

一、境外上市是吸收利用外资的重要渠道

境内企业到境外发行上市是中国利用外资的重要方式之一。[①] 以华晨汽车于1992年在纽约证券交易所首发上市为起点，境内企业开始成规模地逐步迈向国际资本市场。经过多年的发展，到境外上市的境内企业已经成为国际资本市场上的一支重要力量。自改革开放以来，中国累计吸收利用外资已近1.5万亿美元，通过境内企业境外上市的方式从国际资本市场融资的规模约占中国累计吸收利用外资总量的1/5。可见，境外上市在中国利用外资战略中有着举足轻重的地位。为此，在《"十二五"利用外资

---

① 中国证监会：《中国证券监督管理委员会年报（2010年）》，中国财政经济出版社2011年版，第43页。

和境外投资规划》①中，国家进一步强调，推动产业金融结合，增强国际竞争能力，继续支持符合条件的企业根据国家发展战略和自身发展需要到境外上市。

改革开放的 30 多年是中国经济高速增长的黄金时期，国内生产总值（GDP）从 1977 年约 3200 亿元人民币的水平，增长至 2012 年约 5.19 万亿人民币的水平，年复合增长率接近 10%。在改革开放早期的经济政策中，推动国有企业改革是一个重要方面。到 20 世纪 90 年代初期时，国有企业改革的基本方向得到了进一步明确，即建立适应市场经济要求，产权清晰、权责明确、政企分开、管理科学的现代企业制度。1990 年底，上海证券交易所和深圳证券交易所先后成立，全国性的证券市场初具雏形。随后，两家交易所还分别建立了 B 股市场。但是，境内资本市场在当时毕竟处于发展的初期，难以在国有企业改制融资方面担当重任。为有效推动国有企业改革，吸收当时还颇为稀缺的外汇资金，借鉴境外成熟证券市场的先进经验，国务院直接领导启动了股份制企业到境外直接发行上市的工作。同时，一些部门、地方也开始探索通过境外借壳上市、境外业务重组上市等方式接触和利用国际资本市场。

然而，境内企业开始重视并利用国际资本市场促进自身发展、做大做强，则要从 1997~2000 年，中国移动、中国石油、中国石化等一批大型国有企业先后在境外发行上市算起。值得一提的是，在亚洲金融危机爆发的 1997 年，境内企业到境外发行上市融资总额约为 93 亿美元，约占当年吸收境外直接投资总额 453 亿美元的 20%。可以说，这些股权融资为中国移动等一批当时的新上市大型国有企业平稳度过亚洲金融危机发挥了雪中送炭的作用。

从融资规模的角度来看，境内企业到境外发行上市融资的高峰出现在 2005~2007 年。这三年间，全球经济稳定繁荣，国际资本市场的融资环境持续良好。并且，几家境内大型国有商业银行相继剥离不良资产并完成改制上市，走向国际资本市场，通过募集资金夯实了资本基础，国际竞争力显著提升；H 股公司中国神华能源股份有限公司（HK：1088）、中国交通建设股份有限公司（HK：1800）以及"大红筹"公司中国重汽（中国香港）有限公司（HK：3808，以下简称重汽中国香港）等境内大型国有企业也相继完成境外首发上市。特别是工商银行"A+H"同时发行，境内外

---

① 2012 年 7 月 17 日发展改革委发布。

募集资金合计约 219 亿美元，一举超越日本 NTT 移动通讯网络公司（NTT Mobile Communication Network Inc.）于 1998 年在东京证券交易所首发上市融资约 184 亿美元的水平，是由 2007 年美国次贷危机引发的国际金融危机爆发前全球最大规模的首发上市项目。这三年里，境内企业到境外发行上市的融资规模分别为 228 亿美元、447 亿美元和 458 亿美元。

近年来，随着中国经济迅速增长，境内证券市场不断发展壮大，已逐渐成为境内企业最重要的融资平台。并且，既发行 A 股又发行 H 股的两地上市公司逐渐增多，融资已不再是部分境内企业到境外发行上市的主要目的。在这种情况下，境外资本市场的融资功能逐步转型，成为境内证券市场的重要补充。一方面，由于境内证券市场尚不成熟，且近年来一直受困于发行机制不完善等问题，其融资功能经常出现阶段性的暂停，在此期间，境内企业到境外发行上市融资是满足其资金需求的重要渠道。另一方面，受国家政策鼓励，境内企业"走出去"的愿望越来越强烈，但由于资本项目下外汇管制政策的限制，境内企业在境外发行上市，融资后直接用于境外投资项目和经营活动会非常便利。

更重要的是，境外资本市场国际化程度高，市场容量和承受能力都远非境内资本市场可以比拟，这是其突出优势之一。由于境内资本市场独立于全球其他成熟资本市场，当出现超大规模的股本融资、或者上市公司拟大规模再融资、或者公司发起人股东拟减持原有股份的情况下，通过境外资本市场都可以很便捷地操作。从历年境内企业首发上市融资规模（既包括境内首发上市，也包括境外首发上市）来看，前 10 大首发上市项目中有 7 个来自境外发行。其中，融资规模前三强分别是工商银行"A+H"募集资金约 219 亿美元，中国银行境外首发募集资金 112 亿美元，建设银行境外首发募集资金 92 亿美元，而中国石油 A 股首发募集资金仅为 89 亿美元（668 亿元人民币）。

二、实现企业国有资产保值增值

一直以来，中国大型境外上市公司在所有制结构方面以国有企业为主，这些国有企业到境外发行上市显然有利于国有资产保值增值。这是因为，一方面，在发行上市前，企业国有资产的价值只能体现为经评估的账面价值；上市后，企业国有资产的价值以股价计算，反映了未来现金流的折现以及投资者对上市公司和上市资产的信心。另一方面,在募集大量资金的同时,境外上市公司的市值也得到大幅提升,充分实现了国有资产的增值。上市公司的市值虽受宏观经济波动、行业周期等因素的影响,但实质仍然是投资者对未来信心的体现,起决定作用的因素无疑仍是公司的基本面。

据统计,到 2008 年初,境外上市大型国有企业的净资产累计增幅已达 110%,国有资产累计增值已达 730%,国有股东持有市值合计已超过人民币 10.5 万亿元。中国移动、中国石油、工商银行和建设银行等境外上市 H 股公司一度进入全球市值前 10 大公司之列,成为全球同行业中市值最大的企业之一。

三、改善企业经营管理,完善公司治理结构

1. 提升经营管理水平

从现代企业发展的客观规律来看,企业的核心竞争力取决于其创新能力。在资本市场上,这种核心竞争力有力地支撑着投资者对被投资企业的信心。在国际分工中,由于技术创新能力弱,境内企业大多生存于产业链的下游,无力参与高附加值行业的国际竞争。然而,企业的创新能力来源于先进的管理模式和高素质的人才队伍,且培育创新能力需要一个相对漫长的过程。对于国有企业而言,如果依赖自我完善和改进,自然难以获得跨越式的发展,也无力从根本上增强国际投资者的信心,进而无法有效地利用国际资本市场融资。从这个角度讲,国有企业只有积极引进其他战略投资者,通过战略合作为企业带来先进的产品、规范的管理和高水平的人才,实现战略投资者对企业持续、深入的支持,才能够跨越式地提高企业的综合竞争力,增强对投资者的吸引力。

通常,对于规模和实力都在国内居于领先地位的国有大企业来说,潜在的战略投资者往往是在同行业或者相关行业中具有较强国际影响力并渴望开拓中国市场的境外机构。如果缺少优质的战略投资者,国际投资者对国有企业的投资往往会有疑虑,而具有卓越行业领先地位和良好声誉的战略投资者加入后,可以显著地提升投资者的信心,有助于发行的成功,工商银行和建设银行改制并在境外成功发行上市就是最好的例证。同时,战略投资者有权在上市公司董事会占有席位,这使得其能够对公司建立良好

的治理并规范运作发挥监督和促进作用。

实践表明,引入战略投资者与公司改制、重组同步进行,有助于在这一过程中充分挖掘公司价值,进一步完善公司治理机制,产生一系列协同效应。在这方面,不乏若干具有代表性的成功案例。例如,建设银行和美国银行于2006年签署战略合作协议后,后者在众多领域向前者提供了战略性支持,不但包括业务指导和改善管理,而且实现了业务网络资源的整合和网络互联,并解决了同业竞争问题。由此,建设银行在国内银行业市场中的竞争地位更加巩固,内部运营机制更加优化,业务覆盖范围和种类也更加丰富。

又如,工商银行和高盛投资团(包括高盛集团、安联集团和美国运通公司)于2006年初签署了战略投资与合作协议。根据协议,高盛投资团将出资约37.8亿美元入股工商银行,并派驻一名董事进入工商银行董事会。同时,双方还签署了全面合作协议,各战略投资者承诺将与工商银行在其相关业务和管理领域展开广泛合作。其中,高盛集团将协助工商银行完善公司治理结构及风险管理和内部控制体系,提高后者在资金交易、资产管理、公司与投资银行业务、不良资产处置等领域的金融创新和产品开发能力;安联集团和美国运通公司将重点与工商银行在银行保险业务、信用卡等领域开展并深化合作。工商银行引入境外战略投资者这一案例的亮点在于,战略投资者不是境外商业银行,而是国际知名投资银行、保险公司和信用卡公司。这种选择非银行同业作为战略投资者的模式有助于避免合作双方形成同业竞争关系,大大减少与战略投资者合作过程中的利益冲突。并且,来自其他金融同业的战略投资者促进了工商银行在证券、保险等其他金融业务领域的拓展,为未来布局金融控股集团的发展战略积累经验。此外,工商银行和战略投资者之间还通过联合开展一系列培训项目,在培养国际化专业人才和提升中高层管理者专业水平方面展开合作。

再如,在中国香港上市的中国联通股份有限公司(俗称联通红筹公司,以下简称中国联通)于2006年6月20日与SK电讯株式会社(以下简称SKT)签订了《战略联盟框架性协议》。根据协议,中国联通将SKT作为其在中国境内CDMA移动通信业务若干合作领域的唯一及排他性合作伙伴,双方将在技术、市场开发和管理等方面进行合作。从重组的层面看,虽然上述协议设定了重组条件下协议自动终止的条件,但引进SKT无疑将增加中国联通母公司在电信行业重组方案中的筹码,也有利于双方在 CDMA 增值服务以及 3G 业务层面进行前瞻性拓展。从管理的层面看，引进 SKT 也有利于提升中国联通的管理水平、营销能力等。这是中国信息技术行业的大型国有企业引入境外战略投资者的经典案例。

可见，境内企业通过迈入国际资本市场，引入境外战略投资者，有助于积极借鉴先进的管理经验、管理方法和制度，有效提高公司的管理水平和综合竞争力。因此，推动国有企业进一步迈向国际资本市场，已成为国家战略的一部分。2006 年 12 月 5 日，国务院办公厅转发了国务院国资委《关于推进国有资本调整和国有企业重组指导意见的通知》。该通知强调，为培育一批有国际影响力的现代化企业，鼓励具备条件的国有大企业加快改制上市步伐，积极支持整体资产或者主营业务资产优良的企业实现整体上市；积极鼓励引入境内外战略投资者，增强企业技术创新能力和改善经营管理。

2. 完善公司治理结构

毫无疑问，公司治理良好的企业对投资者具有较强的吸引力，投资者甚至愿意为此付出溢价；而公司治理不佳的企业，投资者则敬而远之。近年来，国际资本市场上接连发生的一系列上市公司财务欺诈丑闻，令人触目惊心，公司治理存在缺陷是其中重要的原因之一。因此，建立并实施规范、高效的公司治理有助于保护股东利益、增强投资者信心、提升内部管理水平，意义深远。

到境外直接上市的境内企业主要是国有控股企业，且多为国务院国资委管理的中央企业重组、改制后形成的，与完全市场经济条件下在成熟资本市场上市的公司相比，这些境外国有上市公司的治理结构存在以下三个方面的缺陷，这也是影响境外投资者对中国概念公司投资价值判断和投资信心的不利因素：

（1）股权集中度较高，往往造成"一股独大"的局面，少数股东的权利未得到充分尊重。国有企业境外上市大都采用母子公司架构，集团母公司和上市公司共用一套管理班子（"一套人马，两块牌子"）的情况曾经比较普遍，上市公司的独立性存在先天缺陷。此外，在这样的管理架构下，控股股东还可能通过关联交易、挪用资金等方式侵害上市公司少数股东的利益。

（2）董事会的运作不规范。部分境外上市公司董事会的组成并未完全符合境外法规和规则对上市公司董事资格的要求；部分境外上市公司董事

第一章 境外上市监管概述

会对管理层的授权不足，甚至直接参与日常管理，也影响了其独立性。此外，部分境外上市公司还存在外部董事不足、未设立独立的审计委员会等不规范的情形。

（3）财务和信息披露充分性、准确性不足。部分境外上市公司因内部控制体系存在缺陷，存在财务信息披露的透明度不够甚至虚报财务信息等情形。

在境外成熟资本市场上，监管机构普遍高度关注上市公司的治理结构。例如，中国香港联合交易所上市规则就对董事会专门委员会的组成、人员资格、独立董事等均做了明确规定，并要求上市公司聘请独立的第三方中介机构对内部控制发表专项意见，以强化对控股股东、董事会、高级管理层的制衡和约束。在美国，《萨班斯法（2002年）》对上市公司的财务信息披露和治理结构提出了相当高的要求，明确了管理层对财务信息的刑事责任，强化内部控制体系的有效性，突出独立的审计委员会和外部董事的作用。因此，通过在境外发行上市，境内企业为确保监管合规，必然会加强对上市地法律法规的关注和遵守，积极借鉴国际先进经验，不断完善公司治理。

实践中，已有境内企业在境外发行上市过程中发生公司治理丑闻的案例。例如，"大红筹"公司中国海洋石油有限公司（HK：0363，以下简称中国海油）曾于2005年10月6日受到中国香港联合交易所上市委员会的公开谴责。2002~2004年，中国海油违反当时的中国香港联合交易所《上市协议》和《证券上市规则》的有关规定，选择性披露财务信息，并在未获批准和豁免的情况下进行关联交易。又如，中国民生银行股份有限公司（HK：1988）在申请H股首发上市时，曾发生2000年一份董事会文件上的董事签名为假冒的事件，后又被报道将一份2000年关于变更公司注册名称的董事会决议伪造为股东大会决议的丑闻。

四、提升境内企业的国际化水平

1. 有利于实施境外并购

从一般规律上讲，境内企业的国际化进程大多从初级的产品出口开始，后来开始在境外直接投资开办企业，"走出去"的高级形式必然是境外并购，而境外并购有利于直接、有效地获取东道国的资源和品牌。

随着中国经济的迅猛发展,"中国制造"已遍布世界各个角落,越来越多的境内企业萌生了国际化的战略需求,渴望增强在国际分工和国际竞争中的话语权。毫无疑问,境内企业利用到境外发行上市后建立的国际资本平台实施境外并购,进行横向和纵向的资源整合,是其实现全球化战略、拓展国际市场的重要路径。从国家战略的角度来讲,也有助于进一步发展一体化经济和深化对外合作,推动产业升级。例如,中国移动在中国香港联合交易所上市后,积极推进境外并购等项目,并购对象主要是中国香港等地区以及新兴市场国家的电信运营商。2007年上半年,中国移动的母公司中国移动通信集团公司成功收购巴基斯坦移动通讯运营商巴科泰尔有限公司(Paktel Limited),以对收购标的估值4.6亿美元为基础,向其原控股股东米雷康姆国际移动通信有限公司(Millicom International Cellular S.A.)提交了最终报价。

2008年10月,在中国香港、上海两地上市的中海油田服务股份有限公司(HK：2883,以下简称中海油服)以全现金自愿全面要约收购方式,收购挪威奥斯陆证券交易所上市公司 Awilco Offshore ASA (以下简称 AWO 公司)的全部股份。收购完成后,通过 AWO 公司的业务平台,中海油服深入拓展海外业务,特别是在北海地区的高端市场获得了深水钻井能力,有效地提升了核心竞争力。这一收购交易是迄今为止境内企业最大规模的境外全面要约收购项目,也是首例由一家境内外两地上市公司对一家境外证券交易所上市的外国公司发起要约收购的交易。通过此次境外并购,中海油服迈出了国际化的坚实一步,锻炼了队伍,增强了信心,为其后续国际化战略的顺利实施和长远发展奠定了良好的基础。同时,这一境外并购项目也给其他境内企业的境外并购提供了可供吸收借鉴的有益经验。

2. 树立良好的国际资本市场形象

到境外发行上市不但为境内企业在国际资本市场进行资本运作创造了条件,而且有利于增强境内企业的国际影响力,提升国际声望、地位、信誉和知名度,进而有利于其开拓国际市场以及在国际贸易和投资活动中获得更广泛、更优质、更便利的条件和服务。随着到境外发行上市的境内企业日益增加,境外上市公司在国际资本市场上发挥着举足轻重的作用,国际投资者对中国概念公司的了解和认可程度也逐步提高,中国概念公司整体的国际形象良好。

同时,国际投资者对中国概念公司的发行估值也有显著提高。以前,国际资本市场因对中国概念公司缺乏了解,且对中国概念公司的治理结构和规范运作存在一定程度的担忧,给予中国概念公司发行估值折价明显。例如,中国石油、中国石化两家公司H股首发的估值水平较当时国际可比公司的估值水平折价分别为65%和63%。如今,国际投资者给予中国概念公司的估值水平已有较为明显的提升,有一部分行业甚至会有一定程度的溢价。例如,招商银行股份有限公司(HK:3968)H股首发的估值水平较当时国际可比公司的估值水平溢价18%、工商银行H股首发的估值水平较当时国际可比公司的估值水平溢价5%。这充分体现出,中国概念公司在国际资本市场的地位日益上升,国际投资者对中国经济的前景日益看好并充满信心。

五、推动境内资本市场发展

境内企业到境外发行上市已成为境内资本市场联结国际资本市场的重要纽带之一。境内外资本市场的良性互动,对借鉴成熟资本市场的先进经验、推动境内资本市场的改革创新和国际化进程有着重要的作用。

第一,境内企业到境外发行上市有助于境内资本市场循序渐进地提升国际化水平。自20世纪90年代初期,境内企业开始成规模地到境外发行上市以来,境外上市公司已涉及能源、电力、金融、运输、机械制造、原材料、钢铁、汽车以及网络、科技、电信等各个领域,涵盖了目前中国最为重要、成长性最好的行业和对社会经济发展贡献最大的企业,无论在数量上还是在规模上都呈现上升趋势。同时,已在境外上市的H股公司有相当一部分已在境内发行A股,实现境内、境外同时上市,优化了境内资本市场上市公司的结构。在这一过程中,境内证券市场的基础设施体系也在不断发展完善,除了相继引入询价制度、绿鞋制度等,新股发行制度改革等一系列改革创新措施还将逐步落实,境内资本市场的监管制度逐步与国际成熟资本市场接轨。

第二,境内企业到境外发行上市有助于推动国有企业完善治理结构,提升规范运作水平。对于国有企业而言,资产剥离、资产折股、资产评估以及规范关联交易和信息披露制度、完善组织架构等是到境外发行上市的必要环节。目前,在境外上市公司中比较有代表性的中国电信、中国石油、中国联通、建设银行、中国银行、工商银行等,在公司治理、风险管理和内部控制体系建设方面，都取得了长足的进步，对于境内企业建立现代企业制度具有良好的示范效应。

第三，境内企业到境外发行上市有助于推动企业财务会计制度的变革。经验表明，资本市场的国际化与企业会计制度的国际化相辅相成。通过境内企业到境外发行上市，境内企业财务会计制度也极大地吸收借鉴了国际先进立法经验和通行做法。2006年2月15日，财政部公布了新的企业会计准则体系，自2007年1月1日起在上市公司施行，实现了与国际会计惯例的趋同，是中国企业会计准则改革中的重大突破。并且，中国企业会计准则已实现了与中国香港财务报告准则和欧盟认可的国际财务报告准则等效，这将进一步推动中国资本市场的国际化。[①]

第四，境内企业到境外发行上市有助于提升境内证券服务机构的综合竞争力，培养具有国际化视野和从业经验的专业人才，这也为境内企业日后更加积极地融入全球经济、推动境内资本市场的国际化发展奠定了坚实的人力资源基础。

---

① 参见本书第七章。

第二章 境外上市监管模式的创新与发展

近十几年来，金融全球化进程极大地改变了整个国际金融市场的面貌。在新的市场环境中，金融机构大规模跨境、跨行业拓展业务，积极创新组织形式、金融产品和服务方式，这使得国际金融体系的安全和稳健受到了前所未有的挑战。然而，面对金融业瞬息万变、日益复杂的风险状况，以美国为代表的一些发达国家却墨守陈规，没有及时对原有以规则为基础的监管模式（Rules-Based Regulation，以下简称规则监管模式）进行调整。在由2007年美国次贷危机引发的国际金融危机中，规则监管模式刚性有余、弹性不足的弱点暴露无遗。实际上，早在21世纪初，英国金融服务局（Financial Services Authority，FSA）就已经意识到，只有提升金融监管体系的适应性和灵活性，才能够有效应对日益广泛和复杂的金融创新活动。于是，从2005年开始，英国对原有监管模式进行了改革，推行了以原则为基础的监管模式（Principles-Based Regulation，以下简称原则监管模式）。这种新的监管模式为英国金融体系抵御金融危机提供了有力的支撑，得到了美国、加拿大、欧盟等国家和地区金融监管机构的普遍认可。这种原则监管模式对中国完善境内企业境外上市监管也具有较高的借鉴价值。

第一节 传统的金融监管模式：规则监管模式

一、监管规范的类型和特点

对于任何一个国家而言，金融监管法都是一个由原则（Principles）、规则（Rules）和指引（Guidance）等法律规范共同构成的体系。其中，原则是较为稳定的基本行为准则，不预先确定具体的事实状态，也不规定具体的权利和义务，而是通过"公平"、"合理"、"适当"等定性的标准来约束金融机构的经营活动，要求其在提供金融服务的过程中做到"诚实守信"、"勤勉尽责"和"合理注意"；规则是针对特定监管事项，以具体权利义务为内容的监管规范；指引是对原则或者规则涉及的有关问题进行解释和说明并提升其可操作性的监管规范，包括监管机构或者行业组织制定的正式指引，以及监管机构的声明、典型案例说明、监管处罚案例等非正式指引。在效力等级上，原则是最高位阶的监管规范，是规则和指引的立法依据；原则和规则具有法律约束力，指引通常不具有法律约束力。所谓规则监管模式，是指金融监管机构通过各种具体的规则为监管对象设定明确的权利义务并以此保障各种金融业务的运营的监管模式。在这种模式之下，监管规范体系中的规则居于主导地位，是监管机构对金融业实施监管的主要依据。由于规则具有针对性，因而规则所确立的监管标准，监管机构和监管对象易于形成一致的理解；同时规则赋予监管机构的裁量空间很小，有助于确保规则在反复适用过程中的公平性和一贯的规则监管模式性。

二、规则监管模式及其缺陷

美国一向奉行规则监管模式。《银行法（1933年）》奠定了美国银行业规范化和法制化发展的基础，是美国对金融业实施全面管制的开端。其后，美国又相继颁布《联邦储蓄制度Q条例（1933年）》、《证券交易法（1934年）》、《投资公司法（1940年）》、《威廉斯法（1968年）》等法律，形成了较为完整的金融监管法体系。以《萨班斯法（2002年）》的公布为标志，规则监管模式在美国得到了进一步强化。

美国"双线多头"的金融监管架构颇为独特。一方面，联邦和州均拥有相应的金融监管权；另一方面，在联邦层面上，由美联储、财政部、联邦存款保险公司、美国证券交易委员会（以下简称美国证监会）、储蓄管理局等多个机构在各自的职权范围内，分别对金融业实施监管。在这种监管架构下，各个监管机构都极为重视监管工作的制度化、规范化和法制化，因而金融监管法规体系不仅庞杂，而且覆盖范围广泛，规范深入细致。在金融产品较为单一、易于掌控和驾驭的时代，规则监管模式能够有效地防范金融风险。可以说，它对美国金融业的繁荣和高速发展发挥了不可替代的作用。面对由2007年美国次贷危机引发的国际金融危机，各监管机构都先后制定了一系列监管规则。这表明，规则仍在美国金融监管规范体系中居主导地位。

然而，规则监管模式也有着与生俱来的缺陷，主要体现在以下五个方面：

第一，在规则监管模式下，规则往往不能准确体现监管目标的精神实质。例如，为应对这次金融危机、维护证券市场稳定，美国证券交易委员会曾制定了一项监管规则，即"任何月份或者年度最后交易日持有市值1亿美元以上股权证券的机构投资者应提交交易情况报告"。① 这一规则要求某些重要机构投资者履行额外的信息披露义务，以便监管机构对可能引起股价异动的短线交易进行监控。然而，人们不难发现，上述规则所设的假定——"月份或者年度最后交易日"、"股权证券市值1亿美元以上"——未必能够覆盖所有可能进行短线交易的重要机构投资者，其合理性值得斟酌。不仅如此，监管对象还有机会利用上述两项定量条件实施法律规避行为，制造形式合规的假象。如此一来，这一规则的实施效果将大打折扣。

第二，在规则监管模式下，规则难以覆盖所有相同或者类似的监管事项，往往"重法律形式，轻经济实质"，可能会遗留监管"盲点"。例如，对冲基金是金融机构组织创新的典型形式，其交易策略复杂，头寸变化迅速，因而要求对其加强监管的呼声一直不绝于耳。然而，某些大型复杂银行和资产管理机构的交易策略与对冲基金并无二致。如果监管规则要求对冲基金提高透明度，向其债权人、投资者以及监管机构披露更多的信息，就会导致上述大型复杂银行和资产管理机构继续游离于监管框架之外。②

第三，在规则监管模式下，监管重点是监管对象的业务流程和程序，而不是其业务活动的结果或者经营行为。于是，监管机构专注于广泛的现场检查和问卷式的核查，监管对象专注于机械地遵守各项监管标准，双方

---

① SEC, Amendment to Emergency Order Pursuant to Section 12（K）（2）of the Securities Exchange Act of 1934 Taking Temporary Action to Respond to Market Developments, September 21, 2008, Release No. 58591A.

② Ben S. Bernanke, Regulation and Financial Innovation: A Speech to the Federal Reserve Bank of Atlanta's 2007 Financial Markets Conference, Sea Island, Georgia, May 15, 2007, available at http://www.federalreserve.gov/newsevents/speech/bernanke20070515a.htm.

都忽视了对监管规则精神实质的理解和把握。例如，就2007年美国次贷危机而言，评级机构将担保债务债券等信用衍生产品与普通商业债券同样对待，采用相同的程序和方法进行评级。上述做法在形式上的合规性无可厚非，但担保债务债券毕竟是一种将信用等级最低的初级证券化产品"打包"后形成的"再证券化"产品，其风险状况远比普通商业债券复杂得多。对此，评级机构本应采用更加严格、透明的程序，更加注重防范可能存在的利益冲突。然而，现行监管规则却没有相应的规定。

第四，规则监管模式的前瞻性不足，稳定性和适应性差。市场环境的变化永远领先于监管机构的行动，监管规则无论多么详尽、周密，注定要滞后于市场环境的变化和金融创新的发展。例如，20世纪80年代初，美国信贷市场利率水平较高，而一些州的法律又设定了贷款利率的上限，这导致很多信用等级不高的借款人无法获得住房抵押贷款。为此，美国国会通过法案要求各州取消对绝大部分住房抵押贷款的利率限制。这一措施的初衷在于促进次级住房抵押贷款市场的发展，但资产证券化技术的广泛运用却使这一市场的规模极度膨胀，地产市场泡沫的破裂导致众多养老基金、对冲基金、投资银行等机构投资者深陷泥潭，最终引发了系统性风险，这都是立法者始料不及的。[①] 而且，人们固然可以对作为此次金融危机始作俑者的信用衍生产品严加监管，然而随着金融创新的发展，市场上还会涌现出更多、更复杂的金融衍生产品。并且，也不是所有金融衍生产品都会涉及信用风险，针对抵押支持证券、有抵押债务债券和担保债务债券等信用衍生产品的监管规则并不能够限制其他类型衍生产品的潜在风险。例如，英国金融服务局首席执行官约翰·泰纳（John Tiner）就曾指出，依赖监管规则去规范市场违规行为"无疑会使监管规范手册变得极其庞杂，充斥着详尽的监管规则，其目的是防范未来可能出现的违规行为"。事实上，采用这种监管模式"会使我们疲于应付市场失灵所产生的表面现象，而忽视了问题的根源"。[②] 美国纽约州保险监管局也提出了类似的看法：

[①] Keneth C. Johnston et al., "The Subprime Morass: Past, Present, and Future", *North Carolina Banking Institute*, Vol. 12, March, 2008, pp. 127–130.

[②] John Tiner, Principles-Based Regulation and What It Means for Insurers, Address at the Insurance Sector Conference, March 20, 2006, available at http://www.fsa.gov.uk/pages/Library/Communication/Speeches/2006/0320_jt.shtml.

"显然，仅仅依靠详尽的监管规则无法预防违规行为。"①

第五，规则监管模式会束缚监管对象的创造性，阻碍金融创新的发展，不利于提升金融市场的竞争力。例如，安然公司（Enron）和世界通讯公司（WorldCom）等公司的财务造假丑闻事件发生后，为了加强对上市公司的监管，提振投资者信心，美国制定了《萨班斯法（2002 年）》。该法不仅对《证券法（1933 年）》和《证券交易法（1934 年）》做了大幅修正，而且还在会计行业监管、审计独立性、公司责任和财务信息披露等方面提出了非常高的要求，可以说是规则监管模式的集中体现。然而该法给上市公司和有关中介机构带来了严苛的合规"枷锁"，有矫枉过正之嫌，极大地削弱了美国资本市场的竞争力。结果是，根据美国资本市场监管委员会（Committee on Capital Markets Regulation，CCMR）的研究报告，与伦敦国际金融中心相比，用以衡量美国资本市场竞争力的五项指标在 2002~2007 年持续恶化或者没有实质性的好转。②

可以说，在这种具有先天缺陷的规则监管模式之下，美国的金融监管规则虽然制定得越来越多、越来越细，但这些规则在确保监管准确性的同时牺牲了监管的效率，对市场变化的反应速度越来越慢；"双线多头"监管体制的存在，也使得没有任何一个机构能够得到足够的法律授权来负责整个金融市场和金融体系的风险，最佳的监管时机往往因为会议和等待批准而稍纵即逝。此次由 2007 年美国次贷危机所引发的全球金融危机就是最好的佐证。

---

① Eric R. Dinallo, New York Insurance Department Issues First Principles-Based Regulation Proposing Principles for Both Regulated and Regulators, State of New York Superintendent of Insurance Press Release, November 5, 2007, available at http://www.dfs.ny.gov/insurance/press/2007/p0711051.htm.
② 这五项指标包括公开市场融资额、私募与公开市场融资的比例、在美上市或者退市外国公司数量、交易所股票市值和交易额、美国投资银行的国别收入。Committee on Capital Markets Regulation, The Competitive Position of the U.S. Public Equity Market, December 4, 2007, pp. 1-4, available at http://www.capmktsreg.org/pdfs/The_Competitive_Position_of_the_US_Public_Equity_Mar-ket.pdf.

第二节 金融监管模式的新发展：原则监管模式

一、原则监管模式的渊源

不同的金融监管模式反映了原则和规则这两类监管规范在监管程序中的不同地位和作用。如果在监管规范体系中，规则居于主导地位，是监管机构对金融业实施监管的主要依据，而原则仅仅具有昭示监管目标的意义，那么这种监管模式就属于规则监管模式。相反，如果在监管规范体系中，原则居主导地位并作为主要的监管依据，规则的作用在于进一步明确原则的具体要求，那么这种监管模式就属于原则监管模式。

在金融全球化进程的早期，英美两国都采用了规则监管模式。然而从21世纪初开始，英国逐步转向了原则监管模式。在英国，摒弃规则监管模式，采用原则监管模式也是金融全球化进程推动的结果。为了在竞争日趋激烈的市场环境中及时跟进和规范层出不穷的金融创新活动，英国金融监管立法的步伐从未停歇。随着监管规则的增加，监管规范体系的规模也不断膨胀。然而，事与愿违的是，国际商业信贷银行倒闭、巴林银行破产等重大金融风险事件接踵而至，金融机构在养老金、寿险保单、投资信托等金融产品销售过程中的违规行为此起彼伏。英国监管机构意识到，金融监管模式必须要能够灵活应对日新月异的市场环境，僵化、被动的监管框架既不能有效控制金融创新活动的风险，也无法使金融市场参与者充分分享金融创新所带来的经济利益。为了提升监管框架的适应性和灵活性，英国金融服务局于2005年12月公布了一份题为"改善监管行动计划"[1]的

---

[1] FSA, Better Regulation Action Plan: What We have Done and What We are Doing, December 2005, available at http://www.fsa.gov.uk/pubs/Other/better_regulation.pdf.

文件，提出要改善监管规范体系的结构，在原有11项业务原则①的基础上，进一步发挥原则在金融监管中的作用，广泛地采用原则监管模式。2007年4月，英国金融服务局又公布了一份题为"原则监管模式：关注重要的结果"的文件，系统阐述了原则监管模式的内涵、理论基础、影响、挑战和制约因素。②通过实施原则监管模式，英国金融服务局先后简化了监管规范手册，制定了以原则为基础的《业务守则》，倡导实施了公平地对待客户计划（Treating Customers Fairly Initiative，TCF），改善了监管关系，并就行业指南、监管报告、消费者能力等方面开展了一系列卓有成效的工作。

随后，其他国家的金融监管机构纷纷效仿英国金融服务局的做法。2007年11月，美国纽约州保险监管局（New York State Insurance Department，NYSD）公布了一项规章草案，这使其成为美国首个采用原则监管模式的监管机构。与英国金融服务局的做法非常相似，美国纽约州保险监管局也确立了一系列原则，其中有10项原则是针对监管对象的，另外10项原则是针对监管机构本身的。美国纽约州保险监管局强调，上述原则作为"行为准则"能够"融入监管对象企业文化和业务活动的各个方面"。③

二、原则监管模式的含义

综合上述文件以及英国金融监管实践来看，原则监管模式有着丰富的内涵，主要表现为以下四点：

第一，原则监管模式并非要求完全以原则取代规则，而是旨在提升原

---

① 这11项业务原则是以原英国证券和投资监管局（SIB）于1990年确立的10项监管原则为基础发展而来的。2001年，英国金融服务局将其纳入监管规范手册。这些原则包括：应当诚实守信地开展业务活动；应当以应有的技能以及合理的谨慎和勤勉来开展业务活动；应当充分、有效地组织和控制其业务活动，并建立完善的风险管理体系；应当保持良好的财务状况；应当遵守合理的市场行为标准；应当充分尊重客户的利益并公平地对待客户；应当充分满足客户的信息需求，并明确、公平和实事求是地向客户提供信息；应当避免与客户之间以及客户相互之间形成利益冲突；在客户依赖其决策的情况下，应合理地确保提出的建议和做出的自主裁断是适当的；应当在其职责范围内充分保护客户的资产；应当以开放和合作的态度处理与监管机构的关系，并充分满足金融服务局关于提供相关信息的合理要求。FSA Handbook，PRIN 2.

② FSA，Principles-based Regulation：Focusing on the Outcomes that Matter，April 2007，available at http：//www.fsa.gov.uk/pubs/other/principles.pdf.

③ Eric R. Dinallo，New York Insurance Department Issues First Principles-Based Regulation Proposing Principles for Both Regulated and Regulators，State of New York Superintendent of Insurance Press Release，November 5，2007，available at http：//www.dfs.ny.gov/insurance/press/2007/p0711051.htm.

则在监管规范体系中的地位，使之在建立和发展监管标准方面发挥基础性的作用。一方面，原则是制定规则的依据，现有的规则细化和明确了原则所确立的监管标准；另一方面，对于某些事项，即使原则所确立的监管标准尚不十分明确，也不再制定规则来解释原则的要求。

第二，原则可以作为独立的执法依据。英国金融服务局认为，原则本身就是一种监管规范，英国金融服务局有能力并且也的确在单独依据原则采取监管措施，这代表了未来的发展方向。① 监管规范手册也明确规定："金融机构的行为违反原则的要求，将会受到处罚。"②

第三，强调金融机构高级管理层的领导责任，要求其在监管程序中发挥更为积极的作用，因为只有金融机构的高级管理层率先垂范，合规经营的观念才能深刻融入企业的战略、文化和业务。例如，英国金融服务局一贯要求金融机构审慎地管理各种利益冲突，但并未规定具体的措施及相应的评价标志，而是鼓励或者要求金融机构的高级管理层根据既定的监管目标，组织制定符合自身实际的内部控制政策和程序。因此，原则监管模式又是一种"以管理层为基础的监管模式"。

第四，以监管目标的实现与否作为监管评价标准。例如，在实施TCF计划的过程中，英国金融服务局并不对金融机构的经营行为做出具体的规定，而是根据有关业务原则的精神并结合零售金融市场实际，设定了6个方面的监管目标，③ 允许监管对象自主确定相应的措施和方法。

---

① Julia Black et al.，"Making a Success of Principles-based Regulation," *Law and Financial Markets Review*，Vol. 3, Iss. 4, p. 192.
② FSA Handbook, PRIN 1.1.7. 监管规范手册汇集了英国金融服务局依照《金融服务和市场法（2000年）》授权制定的原则、规则和指引等监管规范，具有完整的法律约束力。
③ 这些监管目标包括：使消费者相信公平地对待客户是金融机构企业文化的核心内容；零售市场上的金融产品和服务能够满足目标客户群体的需求，金融机构以此为基础进行相应的营销活动；在金融产品的售前、售中和售后各环节，金融机构能够向消费者提供清楚的信息并进行适当的信息披露；在向消费者提供投资建议的情况下，有关投资建议是合理的，契合消费者的实际需求；消费者根据合理的预期获得金融产品，相关的服务达到了合理的标准并符合消费者对该金融机构的合理预期；在销售完成后，如果消费者变更服务提供者、提出索赔或者进行投诉，金融机构没有对此设置不合理的障碍。FSA, Treating Customers Fairly: Towards Fair Outcomes for Consumers, July, 2006, Chapter 2, available at http://www.fsa.gov.uk/pubs/other/tcf_towards.pdf.

第二章 境外上市监管模式的创新与发展

三、原则监管模式的优越性

与规则监管模式相比,原则监管模式的优越性体现在以下几个方面:

第一,原则监管模式能够准确体现监管目标的基本要求。作为一种特殊类型的监管规范,原则并未像规则那样事先设定具体的适用条件,也未直接规定监管对象的行为模式,而是通过宽泛而精辟的语言概括了特定的监管结果。这样,不会发生因事先设定的适用条件和行为模式不合理而影响监管效果的情形,也杜绝了法律规避的可能性,更有利于实现监管目标。[1]

第二,原则监管模式有助于充分调动监管对象的积极性。与监管机构相比,监管对象更了解自身的业务活动,更清楚如何制定和实施内部控制政策和程序,如何设计或者改进业务流程才能够做到合规经营,也能够更直接地对经营活动的各个方面进行监控。在原则监管模式下,监管机构只提出监管标准的基本要求,监管对象可以灵活地解释和适用监管原则。这样,金融机构的高级管理层就会带领合规部门自主确定和改进商业模式、战略、产品和业务流程,而不是机械地对照和遵守具体的监管规则。因此,在原则监管模式下,监管对象不但能够参与监管程序,而且还能够发挥更积极、更有战略意义的作用。

第三,原则监管模式能够优化监管框架,改善监管规范体系的结构,降低监管标准的复杂程度,提升其稳定性和应变能力。例如,英国金融服务局监管规范手册原来关于反洗钱的规定繁琐冗长,总篇幅达到57页。采用原则监管模式后,删去了大部分监管规范,只保留了一些高层次的、以结果为导向的监管原则,总篇幅缩短为2页。监管规范体系简化后,监管对象能够更方便地了解和掌握监管标准,合规成本大大降低。并且,由于原则具有相对稳定性,不必像规则那样须根据市场环境的变化不断修正,监管标准能够保持一贯性,这也有助于提升监管框架对金融创新及其他市场变化的适应能力。

第四,原则监管模式能够重塑金融监管法的人文精神,促进监管合

---

[1] Julia Black et al., "Making a Success of Principles-based Regulation", *Law and Financial Markets Review*, Vol. 3, Iss. 4, pp. 194–195.

作，提高监管效率。在规则监管模式下，监管机构与监管对象之间是命令与服从的关系，监管对象在监管程序中没有相应的角色。面对日益复杂的市场环境，这种对抗性的监管模式耗费了大量的监管资源，金融机构合规成本高企，监管效率低下。在原则监管模式下，监管机构与监管对象之间是服务与合作的关系，监管机构通过原则清楚地表明监管目标，确保原则在适用过程中的可预见性；监管对象则通过自我约束，建立并实施相应的风险管理和内部控制政策、程序，确保其经营活动实质性地达到监管目标的要求。这种互惠的监管模式意味着，监管机构和监管对象角色清晰、责任明确、相互信任，公共权力与市场机制互为补充，监管资源得到合理的配置，监管效率必然大大提高。因此，有学者认为，原则监管模式是一种相互依存的公私结合机制。[1] 实际上，这种监管模式的创新是新治理理论在金融监管领域的具体体现。[2]

总的来讲，原则监管模式和规则监管模式各有其优越性和不足。并且，任何监管体系都不可能绝对地采用其中任何一种监管模式。英国金融服务局就曾表示，在某些特定情况下，基于充分保护消费者利益或者确保针对不同监管对象的监管措施具有充分一致性和可比性等方面的考虑，也会运用监管规则。[3] 此外，美国证监会前委员罗·堪布斯（Roel C. Campos）也曾指出，该委员会制定的某些监管规范已经是以原则为基础的了，例如大部分关于反欺诈的监管规范都只对禁止欺诈行为做了简要的规定。[4]

四、原则监管模式的实践效果

实践表明，推行原则监管模式不但提升了英国金融市场的竞争力，而

---

[1] Joseph J. Norton, "A Perceived Trend in Modern International Financial Regulation: Increasing Reliance on a Public-Private Partnership", *The International Lawyer*, Vol. 37, pp. 43-59.
[2] Alfred C. Aman, Jr., "Globalization, Democracy, and the Need for a New Administrative Law", *Indiana Journal of Global Legal Studies*, Vol. 10, pp. 125-155.
[3] FSA, Principles-Based Regulation: Focusing on the Outcomes that Matter, April 2007, at 6, available at http://www.fsa.gov.uk/pubs/other/principles.pdf.
[4] Roel C. Campos, Principles v. Rules, Speech to the Luxembourg Fund Industry Association and the American Chamber of Commerce, June 14, 2007, available at http://www.sec.gov/news/speech/2007/spch061407rcc.htm.

第二章 境外上市监管模式的创新与发展

且使其金融体系的危机应对能力大大增强。① 2007 年美国次贷危机发生后，一些英国金融机构遭受了较大损失，系统性风险的蔓延也使得英国金融体系的流动性严重不足。对此，绝大部分金融机构都能够贯彻监管原则的精神，在其高级管理层的领导下，针对市场环境和监管重点的变化，主动、及时地调整战略和决策，加强流动性管理和风险控制，有效地降低了杠杆率，从而避免了破产的厄运。与德国、冰岛等欧洲其他国家相比，英国金融体系更为有效地抵御了冲击。对此，英国金融服务局首席执行官海克特·桑特（Hector Sants）指出："具体的监管规则无法真正解决那些基础性的问题……在危机时期，正是监管原则引领我们走出泥潭。"②

长期的监管实践，特别是由 2007 年美国次贷危机引发的国际金融危机促使美国各界对规则监管模式的上述缺陷取得了共识，并在一定程度上表现出了对原则监管模式的青睐。纽约市市长米歇尔·布隆伯格（Michael Bloomberg）和美国参议员查理·斯库曼（Charles Schumer）在一份研究报告中指出，《萨班斯法（2002 年）》的严格要求以及复杂、令人捉摸不定的法律和监管环境使得外国公司对美国资本市场望而生畏。因此，不仅应当检讨《萨班斯法（2002 年）》的实施情况，还应当在更高层面上进行改革，推行原则监管模式，理顺监管体系，提高监管效率。③ 美联储前主席本·伯南克（Ben Bernanke）强调："……应尽可能避免针对新的金融产品或者金融机构制定具体的规则。相反，应采取一些基本的、以原则为基础的政策措施，使之能够普遍适用于金融业的各个领域，以实现既定的监管目标。"④ 美国财政部前部长汉克·鲍尔森（Hank Paulson）也认为，美国应当借鉴英国的做法，主要运用原则来对资本市场进行监管，这一建议在美国财政部

---

① 美国资本市场监管委员会（CCMR）、21 世纪美国资本市场监管委员会（CRCM）以及纽约市市长米歇尔·布隆伯格（Michael Bloomberg）和美国参议员查理·斯库曼（Charles Schumer）的研究报告均通过一些定量的指标论证了英国金融市场竞争优势。
② Hector Sants, Principles-Based Regulation: Lessons from the Sub-Prime Crisis, Speech at the Securities and Investments Institute Annual Conference, May 15, 2008, available at http://www.fsa.gov.uk/pages/Library/Communication/Speeches/2008/0515_hs.shtml.
③ Michael Bloomberg & Charles Schumer, Sustaining New York's and the US' Global Financial Services Leadership, January, 2007, available at http://schumer.senate.gov/SchumerWebsite/pressroom/special_reports/2007/NY_REPORT%20_FINAL.pdf.
④ Ben S. Bernanke, Regulation and Financial Innovation: A Speech to the Federal Reserve Bank of Atlanta's 2007 Financial Markets Conference, Sea Island, Georgia, May 15, 2007, available at http://www.federalreserve.gov/newsevents/speech/bernanke20070515a.htm.

公布的《金融监管体制现代化蓝图》中已经得到了体现。①总之，美国转变金融监管模式的决心和趋势已经明朗。

第三节 有效实施原则监管模式的四大挑战

设定一系列能够准确反映监管目标要求的原则是原则监管模式的基础，但仅仅依赖这些静态的原则并不能够确保监管的有效性，因为原则监管模式的有效实施将会受到一系列动态因素的制约。在此次金融危机的早期，英国北岩银行事件曾引起轩然大波。这一事件暴露出英国金融服务局的监管工作存在诸多重大缺陷，包括与监管对象沟通不及时、资源投入不足、信息获取不充分等。②这也从侧面说明，原则监管模式的实施过程有着较大的不确定性。正如有学者指出的那样，"原则监管模式披着简单的外衣，却有着极为复杂的身躯"。③如何有效实施原则监管模式，提升监管体系的有效性、稳定性和适应性，是金融法律规范立法机构和金融监管机构应当着重关注的问题。

一、合理协调原则与规则的关系

如前所述，原则监管模式并非要求完全以原则取代规则，而是旨在提升原则在监管规范体系中的地位，使之在建立和发展监管标准方面发挥基础性的作用。一个有弹性的监管规范体系需要保留一些必不可少的规则，在某些方面为金融机构的经营活动设定统一的标准，使之能够发挥"安全

---

① U.S. Treasury, Blueprint for a Modernized Regulatory Structure, March 2008, available at http://www.ustreas.gov/press/releases/reports/Blueprint.pdf.
② 北岩银行是一家以提供住房抵押贷款、有担保商业贷款等私人信贷产品为核心业务的金融机构。2007年9月，受美国次贷危机的影响，该行发生了英国现代金融史上罕见的挤兑事件。为此，英格兰银行（BOE）先后向其提供了总额约250亿英镑的贷款。2008年2月22日，英国财政部（HM Treasury）决定将该行临时国有化。金融服务局从2007年10月开始对该行的监管情况展开调查，并于2008年3月公布了调查报告。George Walker, Sub-Prime Loans, Inter-Bank Markets, Financial Support, Company Lawyer, Vol. 29, Iss. 1, pp. 22-25.
③ Julia Black, "Forms and Paradoxes of Principles Based Regulation," *Capital Markets Law Journal*, Vol. 3, Iss. 4, p. 456.

港"的作用。英国金融服务局首席法律顾问安德鲁·威特克（Andrew M. Whittaker）就曾指出："……推行原则监管模式并不是要使原有的监管模式改弦更张，而是旨在调整原则和规则之间的平衡关系"。① 也有法律专业人士强调："原则监管模式不能完全替代……详尽、确定的监管规则，监管机构不应借此将立法权束之高阁"。②

为了合理界定原则和规则的适用范围，英国金融服务局会采用一种实证分析方法，即先分析特定监管领域是否存在市场失灵从而需要监管机构干预，再分析监管机构的干预能否产生最佳效果，最后通过将监管规范制定和实施过程中的成本效益进行对比，决定采用原则或者规则的形式实施干预。当然，原则和规则的适用范围并不是绝对的，应当根据金融机构的业务性质、规模和复杂程度的差异灵活地进行调整。

二、确保监管标准具有确定性和可预见性

在原则监管模式下，原则只是概括地提出了监管目标的基本要求，而监管对象在解释和适用原则方面又有一定的自主权。因此，监管机构和监管对象对特定原则的理解往往并不一致。并且，监管标准的不确定性还会导致其缺乏可预见性，使得金融机构无法准确预知监管机构将怎样评价其经营行为。为了提升监管标准的确定性和可预见性，监管机构必然要通过指引来明确、细化原则的具体要求。

应当说，简洁明晰的指引的确有助于使金融机构形成合理预期，从而提高合规水平。然而，监管标准永远都无法做到十分精确，过于依赖指引实施监管，反而会制约监管的有效性。一方面，如果刻意强调指引的权威性，监管对象就会在事实上将其视为具有法律约束力的监管规范并遵照执行，这就基本上剥夺了监管对象在监管程序中本应享有的自主权，禁锢了其创新能力，与推行原则监管模式的初衷相悖；另一方面，以来源复杂、形式各异的指引作为原则的补充会使监管规范体系变得庞杂、僵化，金融

---

① Andrew M. Whittaker, "Better Regulation: Principles vs. Rules," *Journal of International Banking Law and Regulation*, Vol. 21, Iss. 5, p. 235.
② Daniel Andrews, "The Merits and Myths of Principles-based Regulation," *International Financial Law Review*, Vol. 26, Iss. 10, p. 11.

机构难以系统地了解和掌握指引的具体要求，指引之间还会出现不一致性甚至相抵触的情形，进而又退化为规则监管模式。问题的关键在于，如何在确保监管标准的确定性、可预见性与确保监管对象的自主权和创新能力之间实现合理的平衡。

三、确保信息公开和公共参与

为了提高立法质量，英国《金融服务和市场法（2000年）》要求金融服务局在制定规则和指引的过程中，应进行成本效益分析，对立法目的、宗旨以及所确立的制度是否符合其法定职责做出说明，并广泛、公开地征求公众的意见。[1]然而，在实施原则监管模式下，监管机构却可能有意或者无意地规避上述法定责任，使监管标准制定程序的公正性受到侵蚀。一方面，原则监管模式要通过一些非正式的指引来实施，但在这些指引公布前，英国金融服务局往往并未广泛征求有利害关系各方的意见。例如，为了推动TCF计划的实施，英国金融服务局通过发布新闻公告、阶段性报告等形式公布了一系列指引性文件，内容涉及零售金融产品设计、提供和营销等各个业务环节。这些指引独立于监管规范手册，因而其制定程序不受《金融服务和市场法（2000年）》的约束。另一方面，原则监管模式还可能通过一些经英国金融服务局认可的行业指引来实施，但英国金融服务局在审核行业指引时，只要求有关行业组织充分评估指引对消费者的影响，并未要求其事先公开征求意见并进行成本效益分析。[2]由于行业指引的制定程序缺乏监管对象的广泛参与，某些行业指引必然无法全面反映有利害关系各方的不同诉求。在英国代表监管对象利益的法定机构——金融服务业从业人员工作组（FSPP）就曾指出，如不增强指引制定程序的透明度，就有形成"隐性监管标准"的危险。[3]

---

[1] Financial Services and Markets Act 2000, Sections 155 and 157.
[2] FSA, FSA Confirmation of Industry Guidance: Feedback on DP06/5, September 2007, Annex 2, available at http://www.fsa.gov.uk/pubs/policy/ps07_16.pdf.
[3] Financial Services Practitioner Panel, Annual Report 2006/7, pp. 11-12, available at http://www.fs-pp.org.uk/docs/annual_reports/annualreport2006.pdf.

第二章 境外上市监管模式的创新与发展

四、建立和发展有效的监管合作关系

推行原则监管模式需要在监管机构和监管对象之间建立和发展一种相互信任的监管合作关系。

一方面，这种新型监管关系对监管人员以及金融机构高级管理人员和合规部门工作人员的专业素养都提出了更高的要求。为了准确判断监管对象的经营活动是否达到了监管要求，并合理、审慎地运用监管资源，监管人员必须要深入了解每个监管对象的风险和合规状况；金融机构高级管理人员需要在企业最高决策层面上考虑合规风险，合规部门工作人员需要以更为专业和灵活的方法确保所在金融机构的经营活动符合监管要求，从而使所在金融机构能够在监管程序中发挥更为积极的作用。并且，了解和掌握长期积累的典型案例说明和监管处罚案例等指引也需要较高的法学理论水平和娴熟的判例法技巧，这对监管人员和监管对象合规部门的工作人员也是一个挑战。

另一方面，这种新型监管关系的巩固和发展需要在监管机构和监管对象之间建立一种建设性的沟通机制，使双方能够根据市场环境的变化，不断更新和交流各自对监管目标、在监管程序中的角色和责任以及监管标准的看法。然而，研究表明，就建立上述沟通机制的重要意义，监管机构与监管对象之间，监管机构内部的政策制定部门、监管部门与稽查部门之间以及监管对象内部的合规部门与业务部门之间，尚未形成一致的看法。

第四节 完善境外上市监管模式的政策建议

一、借鉴原则监管模式的必要性

近年来，中国金融服务业和金融市场对外开放逐步扩大，金融业的整体面貌和金融市场环境焕然一新。一方面，在金融市场竞争日趋激烈的情况下，我们需要及时调整监管思路，营造宽松、适宜的监管环境，在确保

监管有效的同时提升监管效率，在确保监管对象合规经营的同时培育其创新能力。另一方面，中国金融市场的规模和结构与实体经济发展的要求还不匹配，面对国际竞争压力，金融市场亟须吸引和掌握更多的经济资源，更好地服务于实体经济。虽然中国金融市场受由2007年美国次贷危机引发的国际金融危机的冲击较小，但随着中国金融市场国际化程度的不断提高，境内、境外两个市场之间的联系会更加紧密。并且，历史经验表明，我们无法预知下一轮金融危机的爆发时间、起因、波及范围及危害程度。因此，现阶段，中国也有提升金融市场竞争力和金融体系危机应对能力的迫切需要。在这种情况下，英国推行原则监管模式的成功经验对中国的借鉴意义不言而喻。

长期以来，金融业在中国受到了严格的管制，现行金融监管模式更接近于规则监管模式，这主要表现在以下六个方面：

第一，为了跟进市场环境的变化，监管机构不断制定新的监管规范，监管规范的"立、改、废"活动频繁，立法工作占用了大量监管资源。

第二，监管规范体系庞杂，不便于监管对象了解和掌握。在银行业监管和证券监管领域，现行有效的规章和规章性规范性文件各有300多项，规章以下的其他行政规范性文件的数量则更多。[①]

第三，过于强调监管立法的精细化，导致监管规范弹性不足，监管对象在开展经营方式创新、业务或者产品创新、组织创新和激励约束机制创新等方面获得的自主权和灵活度非常有限，难以满足市场需求和竞争需要。

第四，整齐划一的监管标准较多，未充分考虑不同监管对象在业务性质、规模和复杂程度方面的差别以及不同消费者群体的不同需求，不利于引导监管对象建立和实施差异化的风险管理和内部控制体系，不利于促进监管对象提供差异化的产品和服务。

第五，监管规范偏重于规范监管对象的具体业务流程，对监管目标的表达不充分，监管合规的评价标准过于机械，监管对象往往重形式合规，轻实质合规。

第六，虽然原则性的监管规范并不鲜见，但其作用仅限于表明具体监

---

① 参见新法规速递网（www.law-lib.com）的检索结果：http：//www.law-lib.com/law/lawml.asp?bbdw=中国证券监督管理委员会；http：//www.law-lib.com/law/lawml.asp?bbdw=中国银行业监督管理委员会。

管制度的立法宗旨和基本要求。[①] 显然,在中国现行监管规范体系下,监管对象承担了较高的合规成本,其创新能力受到了不应有的束缚。并且,监管资源并未得到合理配置,也制约了监管效率的提高。

二、推行原则监管模式的制约因素

值得注意的是,在中国金融监管规范体系中,原则不能成为直接的监管依据。根据1996年颁布的《中华人民共和国行政处罚法》第3条、1999年颁布的《中华人民共和国行政复议法》第28条和1989年颁布的《中华人民共和国行政诉讼法》第54条的规定,实施行政处罚必须有法定依据;具体行政行为适用依据错误的,应依法撤销、变更或者确认违法。在规范结构上,上述规定所称"法定依据"应当具备假定、行为模式和法律后果三个要素。然而,原则作为一种特殊类型的监管规范,只是概括了监管目标或者结果,并不具备上述要素。可见,在中国现行行政执法体制下,不允许监管机构直接依据原则采取监管措施。

此外,从中国金融监管体制及有关实践来看,推行原则监管模式的其他外部条件也不尽成熟,主要表现在以下几个方面:

第一,金融机构公司治理结构有待完善。一方面,商业银行、证券公司和保险公司等主要金融机构公司治理结构形式完备,但仍存在实际控制人拟人化以及股权集中和流动性不足等通弊;另一方面,在复合型的公司治理结构下,董事会与党委之间,董事长、总经理与党委书记之间的职责界限不明,高级管理层的决策往往受到不必要的牵制。由于金融机构公司治理结构"形似而神不至",无法充分激励和保障高级管理层切实履行职责,组织制定、有效实施并及时调整有关战略、政策和业务流程。

第二,市场力量对金融机构合规经营的约束不足。目前,大多数金融机构属于非上市公司,信息披露还很不充分,存款人、股东、债权人等利害关系各方无法对其经营活动进行有效的监督。并且,由于中国尚未形成

[①] 例如,《证券公司监督管理条例》第18条规定:"证券公司应当依照《公司法》、《证券法》和本条例的规定,建立健全组织机构,明确决策、执行、监督机构的职权。"又如,《保险公司财务负责人任职资格管理规定》第6条:"财务负责人应当具有诚信勤勉的品行和良好的职业道德操守,具备履行职务必需的专业知识、从业经历和管理能力。"

充分竞争的经理人市场、活跃的公司控制权市场，资信评级机构、专业媒体和机构投资者等群体尚不成熟，也难以形成有效的市场约束。

第三，监管机构开展风险监管（Risk-Based Regulation）的经验还不丰富，金融机构全面风险管理水平有待提高。风险监管要求监管机构根据监管对象的风险状况配置监管资源，并采取相应的监管措施，这是有实施原则监管模式的前提和基础。一方面，监管机构以风险评级为基础对商业银行和证券公司实施分类监管的时间还不长，保险公司和保险专业中介机构的分类监管制度还处于试点实施阶段。在监管架构和流程、评价指标体系、评价方法等方面，还没有积累丰富的经验。另一方面，金融机构尚未普遍建立和实施能够广泛涵盖信用风险、市场风险、操作风险、流动性风险等的全面风险管理体系，准确量化风险、有效管理风险的能力都有待加强。

第四，现有行政管理体制制约了监管机构的灵活性，不利于吸引具有丰富从业经验的人员投身监管事业。目前，各监管机构均属于国务院直属事业单位，其执收的机构监管费、业务监管费以及经费支出均纳入中央预算。由于实行"收支两条线"管理，监管机构无法自主调配监管经费。此外，绝大部分监管人员属于参照公务员法管理的国家工作人员，其招录条件、程序并不完全适应监管工作的需要，薪酬待遇也与监管对象存在较大差距。在这种情况下，监管机构无法灵活应对市场环境的变化，及时调整监管经费支出和监管队伍的规模、结构。

三、吸收原则监管模式的思路和方法

虽然现阶段中国尚不能全面推行原则监管模式，但这并不影响我们积极吸收这一监管模式所体现的先进监管理念和监管经验，适度调整监管思路和方法。

第一，应当更多地将原则引入监管规范体系。结合英国的实践来看，在公司治理结构、管理利益冲突、内部控制体系建设、资本充足率标准、反洗钱、金融业从业人员培训、高级管理人员任职资格、定期财务报告和招股说明书披露、制裁欺诈以及保障消费者权益等方面，可以适当以高层次的原则替代具体的规则。

第二，尽可能多地将监管对象遵守原则的情况纳入风险监管评价指标体系,使之成为监管机构对监管对象实施分类监管,采取差异化监管措施的间接依据。通过这种"软约束",原则同样能够在指导金融机构合规经营方面发挥积极的作用。

第三,加强法规清理,合理压缩监管规范体系的规模,提高其透明度。在这方面,英国金融服务局的做法值得关注。目前,金融服务局制定的监管规范手册总篇幅有约 8500 页,覆盖了所有监管对象的市场准入、持续经营和市场退出监管等各个环节,体系完整,层次清楚。金融服务局不但在网站上公布了完整的监管规范手册及其历次修订的内容,而且还设计了 14 个分行业手册,并创建了与有关行业指南之间的衔接。① 这样,监管对象就可以及时了解和掌握所适用的全部监管规范。

第四,完善监管规范,特别是低位阶其他行政规范性文件的制定程序,确保监管对象、行业组织和消费者等有利害关系各方都能够参与立法,充分表达意见或者建议,从而提升监管规范的可接受性。英国金融服务局在对监管规范手册进行修正前,都会公布相应的征求意见稿或者讨论稿,设定明确的反馈期限,随后还会将反馈意见汇总后予以公布。

第五,优化监管架构,完善监管流程。根据属地监管与辖区监管相结合的原则,明确监管机构总部和地方派出机构之间的职责权限,适当下放监管权和处罚权,使监管人员能够随时"零距离"关注监管对象的风险状况,增强风险监管的时效性和灵活性;确保市场准入、非现场监管与现场检查三个监管环节的相互衔接,做到根据非现场检查结果确定现场检查方案,根据现场检查和非现场检查结果确定市场准入政策,形成以非现场检查为主的监管方式。

第六,加强监管人员的职业化建设,逐步形成高素质的监管人员队伍。监管人员的综合素质、知识经验、行为倾向、激励约束等对监管效果有着重要影响。应当加大经费投入,开展广泛而深入的培训,拓展监管人员的视野和知识面,提升其专业素质、判断能力和沟通技巧,并使服务与合作的理念贯穿到监管程序的各个环节。

---

① http://www.fsa.gov.uk/Pages/handbook.

第三章 完善境外直接上市监管的政策建议

近几年，国际资本市场环境发生了较大变化，各国证券市场之间的竞争日益加剧。同时，境内证券市场的基础设施日益完善，1993年颁布的《中华人民共和国公司法》[①]和1998年颁布的《中华人民共和国证券法》[②]均做了较大幅度的修订，相关配套法规、规章等也基本完备，这有力地提升了境内证券市场的竞争力和吸引力。并且，随着外汇储备规模的不断膨胀，境内越来越注重吸收外资的实质和质量。在这种情况下，支持、鼓励境外直接上市、限制境外间接上市的政策取向已清晰。然而，就当前的监管框架、监管制度和监管实践而言，大多数中小型企业搭建国际资本平台的通道并不顺畅。

第一节 监管框架的发展和演变

一、基本法律依据

随着实践的发展，以1993年颁布的《中华人民共和国公司法》为基础，境外直接上市的监管框架从无到有，逐步建立起来。

第一，相关法规明确要求，境外直接上市应当经有关主管部门批准。

[①] 1993年12月29日中华人民共和国主席令第16号公布，自1994年7月1日起施行。
[②] 1998年12月29日中华人民共和国主席令第12号公布，自1999年7月1日起施行。

境内企业境外上市监管问题研究

《股票发行与交易管理暂行条例》①第6条规定:"……境内企业直接或者间接到境外发行股票、将其股票在境外交易,必须经证券委审批,具体办法另行制定。"1998年颁布的《中华人民共和国证券法》和2004年修正的《中华人民共和国证券法》②也有类似规定。

第二,相应的审批依据得到了明确。1993年颁布的《中华人民共和国公司法》第85条规定:"经国务院证券管理部门批准,股份有限公司可以向境外公开募集股份,具体办法由国务院做出特别规定。"该法第155条规定:"经国务院证券管理部门批准,公司股票可以到境外上市,具体办法由国务院做出特别规定。"1999年修正的《中华人民共和国公司法》③和2004年修正的《中华人民共和国公司法》④均有相同的规定。但值得注意的是,2005年修订的《中华人民共和国证券法》⑤第238条规定:"境内企业直接或者间接到境外发行证券或者将其证券在境外上市交易,必须经国务院证券监督管理机构依照国务院的规定批准。"据此,对境外直接上市进行审批的基本法律依据不再是国务院的"特别规定",而是国务院的"规定"。

第三,上述基本法律依据的立法体例进行了调整。2006年以前,对境外直接上市进行监管的基本法律依据,在1993年颁布的《中华人民共和国公司法》、1999年修正的《中华人民共和国公司法》、2004年修正的《中华人民共和国公司法》以及1998年颁布的《中华人民共和国证券法》、2004年修正的《中华人民共和国证券法》中都分别有所体现,2005年修订的《中华人民共和国公司法》⑥则未予保留。

此外,1998年颁布的《中华人民共和国证券法》和2004年修正的《中

---

① 1993年4月22日国务院发布,自发布之日起施行。该条例作为一项行政法规,其中有部分规定与1998年颁布的《中华人民共和国证券法》、2004年修正的《中华人民共和国证券法》和2005年修订的《中华人民共和国证券法》等法律的有关规定不一致,但该条例目前仍未被废止。在这种情况下,根据上位法优于下位法的原则,对于该条例中与有关法律不一致的规定,应优先适用法律的规定。
② 根据2004年8月28日第十届全国人民代表大会常务委员会第11次会议《关于修改〈中华人民共和国证券法〉的决定》修正。
③ 根据1999年12月25日第九届全国人民代表大会常务委员会第13次会议《关于修改〈中华人民共和国公司法〉的决定》修正。
④ 根据2004年8月28日第十届全国人民代表大会常务委员会第11次会议《关于修改〈中华人民共和国公司法〉的决定》第二次修正。
⑤ 2005年10月27日中华人民共和国主席令第43号公布,自2006年1月1日起施行。
⑥ 2005年10月27日中华人民共和国主席令第42号公布,自2006年1月1日起施行。

华人民共和国证券法》在正文部分第二章（证券发行）中对境外直接上市做了规定，2005年修订的《中华人民共和国证券法》则将上述条款调整至附则部分。这间接表明了立法机关对境外直接上市法律适用问题的态度，即境外直接上市既不属于《中华人民共和国公司法》的调整范围，原则上也不应适用《中华人民共和国证券法》。

二、《境外直接上市特别规定》的形成

依据1993年颁布的《中华人民共和国公司法》第85条规定，国务院制定了《国务院关于股份有限公司境外募集股份及上市的特别规定》（以下简称《境外直接上市特别规定》），① 在境外上市公司发起人人数、H股投资人资格、法律适用和争议解决等方面做了一系列特殊的或者与1993年颁布的《中华人民共和国公司法》不一致的规定。

第一，在发起人人数方面，根据1993年颁布的《中华人民共和国公司法》第75条规定，设立股份有限公司，应当有5人以上为发起人；根据《境外直接上市特别规定》第6条的规定，以发起方式设立的股份有限公司，发起人可以少于5人。

第二，在H股投资人资格方面，1993年颁布的《中华人民共和国公司法》并未对股份有限公司公开发行股份的投资人资格做出限制性规定；根据《境外直接上市特别规定》第2条的规定，H股仅限于境外投资人认购。

第三，在股东大会通知期限方面，1993年颁布的《中华人民共和国公司法》第105条规定，召开股东大会，应当将会议审议的事项于会议召开30日以前通知各股东；根据《境外直接上市特别规定》第20条的规定，公司召开股东大会，应当于会议召开45日前发出书面通知，将会议拟审议的事项以及会议日期和地点告知所有在册股东。

第四，在法律适用和争议解决方面，1993年颁布的《中华人民共和国公司法》并未对涉外公司争议的解决方式及其准据法问题做出规定；根据《境外直接上市特别规定》第6条的规定，涉及H股股东的公司争议依照公司章程规定的解决方式处理，适用中华人民共和国法律。

---

① 1994年8月4日国务院令第160号发布，自发布之日起施行。

三、《章程必备条款》的制定

为了规范境外上市公司的组织和行为，依据1993年颁布的《中华人民共和国公司法》和《境外直接上市特别规定》的有关规定，原国务院证券委员会（以下简称原国务院证券委）[1]和原国家经济体制改革委员会（以下简称原国家体改委）[2]联合制定了《到境外上市公司章程必备条款》（以下简称《章程必备条款》），[3]对境外上市公司章程涉及的重要内容做了统一规定。

四、明确申请条件和审核程序

中国证监会于1999年制定了《关于企业申请境外上市有关问题的通知》（以下简称《境外主板上市通知》）[4]和《境内企业申请到香港创业板上市审批与监管指引》（以下简称《香港创业板上市指引》），[5]分别明确了境内企业申请直接到境外证券交易所主板上市和创业板上市的条件以及申请和审批程序。

值得注意的是，中国证监会于2012年制定了《关于股份有限公司境外发行股票和上市申报文件及审核程序的监管指引》（以下简称《境外直接上市指引》）。[6]《境外直接上市指引》取消了境内股份有限公司到境外发行上市的条件，简化了境内企业申请到境外直接上市以及中国证监会对申

---

[1] 原国务院证券委和中国证监会均成立于1992年10月，前者是对证券市场进行统一宏观管理的主管机构，由国务院总理担任主任，中国人民银行等13个有关部门的负责人担任委员；后者是原国务院证券委的执行机构。1998年4月，原国务院证券委与中国证监会合并，后者作为国务院直属单位，依法集中统一监管全国证券期货市场。
[2] 原国家体改委成立于1982年5月，是国务院下属的研究、协调和指导经济体制改革的综合性专门机构。1998年，原国家体改委改设为低一级的原国务院经济体制改革办公室（以下简称原国务院体改办）。2003年，原国务院体改办撤销，其改革职能并入国务院下属的国家发展和改革委员会。
[3] 原国务院证券委、原国家体改委1994年8月27日证委发〔1994〕21号发布，自发布之日起施行。
[4] 中国证监会1999年7月14日证监发行字〔1999〕83号发布。
[5] 国务院1999年9月6日批准，证监会1999年9月21日证监发行字〔1999〕126号发布。
[6] 中国证监会2012年12月20日中国证券监督管理委员会公告〔2012〕45号发布，自2013年1月1日起施行。

请进行审核的程序。同时,《境外直接上市指引》还废止了《境外主板上市通知》。

五、其他相关规范性文件

在上述监管规定的基础上,国务院以及中国证监会等有关主管部门还单独或者联合制定了若干其他规范性文件,对境外上市公司的治理结构、持续信息披露、外汇管理、国有股减持和非境外上市股份集中登记存管等方面的事项做了具体的规定。

其中,国务院制定的规范性文件是《减持国有股筹集社会保障资金管理暂行办法》(以下简称《减持国有股办法》);① 中国证监会等有关主管部门制定的其他规范性文件包括以下内容:《关于批转证监会〈关于境内企业到境外公开发行股票和上市存在的问题的报告〉的通知》(以下简称《境外发行上市报告》);②《关于境外上市企业外汇管理有关问题的通知》;③《关于境外上市公司1995年召开股东年会和修改公司章程若干问题的通知》(以下简称《1995年通知》);④《关于境外上市公司进一步做好信息披露工作的若干意见》(以下简称《信息披露若干意见》);⑤《关于进一步促进境外上市公司规范运作和深化改革的意见》;⑥《境外上市公司董事会秘书工作指引》;⑦《关于进一步完善境外上市外汇管理有关问题的通知》;⑧《关于规范境内上市公司所属企业到境外上市有关问题的通知》(以下简称《分拆上市通知》);⑨《关于境外上市公司非境外上市股份集中登记存管有关事宜的通知》(以下简称《股份登记通知》);⑩《关于加强在境外发行证券与

---

① 国务院2001年6月6日国发[2001]22号印发。
② 原国务院证券委1993年4月9日证委发[1993]18号发布。
③ 中国证监会、外汇局1994年1月13日证监发字[1994]8号发布。
④ 原国务院证券委、原国家体改委1995年3月29日证委发[1995]5号发布。
⑤ 中国证监会1999年3月26日证监发[1999]18号发布。
⑥ 原国家经贸委、中国证监会1999年3月29日国经贸企改[1999]230号发布。
⑦ 中国证监会1999年4月8日证监发行字[1999]39号发布。
⑧ 外汇局、中国证监会2002年8月5日汇发[2002]77号发布,自2002年9月1日起施行。自2013年2月7日起废止,参见本书第八章第四节。
⑨ 中国证监会2004年7月21日证监发[2004]67号发布。
⑩ 中国证监会2007年3月28日证监国合字[2007]10号发布。

上市相关保密和档案管理工作的规定》(以下简称《第29号公告》)。①

综上,现行关于境内企业到境外直接上市的监管规范体系包括三个层次,即以2005年修订的《中华人民共和国证券法》第238条作为基本的立法和监管依据,《境外直接上市特别规定》确立了基本的制度框架,《香港创业板上市指引》、《境外直接上市指引》和《章程必备条款》等其他规范性文件确立了具体的监管标准。

第二节 境外直接上市监管存在的问题

一、监管框架不尽合理

第一,监管权力的外延不明晰。从理论上讲,境内企业境外直接上市前实施首次公开发行H股以及后续的信息披露等事项应主要适用境外上市地的监管规定,由境外上市地监管机构实施监管。并且,从2005年修订的《中华人民共和国证券法》第238条规定的表述来看,该法也只授权中国证监会依法批准境外上市申请,并未授权中国证监会对境外上市公司实施持续监管。然而,《信息披露若干意见》却规定,中国证监会有权对境外上市公司的持续信息披露实施一定程度的监管。②上述规定的可操作性不强且没有相应的实施保障机制,事实上也未得到有效执行。

第二,功能相同的监管规范分散,不利于理解和适用。例如,直接到境外证券交易所主板上市和创业板上市的核心监管标准分别体现在《境外直接上市指引》和《香港创业板上市指引》两个规范性文件中,它们不但

---

① 2009年10月20日中国证券监督管理委员会、国家保密局和国家档案局公告〔2009〕29号公布,自公布之日起施行。
② 例如,《信息披露若干意见》要求境外上市公司依照境外监管规定披露的重大事件等信息应报中国证监会备案;境外上市公司在董事长、监事会主席、总经理、财务负责人等发生变动之前,应通告中国证监会。参见《信息披露若干意见》第二部分。

效力等级不对等，而且透明度也不及行政法规和行政规章。①

第三，部分监管规定略显冗余。例如，《1995年通知》所规范的事项早已执行完毕，调整对象已消失；《境外发行上市报告》所规范的事项已被《境外直接上市特别规定》、《境外主板上市通知》和《香港创业板上市指引》等加以明确。但是，上述两项规范性文件仍未被宣布废止。

二、上市条件过于严格僵化

第一，根据原《境外主板上市通知》的有关规定，境内企业申请直接到境外证券交易所主板上市的，在财务状况、经营成果和预计筹资额等方面应满足一些定量的条件，即净资产不少于4亿元人民币，过去一年税后利润不少于6000万元人民币，按合理预期市盈率计算的筹资额不少于5000万美元。② 上述条件不但高于境内首次公开发行股票并上市的条件，也远高于中国香港联合交易所等境外上市公司较为集中的证券交易所规定的上市条件。

第二，《境外主板上市通知》对发行H股的最低筹资额做了要求，这就意味着境外直接上市只能通过首次公开发行H股的方式进行，不能通过借壳上市、换股上市等方式，在不募集资金的情况下，实现境外直接上市。《香港创业板上市指引》虽未明确规定最低筹资额，但相应的监管实践也是如此。

三、原有股份无法上市流通

按照现行监管政策，对于未在境内发行A股的企业而言，其到境外直接上市后，发起人、战略投资者、财务投资者等境外上市前入股的股东持

---

① 《境外主板上市通知》和《境外直接上市指引》均属于规章性其他规范性文件，效力略低于中国证监会制定的行政规章；《境外创业板上市指引》属法规性其他规范性文件，效力略低于国务院制定的行政法规。

② 除了定量的条件外，原《境外主板上市通知》第一部分还规定了其他定性的条件，包括：(1)符合中国有关境外上市的法律、法规和规则；(2)筹资用途符合国家产业政策、利用外资政策及国家有关固定资产投资立项的规定；(3)具有规范的法人治理结构及较完善的内部管理制度，有较稳定的高级管理层及较高的管理水平；(4)上市后分红派息有可靠的外汇来源，符合国家外汇管理的有关规定；(5)证监会规定的其他条件。

有的股份被定性为内资股或者外资法人股，无法像公司在境外发行的H股那样，在境外上市地证券交易所上市交易，而只能通过协议转让的方式在境内流通，形成了一个"一级半市场"。股权投资的退出渠道不畅，正是大量境内企业选择境外间接上市的主要原因之一。实际上，这也是一种因公司的部分股份可以上市流通，而另一部分股份不能上市流通而形成的股权分置现象。

四、核心监管文件亟待修订完善

第一，《境外直接上市特别规定》中与2005年修订的《中华人民共和国公司法》不一致的规定，均应及时修正。这是因为，根据2005年修订的《中华人民共和国证券法》第238条的规定，《境外直接上市特别规定》的立法依据发生了变化，即相关法律不再授权国务院就此制定特别规定。例如，《境外直接上市特别规定》要求召开股东大会的书面通知应提前45日发出，但2005年修订的《中华人民共和国公司法》要求提前30日公告股东大会召开的时间、地点和审议事项。[①]

第二，由于《境外直接上市特别规定》是《章程必备条款》的上位法，《境外直接上市特别规定》修订后，《章程必备条款》中与2005年修订的《中华人民共和国公司法》不一致的规定，也应当及时修订。例如，根据《章程必备条款》第50条的规定，代表公司有表决权股份5%以上的股东可以向股东大会提出议案。但是，根据2005年修订的《中华人民共和国公司法》第103条的规定，单独或者合计持有公司3%以上股份的股东可以向股东大会提出议案。

第三，《境外直接上市特别规定》和《章程必备条款》中关于争议解决和法律适用的规定应当修改完善。例如，境外直接上市应主要适用境外上市地法律，但根据《境外直接上市特别规定》第6条的规定，解决涉及H股股东的公司争议一概适用中华人民共和国法律；又如，根据《章程必备条款》第163条的规定，涉及H股股东的公司争议应一概通过仲裁的方式

---

① 参见《境外直接上市特别规定》第20条、2005年修订的《中华人民共和国公司法》第103条。

解决，该规定显然有悖于仲裁自愿和当事人意思自治原则。①

第四，《境外直接上市特别规定》和《章程必备条款》有部分规定与实践的发展脱节。例如，近年来，经国务院批准，全国社会保障基金理事会（以下简称社保基金会）、中国投资有限公司以及一些保险公司等境内机构相继开始在境外证券市场从事投资活动，证券投资基金管理公司、证券公司和商业银行等金融机构也可以通过合格境内机构投资者（QDII）的形式投资于境外证券市场，加之境内自然人、法人等在境外直接投资H股的情形也不鲜见，H股投资人的范围实际上已经大大拓展，并不限于境外投资人。

五、关于境外上市公司与境内上市公司的监管要求不尽协调

第一，在国有股减持方面，对于H股公司的监管要求是，境外首次公开发行以及后续增资发行H股时，发行人均应按比例减持国有股。据此，存在国有股东的发行人在向中国证监会提交境外发行上市申请前，必须获得国务院国资委和社保基金会的批准文件。然而，对于境内上市公司而言，国有股减持只在首次公开发行时进行，在后续增资发行A股时，发行人的国有股东无须减持国有股。②

第二，根据《章程必备条款》的有关规定，拟出席股东大会会议的股东所代表的有表决权的股份数未达到公司有表决权股份总数1/2以上的，公司应以公告形式再次通知股东后方可召开股东大会会议；③但是，在2005年修订的《中华人民共和国公司法》以及中国证监会关于境内上市公司股

---

① 1994年颁布的《中华人民共和国仲裁法》第4条规定："当事人采用仲裁方式解决纠纷，应当双方自愿，达成仲裁协议。"1986年颁布的《中华人民共和国民法通则》第145条规定："涉外合同的当事人可以选择处理合同争议所适用的法律，法律另有规定的除外。"第146条规定："侵权行为的损害赔偿，适用侵权行为地法律。"
② 参见《减持国有股办法》第5条、《境内证券市场转持部分国有股充实全国社会保障基金实施办法》（财政部、国务院国资委、中国证监会、社保基金会2009年6月19日财企〔2009〕94号印发）第5条。最初，股份有限公司在境内发行上市和在境外发行上市均应适用《减持国有股办法》减持国有股。由于《减持国有股办法》施行后，境内证券市场产生了一些消极的反应，国务院于2002年6月决定对境内上市公司停止执行《减持国有股办法》中关于利用境内证券市场减持国有股的规定。
③ 参见《章程必备条款》第55条。

东大会会议通知程序的监管规定中,并未对催告程序做出要求。①

第三,根据《章程必备条款》的有关规定,每名董事在董事会会议上有一票表决权,反对票和赞成票相等时,董事长有权多投一票。②但是,根据境内上市公司的监管规定,董事会决议的表决,严格实行一人一票。③随着境内、境外两地或者多地同时上市公司数量的日益增加,上述情形无疑会使这些上市公司在确保合规运作方面面临较大的困难。④

六、监管的效率和透明度有待提高

第一,有关行政许可事项偏多,监管审核程序冗长,在一定程度上制约了境外上市公司的决策效率和融资能力。按照现行监管制度,除了首次公开发行H股外,后续增资发行H股、发行可转换为H股的公司债券以及自境外证券交易所创业板转至主板上市等事项,均应适用相同的行政许可程序,经中国证监会批准。通常,中国证监会将经2~3个月的审核程序才会做出行政许可决定。相对而言,对于上市公司的后续再融资以及转板上市等事项,境外上市地证券监管机构和证券交易所的监管要求往往非常宽松,审核程序也极为简便。

第二,部分行政许可标准欠缺透明度,处于"内部掌握"状态。虽然原《境外主板上市通知》以及《境外直接上市指引》和《香港创业板上市指引》等规定明确了境外直接上市的主要条件,但中国证监会在个案的审核程序中,通常还关注申请人的独立性、关联交易、募集资金投向、固定资产投资立项、自有土地和房屋权属以及社会责任等方面问题,并在事实上将申请人在上述方面的合法合规作为行政许可的实施条件。对于这些"隐性的"监管要求,申请人无疑难以及时、全面地了解和把握。

第三,中国证监会的"窗口指导"不利于提高境外直接上市活动的市场化水平。例如,基于为境内证券市场保存上市资源或者缓解外汇储备增

---

① 参见2005年修订的《中华人民共和国公司法》第103条、2006年修订的《上市公司章程指引》(中国证监会2006年3月16日证监公字[2006]38号印发)第54条和第55条。
② 参见《章程必备条款》第93条。
③ 参见2006年修订的《上市公司章程指引》第118条。
④ 据统计,截至2009年底,在现有的159家境外直接上市公司中,已经有70家同时在上海证券交易所或者深圳证券交易所上市。

第三章 完善境外直接上市监管的政策建议

长过快的压力等原因,通过非正式的指引限制境外直接上市;或者要求申请人优先发行 A 股并在境内上市;或者不合理地限定 H 股募集资金的用途,要求仅用于境外项目,不得调回境内使用;或者干预 H 股的发行价格,要求不低于发行人 A 股的发行价格或者 A 股的市场价格等。

第三节　完善境外直接上市监管的政策建议

一、明确监管宗旨

对境外直接上市活动实施有效监管的首要前提是准确定位这项监管工作的宗旨,这是优化监管框架、完善监管制度的基础。一般来讲,证券监管的首要原则是保护投资者的利益。据此,跨境上市公司本国的证券监管机构往往缺乏充分的理论依据对境外发行上市行为实施监管。既然境外上市公司发行的 H 股主要由境外投资者认购,H 股的交易也在境外进行,保护这些境外投资者的利益似乎并不属于中国证监会的法定职责。尽管如此,我们也应当看到,中国现阶段的市场经济法制环境远不完善,境内企业整体的规范运作水平不高,对境外资本市场的法规和规则以及运作规律的了解也不够充分。在这种情况下,为了维护中国证券市场的声誉和境外上市公司的整体形象,由中国证监会对境外直接上市活动实施一定程度的监管,其必要性应予肯定。

欧盟金融服务法中的一个著名判例恰如其分地说明,主权国家完全可以基于维护本国金融市场声誉的理由,对不涉及本国投资者或者消费者利益的跨境金融活动实施监管。在上述案件中,原告是一家在荷兰注册成立的金融中介机构。根据荷兰相关法律的规定,荷兰财政部批准包括原告在内的多家公司开展证券交易经纪业务,允许其通过"陌生推销"(Cold Calling),即电话或者直接上门拜访的方式联系其他成员国的潜在客户。后来,鉴于"陌生推销"可能会诱使投资者下达不合理的交易指令,荷兰财政部决定禁止金融中介机构继续采用上述方式开展经纪业务,并撤销了对原告的许可。原告不服,向法院提起诉讼。在该案的判决中,欧洲法院确认,母国可以基于维护本国金融市场声誉的理由,限制或者禁止跨境金融机构向其他成员国的服务提供者提供跨境金融服务。①

二、确立监管的基本原则

在明确监管宗旨的基础上,还应当进一步强调,境内监管权力的运行应当遵循有限性原则,从而在境内外监管权力之间以及境内监管权力与市场机制之间划定清晰的界限。

一方面,境内监管权力作用的广度应当合理。作为境外上市公司本国的证券监管机构,中国证监会的监管权力应主要限于涉及公司法的事项,对于H股的发行、交易以及境外上市公司的持续监管等涉及证券法的事项,应尊重境外上市地法律,尊重境外上市地证券监管机构的监管和证券交易所的自律管理。

另一方面,境内监管权力作用的深度应当适当。对于特定的事项,监管权力是否应当进行干预,应以是否有助于维护中国证券市场的声誉和境外上市公司的整体形象为标准。如果公司自治或者股东自治不会危及上述监管宗旨,监管权力理应让位于市场机制。

三、改进和完善监管的具体措施

遵循上述监管宗旨和原则,建议从以下几个方面入手,统筹改进境外直接上市监管工作:

1. 优化监管框架

(1)鉴于境外上市公司的持续信息披露由境外上市地证券监管机构或者证券交易所负责进行监管,建议及时修订《信息披露若干意见》,取消关于境外上市公司就重大事件等向中国证监会备案或者报告的规定,并可考虑建立境外上市公司定期向中国证监会报告的制度或者类似的机制,做到既对境外上市公司保持适度的持续监管,又与境外监管权力合理衔接,减轻境外上市公司的合规负担。

---

① Opinion of Mr. Advocate General Jabos in C-384/93 *Alpine Investment BV v. Minister van Financien*, [1995] ECR I-1141, para. 92.

（2）对《境外直接上市指引》、《香港创业板上市指引》、《分拆上市通知》和《股份登记通知》等规定进行全面整合，制定新的部门规章，为直接到境外证券交易所主板和创业板上市建立统一的监管标准。

（3）建议及时进行法规清理，废止《1995年通知》和《境外发行上市报告》。

2. 完善监管制度

（1）放宽上市条件，降低净资产、税后利润以及预计融资额等方面的要求，允许通过股权置换等不融资的方式实现境外直接上市，为境内企业灵活运用境外资本平台开辟合理的空间。

（2）依据2005年修订的《中华人民共和国证券法》第238条的规定，及时修订《境外直接上市特别规定》，制定新的行政法规，取消《境外直接上市特别规定》中与2005年修订的《中华人民共和国公司法》等上位法不一致的规定，修正不合理的或者与实践脱节的规定。

（3）根据境外直接上市监管的宗旨，废除以保护境外投资者利益为出发点的规定或者制度，如争议解决和法律适用制度、类别股东制度等。

（4）在充分考虑并尊重各主要境外上市地证券法的前提下，统筹协调H股公司的监管要求与境内上市公司的监管要求，有效降低跨境上市公司的合规成本。

3. 简化或者规范行政许可程序，增强监管工作透明度

（1）建议在保留境外首次公开发行H股行政许可项目的同时，考虑取消其他行政许可项目或者简化其他行政许可项目的审核程序。

（2）建议在修订整合并重新制定的部门规章中，明确各项行政许可的审核标准、审核时限等，建立公平、公正的行政许可程序。

（3）减少"窗口指导"和其他不必要的监管干预，提高境外直接上市活动的市场化水平。

第四章 加强境外间接上市监管的政策建议

第一节 监管框架的发展和演变

一、监管框架的初创

如前所述,中国从 20 世纪 70 年代末期开始实施改革开放的经济政策,推动国有企业改革是其中一个重要方面。到 20 世纪 90 年代初期时,国有企业改革的基本方向得到了进一步明确,即建立适应市场经济要求,产权清晰、权责明确、政企分开、管理科学的现代企业制度。1990 年底,上海证券交易所和深圳证券交易所先后成立,全国性的证券市场初具雏形。随后,两家交易所还分别建立了 B 股市场。① 为了推动国有企业改革,吸收当时还颇为稀缺的外汇资金,借鉴成熟证券市场的先进经验,国务院直接领导启动了股份制企业境外直接上市工作。同时,一些部门、地方也开始探索通过境外借壳上市、境外业务重组上市等方式接触和利用国际资本市场。

例如,原粤海企业(集团)有限公司(现粤海控股集团有限公司)于 1987 年 1 月收购在中国香港联合交易所上市的原友联世界发展有限公司(HK:0270,现为粤海投资有限公司),原中国国际信托投资公司(现中国中信集团公司)于 1990 年 2 月收购在中国香港上市的原泰富发展(集

---

① 在上海证券交易所和深圳证券交易所,人民币普通股(A 股)市场和境内上市外资股(B 股)市场各自独立运行。A 股以人民币标明面值、认购和买卖,B 股以人民币标明面值,以外币认购、买卖。

团)有限公司(HK:0267,现中信泰富有限公司)等。1992年10月9日,华晨汽车在美国纽约证券交易所上市,这是第一家首次公开发行股票并在境外间接上市的境内企业。在发行上市前,华晨汽车进行了复杂的股权重组,最终形成由在境内设立的中国金融教育发展基金会和金杯汽车股份有限公司(SH:600609)共同持有华晨汽车的全部股份,华晨汽车持有境内沈阳金杯客车制造有限公司51%股权的安排。[1]此后,绝大部分境外间接上市的境内企业均采用了这种先搭建红筹架构(Red-Chip Architecture)再首发上市的操作模式。

当时,中国尚未制定全国性的证券监管法规,国务院也未建立证券监督管理机构。在证券监管方面,华晨汽车等公司境外间接上市事宜无须履行境内审批手续。1992年10月12日,原国务院证券委和中国证监会分别成立。[2]随后,在《股票发行与交易管理暂行条例》、[3]《国务院关于进一步加强证券市场宏观管理的通知》、[4]《国务院证券委员会关于批转中国证券监督管理委员会〈关于境内企业到境外公开发行股票和上市存在的问题的报告〉的通知》[5]等行政法规和其他规范性文件以及在中国证监会1994年2月4日致中国香港证券及期货事务监察委员会《关于境内企业到境外发行股票和上市审批程序的函》[6]中,国务院和原国务院证券委先后提出了对境内企业到境外发行上市的监管政策:

第一,将境外上市区分为境外直接上市和境外间接上市两种模式。其中,境内企业直接到境外发行股票(含股票的派生形式)和上市的,为境外直接上市;境内企业利用境外设立的公司的名义在境外发行股票和上市

---

[1] 由于融资条件不佳、维持上市的合规负担较重等原因,华晨汽车于2007年7月5日在纽约证券交易所终止上市,这也是第一家在纽约证券交易所上市后又终止上市的境内企业。Peter M. Friedman, China's Information Control Practices and the Implications for the United States, Testimony before the U.S. China Economic and Security Review Commission (USCC), July 30, 2010, available at http://www.uscc.gov/hearings/2010hearings/transcripts/10_06_30_trans/friedman_testimony.pdf.
[2] 参见《国务院办公厅关于成立国务院证券委员会的通知》(国办发[1992]54号)。原国务院证券委是对证券市场进行统一宏观管理的主管机构,由国务院总理担任主任,人民银行等13个有关部门的负责人担任委员,证监会是其执行机构。1998年4月,原国务院证券委与中国证监会合并,后者作为国务院正部级直属事业单位,依法集中统一监管全国证券期货市场。参见《国务院办公厅关于印发中国证券监督管理委员会职能配置、内设机构和人员编制规定的通知》(国办发[1998]131号)。
[3] 1993年4月22日国务院发布,自发布之日起施行。
[4] 1992年12月17日国务院国发[1992]68号发布。
[5] 原国务院证券委1993年4月9日证委发[1993]18号发布。
[6] 中国证监会1994年2月4日发布。

第四章　加强境外间接上市监管的政策建议

的，为境外间接上市。

第二，明确规定境内企业境外直接上市或者境外间接上市均应经原国务院证券委批准。

第三，承认境外间接上市的情况较为复杂，具体的个案是否须经原国务院证券委批准，拟上市的境内企业及其境外关联人应事先向中国证监会汇报情况，由证监会判定。

第四，明确了境内律师的法律责任，即律师在为境内企业境外间接上市出具的法律意见书中，应说明中国证监会关于是否应经审批的答复；未作说明的，其法律意见存在重大遗漏，律师对此至少应当负未能勤勉尽责的责任；声称无须经审核批准的，其法律意见含有虚假陈述，律师对此至少应当负证券欺诈行为责任。

上述监管政策提出后，先后有中国玉柴国际有限公司（NYSE：CYD）、上海实业控股有限公司（HK：0363）、北京控股有限公司（HK：0392）等约30家"大红筹"公司在境外间接上市（含首发上市和借壳上市）。以1997年4月恒生指数有限公司开始编制恒生中国香港中资企业指数[①]为标志，这些上市公司的股票在中国香港市场上形成了一个红筹股板块。上述境内企业在境外间接上市事宜虽得到了国务院、国务院相关主管部门或者当地政府的支持，但也存在未经原国务院证券委或者中国证监会批准即将境内资产转移至境外的情形。并且，在中国香港回归前夕，由于中国香港投资者过分期待红筹公司的注资计划，部分红筹公司股价虚高，造成了不良影响。为此，国务院于1997年6月20日发布了《关于进一步加强在境外发行股票和上市管理的通知》（国发［1997］21号，以下简称《1997年大红筹通知》），对境内企业到境外间接上市的审批事宜做了进一步的规定。

按照《1997年大红筹通知》的规定，境外中资公司（含中资非上市公司和境外中资控股上市公司）在境外发行上市的，应以拟上市资产的形成过程和持有期限长短为区分标准，确定是否须经原国务院证券委批准或者事后向原国务院证券委办理备案。

其中，对于以下两种情形，应按隶属关系征得省级人民政府或者国务

---

① 恒生中国香港中资企业指数俗称恒生红筹股指数，以区别于恒生指数服务公司编制的恒生中国企业指数（Hang Seng China Enterprises Index）。

院有关主管部门同意后，由中国证监会审核并经原国务院证券委批准：一是境外中资公司以其拥有的境外资产在境内投资形成并实际拥有不满3年的境内资产在境外发行上市的。二是境内企业资产直接或者间接转移到境外中资公司在境外发行上市的。

对于以下两种情形，应按隶属关系征得省级人民政府或者国务院有关主管部门同意，无须原国务院证券委审批，但事后应由境内股权持有单位报中国证监会备案：一是境外中资公司以其拥有的境外资产在境外发行上市的。二是境外中资公司以其拥有的境外资产在境内投资形成并实际拥有3年以上的境内资产在境外发行上市的。此外，《1997年大红筹通知》还规定，境外中资控股上市公司分拆上市和新发股票，应当事后报中国证监会备案；禁止买壳上市。

随后，中国证监会于1998年2月27日发布了《关于落实国务院〈关于进一步加强在境外发行股票和上市管理的通知〉若干问题的通知》（证监〔1998〕5号），再次强调了上述监管政策，并对备案材料的形式和内容做了具体要求。上述规定施行至今，中国证监会据此先后批准了约60家境内企业境外间接上市。

在境外间接上市监管政策得到明确的同时，境外直接上市监管框架也逐步建立和发展起来。由此可见，在监管方面，中国从一开始就采取了将境外直接上市和境外间接上市"分而治之"的模式。

此外，需要说明的是，从适用境内法律的角度来看，境内企业境外间接上市除了涉及证券监管事项外，其前置操作环节（即在境外设立特殊目的公司、特殊目的公司取得境内企业控制权）还涉及境外投资、吸收外资和外汇汇入汇出等方面的管理事项。当时的法规规定，境内企业在境外设立特殊目的公司、境外特殊目的公司取得境内企业控制权或者在境内设立外商投资企业等事项，须取得商务主管部门的批准，并应在外汇管理部门办理相应的外汇登记手续。① 上述审批和登记手续主要由省、市级商务主

---

① 关于境外投资管理的法规主要是：《关于在境外举办非贸易性企业的审批和管理规定（试行稿）》（1992年3月23日原对外贸易经济合作部发布）。关于吸收外资管理的法规主要是：《中外合资经营企业法（1990年修正）》、《中外合作经营企业法（1988年）》和《外资企业法（1986年）》及其实施条例等。关于境外投资和吸收外资外汇管理的法规主要是：《境外投资外汇管理办法（1989年）》、《〈境外投资外汇管理办法〉实施细则》（1990年6月26日外汇局发布，已废止）、《外商投资企业外汇登记管理暂行办法》（1996年6月28日外汇局发布）等。

第四章　加强境外间接上市监管的政策建议

管部门或者外汇局省级分局办理。①

二、"双轨制"的监管框架

1998年，中国制定了首部《中华人民共和国证券法》。②该法第29条规定："境内企业直接或者间接到境外发行证券或者将其证券在境外上市交易，必须经国务院证券监督管理机构批准。"③这是中国首次在由最高国家权力机关制定的法律的层面上确认，境外直接上市和境外间接上市均应经中国证监会批准。当时，随着民营经济的逐步发展壮大，部分运营较为成熟的民营企业已开始有利用资本市场融资的需求。1998年末至1999年初，恒安国际集团有限公司（HK：1044）、鹰牌控股有限公司（SP：EBH）、侨兴环球电话公司（NASDAQ：XING）④等公司相继在境外上市。这些公司均为主营业务位于境内的境外控股公司，且其境外上市事宜并未经中国证监会批准。但是，在1999年底，裕兴电脑科技控股有限公司（在百慕大设立，HK：8005，以下简称裕兴科技）⑤在境外间接上市的有关情况却引起了中国证监会的高度关注，并直接导致中国证监会建立了针对非国有企业境外间接上市的监管制度。由此，在境外间接上市监管方面，形成了"大红筹"上市和"小红筹"上市"双轨制"的监管框架。

1999年，中国公民祝维沙与其他三位公司创始人共同设立了裕兴科技，随后通过股权重组，搭建了裕兴科技控制境内企业北京金裕兴电子技术有限责任公司（以下简称北京金裕兴）的红筹架构，祝维沙为实际控制人。当时，为裕兴科技境外发行上市出具境内法律意见的律师事务所认为，裕兴科技的实际控制人系自然人，故其不是《1997年大红筹通知》所

---

① 1993年前，国务院对外贸易和国际经济合作主管部门是原对外经济贸易部。1993年3月，第八届全国人民代表大会第一次会议决定，撤销原对外经济贸易部，设立原对外贸易经济合作部（以下简称外经贸部）。2003年3月，第十届全国人民代表大会第一次会议决定，在原外经贸部和原国家经济贸易委员会的基础上，组建商务部，作为国务院国内外贸易和国际经济合作主管部门。
② 1998年12月29日第九届全国人民代表大会常务委员会第六次会议通过，自1999年7月1日起施行。1999年颁布的《中华人民共和国证券法》先后于2004年作了修正，于2005年作了修订，现行有效的是2005年修订的《中华人民共和国证券法》。
③ 现为2005年修订的《中华人民共和国证券法》第238条。
④ 侨兴环球电话公司已于2009年12月更名为侨兴环球资源公司。
⑤ 裕兴科技已于2009年7月更名为裕兴科技投资控股有限公司。

称境外中资非上市公司,其境外上市事宜无须中国证监会批准,并出具了相应的法律意见。随后,裕兴科技于当年11月先后通过中国香港联合交易所的上市聆讯并完成招股,拟于12月8日上市。就在此时,中国证监会要求裕兴科技暂停实施境外上市。

中国证监会认为,一方面,裕兴科技虽在境外设立,但其经营活动在境内,实质上仍为境内企业;另一方面,《香港创业板上市指引》已经自1999年9月21日起施行,要求境内企业直接到中国香港联合交易所创业板上市须经中国证监会批准,如果裕兴科技未经中国证监会批准即在境外间接上市,将构成规避监管的行为。因此,裕兴科技境外上市事宜应当经中国证监会批准。随后,经补办审批手续,裕兴科技于2000年1月17日取得中国证监会的批准,并于当月31日在中国香港创业板上市,这是第一家在中国香港联合交易所创业板上市的境内民营企业。① 在处理裕兴科技事件的过程中,中国证监会还通报批评了上述律师事务所及相关律师。②

裕兴科技境外间接上市后,中国证监会开始着手制定正式的监管制度,对民营企业境外间接上市的审批事宜做出具体的规定。2000年6月22日,中国证监会发布了《关于涉及境内权益的境外公司在境外发行股票和上市有关问题的通知》(证监发行字〔2000〕72号,以下简称《2000年小红筹通知》),建立了"无异议函(No-action Letter)制度"。

在适用范围方面,《2000年小红筹通知》划定了与《1997年大红筹通知》之间的界限,即只有在有关境外发行上市事宜不属于《1997年大红筹通知》规定的情形,才适用《2000年小红筹通知》。显然,如果《1997年大红筹通知》适用于国有企业境外间接上市的情形,那么《2000年小红筹通知》就应适用于非国有企业境外间接上市的情形。

在制度安排方面,《2000年小红筹通知》要求境内律师事务所就有关境外发行上市事宜向中国证监会报送相应的法律意见书,中国证监会审核无异议并函复境内律师事务所后,有关境外公司才可在境外申请发行上市。上述法律意见书应包括下列内容:一是说明境外公司和本次发行上市的基

---

① 参见《中国证券监督管理委员会关于批准北京金裕兴电子技术有限公司重组后到中国香港创业板上市的函》(证监函〔2000〕12号),2000年1月17日,载《中国证券监督管理委员会公告》2000年第1期,第25页。
② 参见《中国证监会法律部对北京竞天津师事务所及律师做出通报批评》,载《中国证券监督管理委员会公告》2000年第2期,第22页。

第四章 加强境外间接上市监管的政策建议

本情况;二是如果境外公司股权由境内机构或者公民直接或者间接持有,应说明该权益形成和演变的过程及其合法性;三是如果境外公司的上市资产直接或者间接涉及境内权益,应说明该权益的形成过程及其合法性;四是说明境外公司直接或者间接持有权益的境内企业所从事的业务及其是否符合外商投资产业政策及其他相关法律法规。从上述规定可以看出,中国证监会对境内法律意见书的审核重点在于境内资产的权属及其变动过程是否"清白",并不对境外发行上市本身做实质性判断。

《2000年小红筹通知》明确了境内非国有企业境外间接上市前的境内审批程序,其积极意义表现在两个方面:一方面,《2000年小红筹通知》是1999年颁布的《中华人民共和国证券法》第29条的执行性规定,要求所有涉及境内权益的境外公司在境外发行上市前均应经中国证监会审核,堵塞了《1997年大红筹通知》施行后在境内非国有企业境外间接上市监管方面出现的"盲点";另一方面,中国证监会对境内法律意见书进行审核,有助于监督相关境内企业依法经营,依法进行股权和资产重组,并防范境内资产(特别是国有资产)非法流失境外。但是,无异议函制度也有着与生俱来的缺陷:在无异议函制度下,境外公司取得无异议函是其在境外申请发行上市的先决条件,故无异议函具有行政许可的性质,但这一制度并不符合2003年颁布的《中华人民共和国行政许可法》①关于行政许可设定权的规定。②

更重要的是,由中国证监会对有关境外间接上市事宜进行一定程度的审核并出具无异议函,在事实上会使境外投资者对境内企业的依法合规经营产生一种信赖;如果境内企业在境外间接上市的过程中,存在虚假信息披露等违规行为损害投资者利益的,为其提供服务的中介机构不免会以此为借口,推脱应由其承担的法律责任。显然,中国证监会出具的无异议函不应该具有这种"信誉担保"的作用。

基于上述考虑,中国证监会在设计无异议函制度时,采取了两方面的措施,以淡化其行政许可色彩:一方面,涉及境内权益的境外公司拟境外间接上市的,理应由该境外公司或者其控制的境内企业向中国证监会申请出具无

---

① 2003年8月27日公布,自2004年7月1日起施行。
② 根据2003年颁布的《中华人民共和国行政许可法》第二章(行政许可的设定)的有关规定,法律、行政法规和国务院发布的决定等可以设定行政许可。建立无异议函制度的《2000年小红筹通知》属于规章性规范性文件,位阶低于法律、行政法规、国务院发布的决定等,依法不得设定行政许可。

异议函,但在无异议函制度下,却要求由境内律师事务所向中国证监会提出"申请";另一方面,中国证监会对境内法律意见书审核无异议的,复函并不是以中国证监会的名义出具的,而是以中国证监会的一个内设部门——法律部的名义出具的,复函的致送对象也是境内律师事务所,而不是该境外公司或者其控制的境内企业。此外,从实践来看,在绝大多数无异议函中,中国证监会使用的措辞也不是"同意"或者"批准",而是"不提出异议"。

值得注意的是,只有关于裕兴科技境外间接上市的复函是以中国证监会的名义出具的。在该复函中,中国证监会"同意北京金裕兴电子技术有限公司重组后,以在百慕大设立的裕兴电脑科技控股有限公司到中国香港创业板申请上市"。这是中国证监会唯一一次正式批准境内公司在境外上市。但是,该复函的致送对象不是裕兴科技或者北京金裕兴,也不是有关境内律师事务所,而是裕兴科技发行上市的境外保荐机构。①

尽管如此,2002年发生的欧亚农业(控股)有限公司(HK:0932,以下简称欧亚农业)虚假信息披露丑闻,仍然加剧了有关各方对无异议函制度的争议和担忧。欧亚农业在百慕大注册成立,实际控制人为荷兰籍华人杨斌,主要通过境内若干下属公司从事花卉种植和销售以及房地产开发等业务。2001年6月12日,中国证监会做出关于欧亚农业境外间接上市的无异议函。随后,欧亚农业完成首次公开发行,并于当年7月19日在中国香港联合交易所主板上市,保荐人为工商东亚融资有限公司(ICEA Capital Limited,以下简称工商东亚),中国香港审计师为原安达信会计师事务所(安然公司财务丑闻事件发生后,其主要业务和人员已并入罗兵咸永道会计师事务所)。2001年10月,美国《福布斯》杂志将欧亚农业评为全球最佳200家小型公司之一。从2001年6月初开始,因涉嫌在招股说明书中虚假记载财务信息以及未及时、准确披露控股股东减持股份等信息,欧亚农业多次停牌,欧亚农业和工商东亚也受到中国香港证券监管机构的调查。2004年5月10日,中国香港高等法院命令欧亚农业进行清算。随后,欧亚农业自当年5月20日起终止上市。2005年1月27日,因"未以适当的技能、小心审慎和勤勉尽责地去履行"其作为欧亚农业上市保荐

---

① 参见《中国证券监督管理委员会关于批准北京金裕兴电子技术有限公司重组后到中国香港创业板上市的函》(证监函〔2000〕12号),2000年1月17日,载《中国证券监督管理委员会公告》2000年第1期,第25页。

第四章　加强境外间接上市监管的政策建议

人的义务，工商东亚支付 3000 万港元与中国香港证券监管机构达成和解。①

鉴于无异议函制度存在诸多法律瑕疵，经国务院批准，中国证监会于 2003 年 4 月 1 日宣布废止无异议函制度。② 至此，中国证监会先后出具了 200 余份关于境内非国有企业境外间接上市的无异议函。③

有必要说明的是，2000 年前后，随着互联网技术的发展，网络概念股受到了境外投资者的热捧，在境内从事互联网增值服务的众多民营企业相继间接到美国上市。由于受中国利用外资政策的限制，这些公司在上市前搭建红筹架构时，并未采用以往由境外特殊目的公司取得境内主营业务企业控制权的操作方法，而是创造了一种协议控制（Virable Interest Entity，VIE）模式（俗称新浪模式），即由境外特殊目的公司控制的境内外商投资企业与属外资禁入产业的境内内资主营业务企业签订若干关于商业合作、权利许可、业务代理等方面的合同，从而将后者所取得的营业收入和利润转移至前者。④ 此后，协议控制模式逐渐成为涉及外资禁入产业的境内民

---

① Staff Reporter, Euro-Asia Sponsor not Entirely to Blame, in *The Standard*, October 16, 2002; Securities and Futures Commission (SFC), ICEAC Pays HK$30 Million to Settle SFC Disciplinary Case, SFC Press Release, 27 January, 2005, available at http://www.sfc.hk/sfcPressRelease/EN/sfcOpen-DocServlet?docno=05PR17. 此前，辽宁省沈阳市中级人民法院于 2003 年 7 月 14 日以虚报注册资本罪、非法占用农用地罪等数罪并罚，判处杨斌有期徒刑 18 年，罚金人民币 230 万元。2003 年 9 月 7 日，辽宁省高级人民法院对上述案件终审裁定驳回杨斌提起的上诉，维持原判。参见《杨斌案终审裁定》，载《人民法院报》2003 年 9 月 8 日第 1 版。
② 参见《关于取消第二批行政审批项目及改变部分行政审批项目管理方式的通告》，2003 年 4 月 1 日，载《中国证券监督管理委员会公告》2003 年第 4 期，第 22-24 页，附件"中国证监会第二批取消行政审批项目目录"第 26 项。
③ 参见《中国证券监督管理委员会公告》2000 年第 1 期，第 25 页；《中国证券监督管理委员会公告》2002 年第 7 期，第 44-124 页；《中国证券监督管理委员会公告》2002 年第 8 期，第 25-67 页；《中国证券监督管理委员会公告》2002 年第 12 期，第 68-82 页。
④ 根据中国利用外资政策，电信业务经营管理一直以来都是禁止外商投资的产业。例如，《从事放开经营电信业务审批管理暂行办法》（1993 年 9 月 11 日原邮电部发布，自 1993 年 11 月 1 日起施行，已废止）第 6 条规定："境外组织和个人以及在中国境内的外商独资、中外合资和合作企业，不得投资、经营或者参与经营电信业务。"此外，在国务院有关主管部门历次公布的《外商投资产业指导目录》中，电信业务经营管理均被列入"禁止外商投资产业目录"部分。值得注意的是，国务院有关主管部门并不认为协议控制模式有规避国家利用外资政策之嫌。例如，原信息产业部 2001 年 3 月 27 日发布的《关于进一步做好互联网信息服务电子公告服务审批管理工作的通知》（信部电〔2001〕166 号）规定，外资不允许经营包括 ICP 在内的电信业务，涉及外资的网站可在完成外资剥离后，申办经营许可证。外资股份的剥离可采用两种方式：一种方式是网站所有外资股撤资或全部转让给中资。另一种方式是另成立一个纯中资公司，与网站的 ICP 业务有关的资产、人员、域名、商标、经营权、用户关系等均通过协议有偿或无偿转让给中资公司，由中资公司独立自主经营 ICP；有外资的原公司不再经营网站，但可以将中资公司视为用户与其进行技术服务等商业合作。从这一意义上讲，合同控制模式得到认可，也可能是国家为了对特定领域电信业务的对外开放实施适当和有效地控制。

营企业境外间接上市前普遍采用的股权重组模式。

这一时期，中国除了在境外间接上市监管方面采用了"双轨制"模式外，在境外间接上市前置操作环节涉及的境外投资、境外间接上市融资及相关外汇管理方面，也逐渐形成或者建立了将"大红筹"和"小红筹"区别对待的管理模式。例如，在境外投资及相关外汇管理方面，因循以往的政策，只要求境内企业在境外直接投资设立企业的，须取得相关主管部门的批准并办理外汇登记等手续，境内自然人在境外直接投资设立企业的，无须办理上述审批和登记手续。[1]事实上，境外间接上市的民营企业进行股权重组时，大都采用了由境内自然人直接控股境外特殊目的公司的架构。显然，上述审批和登记要求主要适用于"大红筹"公司。又如，在境外间接上市融资外汇管理方面，外汇局单独或者会同中国证监会发布了若干规范性文件，要求"大红筹"公司境外发行上市后，应办理境外上市股票外汇登记手续，并对开立境外专用外汇账户以及募集资金调回境内的期限等事宜做了规定。[2]对于"小红筹"公司境外融资涉及的外汇管理事项，相关主管部门并未做出具体规定。

此外，还值得关注的是，原外经贸部、税务总局、工商总局和外汇局于2003年制定了《外国投资者并购境内企业暂行规定》（以下简称《2003年并购规定》）。[3]《2003年并购规定》虽旨在规范外国投资者并购境内企业的交易活动，但由于境外特殊目的公司取得境内企业控制权是大多数境内企业境外间接上市的必要前置操作环节之一，其在境外间接上市监管方面也具有重要意义。

首先，在外延上，不区分所有制性质，无论外国投资者和被并购的境内企业是否为国有控股均一概适用，这就为日后从境外投资和吸收外资两个角度统一"大红筹"和"小红筹"监管制度奠定了一定的基础。

其次，明确界定了"外国投资者并购境内企业"这一概念。按照规

---

[1] 参见《关于在境外举办非贸易性企业的审批和管理规定（试行稿）》（未公布）第2条、《关于境外投资开办企业核准事项的规定》（2004年10月1日商务部公布）第3条。

[2] 参见《关于进一步完善境外上市外汇管理有关问题的通知》（汇发〔2002〕77号）、《国家外汇管理局资本项目管理司关于做好境外上市外汇管理工作有关事项的通知》（汇资函〔2002〕29号）、《关于完善境外上市外汇管理有关问题的通知》（汇发〔2003〕108号）、《关于境外上市外汇管理有关问题的通知》（汇发〔2005〕6号）等。

[3] 2003年3月7日外经贸部、税务总局、工商总局、外汇局令〔2003〕第3号发布，自2003年4月12日起施行。

定,外国投资者并购境内企业包括股权并购和资产并购两种类型。其中,前者是指外国投资者协议购买境内非外商投资企业的股东的股权或者认购境内公司增资,使该境内公司变更设立为外商投资企业;后者是指外国投资者设立外商投资企业,并通过该企业协议购买境内企业资产且运营该资产,或者外国投资者协议购买境内企业资产,并以该资产投资设立外商投资企业运营该资产。①

再次,明确了外国投资者并购境内企业设立外商投资企业环节的审批要求。按照规定,并购后所设外商投资企业,一般由省级商务主管部门审批,投资总额达到一定规模以上或者属于特定类型或者行业的,由原外经贸部审批。②

最后,对并购对价的确定标准做了规定,并针对对价支付环节设定了审批要求。按照规定,并购当事人应以资产评估机构对拟转让的股权价值或者拟出售资产的评估结果作为确定交易价格的依据;禁止以明显低于评估结果的价格转让股权或者出售资产,变相向境外转移资本;外国投资者以其拥有处置权的股票或者其合法拥有的人民币资产作为支付手段的,须经外汇管理部门核准。③从总体上讲,就在境外设立特殊目的公司、境外特殊目的公司取得境内企业控制权这两个操作环节而言,《2003年并购规定》并未设定较以往明显更为严格的审批要求。

三、监管框架的重构

无异议函制度废止后,境内民营企业境外间接上市无须中国证监会批准,随着合规成本的降低,境内民营企业境外间接上市活动迎来了一个新的高潮。2003~2004年,总计有约120家境内民营企业境外间接上市,筹资总额近30亿美元。但是,繁荣背后也有隐忧:大量民营企业"外资化"后,境外间接上市引发了资本外逃、资产流失(特别是国有资产流失)和"假外资"等问题。对此,有关主管部门非常关注,并着手重构监管框架,从外资并购和外汇管理两个方面,针对境外投资、吸收外资

---

① 参见《2003年并购规定》第2条。
② 参见《2003年并购规定》第6条。
③ 参见《2003年并购规定》第8条、第9条第5款。

等环节加强监管。①

上述监管框架的重构"由点带面",率先在外汇管理方面取得了突破。2005年1月24日,外汇局发布了《关于完善外资并购外汇管理有关问题的通知》(汇发[2005]11号,以下简称《11号外汇管理通知》)。首先,《11号外汇管理通知》提出了一项与特殊目的公司设立有关的外汇管理要求,即境内居民境外投资直接或间接设立、控制境外企业,应参照《境外投资外汇管理办法》的规定办理相关外汇管理方面的审批和登记手续。②其次,《11号外汇管理通知》在境外特殊目的公司返程投资环节设定了外汇审批要求。按照规定,境内居民为换取境外公司股权凭证及其他财产权利而出让境内资产和股权的,应取得外汇管理部门的核准;未经核准,境内居民不得以其拥有的境内资产或者股权为交易对价取得境外企业股权及其他财产权利。最后,《11号外汇管理通知》还提升了境外特殊目的公司返程投资相关外汇登记手续办理机关的层级,即境内居民通过境外企业并购境内企业设立的外商投资企业,其外汇登记申请应由外汇局批准。

随后,外汇局于2005年4月21日发布了《关于境内居民个人境外投资登记及外资并购外汇登记有关问题的通知》(汇发[2005]29号,以下简称《29号外汇管理通知》),明确了《11号外汇管理通知》的适用范围。按照规定,《11号外汇管理通知》所称"外资并购设立的外商投资企业外汇登记"、"外资并购外汇登记"主要适用于以下四种情形:一是外国投资者设立外商投资企业;二是外国投资者协议购买境内外商投资企业中方股权;三是外国投资者协议购买境内中资企业中方股权;四是外国投资者向

---

① 2004年,商务部国际贸易经济合作研究院完成了一份研究报告,引起了广泛的反响。该报告指出,离岸金融中心在中国跨境资本流动中的地位上升,具有一定的积极意义,但也带来了相当大的负面影响:一是为腐败分子、不良商人提供侵吞国有资产和公共财产的途径;二是推动资本外逃规模进一步膨胀,进而对人民币汇率安排和货币政策运作产生重大压力;三是造成潜在投资争议;四是便利公司欺诈;五是转嫁金融风险。参见《中国与离岸金融中心跨境资本流动问题研究》,载商务部国际贸易经济合作研究院编:《2004年中国对外经济贸易蓝皮书》,中国商务出版社2004年版,第385-416页。
② 1989年2月5日国务院批准,外汇局1989年3月6日[89]汇管条字第118号发布,自发布之日起施行。根据《境外投资外汇管理办法》第2条~第4条的规定,在中国境内登记注册的公司、企业或者其他经济组织在境外设立各类企业或者购股、参股,从事生产、经营的活动,应申请外汇管理部门进行投资外汇风险审查和外汇资金来源审查,并办理登记等相关手续。《11号外汇管理通知》施行前,中国并没有关于自然人境外投资的外汇管理规定,自然人境外投资无须办理外汇审批、登记手续。

第四章 加强境外间接上市监管的政策建议

境内外商投资企业或者中资企业增资。

其中，外国投资者设立外商投资企业须办理外汇登记的具体情形有三种：一是外国投资者境内设立外商投资企业，并通过该企业协议购买境内企业资产且运营该资产；二是外国投资者协议购买境内企业资产，并以该资产投资设立外商投资企业运营该资产；三是外国投资者境内新设外商投资企业，并通过该企业协议控制境内其他企业或者某项资产的收益权、特许经营权。根据具体情况，上述外汇登记的事项可能是外商投资企业外汇登记或者外汇登记变更，也可能是外国投资者转股收汇外资外汇登记。《29号外汇管理通知》还重申，未经外汇局登记，境内居民个人不得办理境外投资及其他资本项目外汇业务。

《11号外汇管理通知》和《29号外汇管理通知》针对境内非国有企业境外间接上市的前置操作环节设定了明确的外汇管理要求，但也加重了监管对象承担的合规成本，在事实上的确对境外间接上市产生了一定的限制作用。这种状况显然不利于非国有企业（特别是高新技术企业）通过国际资本市场融通资金。并且，《11号外汇管理通知》和《29号外汇管理通知》仅适用于境内个人境外投资和外资并购涉及的外汇管理事项，不适用于境内机构境外投资和返程投资涉及的外汇管理事项，没有建立起统一、完整的外汇管理制度。为此，外汇局于2005年10月21日发布了《关于境内居民通过境外特殊目的公司融资及返程投资外汇管理有关问题的通知》（汇发[2005]75号，以下简称《75号外汇管理通知》），自2005年11月1日起施行，《11号外汇管理通知》和《29号外汇管理通知》同时废止。与《11号外汇管理通知》和《29号外汇管理通知》不同，《75号外汇管理通知》是一个专门从外汇管理角度来规范境内居民通过境外特殊目的公司进行跨境资本交易和投融资活动的规范性文件。并且，《75号外汇管理通知》为境内居民自然人和境内居民法人通过境外特殊目的公司进行融资和返程投资活动建立了统一的外汇管理制度。① 此外，《75号外汇管理通知》还首次明确界定了"特殊目的公司"、"返程投资"和"控制"等与境外间接上市监

---

① 根据《75号外汇管理通知》第1段的规定，境内居民法人是指在中国境内依法设立的企业法人、事业法人以及其他经济组织；境内居民自然人是指持有中华人民共和国居民身份证或者护照等合法身份证件的自然人，或者虽无中国境内合法身份但因经济利益关系在中国境内习惯性居住的自然人。

管相关的若干重要概念。①

具体地讲,《75号外汇管理通知》提出了以下三个方面的外汇管理要求：一是境内居民设立或者控制境外特殊目的公司前，应办理境外投资外汇登记手续；二是境内居民将其拥有的境内企业的资产或者股权注入特殊目的公司，或者在向特殊目的公司注入资产或者股权后进行境外股权融资，应就其持有特殊目的公司的净资产权益及其变动状况办理境外投资外汇登记变更手续；三是特殊目的公司发生重大资本变更事项且不涉及返程投资的，应办理境外投资外汇登记变更或者备案手续。②

《75号外汇管理通知》施行后，外汇局综合司于2005年11月24日发布了一份操作规程，明确了外汇管理部门对于相关外汇登记申请的审核材料、审核原则及要素、授权范围等事项。③根据该操作规程，国有企业设立、控制境外特殊目的公司的外汇登记由外汇局办理，其他设立、控制境外特殊目的公司的外汇登记由外汇局各分局、外汇管理部办理；特殊目的公司设立、并购境内企业的外汇登记由外汇局各分局、外汇管理部办理。总体上讲,《75号外汇管理通知》关于外汇登记的规定合理、明晰，相关操作规程具体、完整。特别是，民营企业境外间接上市前置操作环节涉及的各项外汇登记手续只需在省级外汇管理部门办理，相对较为便利，有利于降低境外间接上市的融资成本。因此，有业内人士将《75号外汇管理通知》视为"红筹之门重新打开"的重要标志。④

然而，时隔不到一年时间，境外间接上市监管政策又发生了重大变

---

① 根据《75号外汇管理通知》第1段的规定，特殊目的公司是指境内居民法人或境内居民自然人以其持有的境内企业资产或者权益在境外进行股权融资（包括可转换债融资）为目的而直接设立或者间接控制的境外企业；返程投资是指境内居民通过特殊目的公司对境内开展的直接投资活动，包括但不限于以下方式：购买或者置换境内企业中方股权、在境内设立外商投资企业及通过该企业购买或者协议控制境内资产、协议购买境内资产以及以该项资产投资设立外商投资企业、向境内企业增资；控制是指境内居民通过收购、信托、代持、投票权、回购、可转换债券等方式取得特殊目的公司或者境内企业的经营权、收益权或者决策权。
② 根据《75号外汇管理通知》第7段的规定，这些重大资本变更事项包括增资或者减资、股权转让或者置换、合并或者分立、长期股权或者债权投资、对外担保等。
③ 参见《国家外汇管理局综合司关于下发〈关于完善外债管理有关问题的通知〉及〈关于境内居民通过境外特殊目的公司融资及返程投资外汇管理有关问题的通知〉操作规程的通知》（汇综发[2005]124号，以下简称《2005年外汇管理操作规程》），其中与《75号外汇管理通知》有关的规定自发布之日起施行。
④ 李寿双等：《红筹博弈——十号文时代的民企境外上市》，中国政法大学出版社2011年版，第46页。

第四章 加强境外间接上市监管的政策建议

化,监管框架也开始向多部门协调合作、监管权力相互衔接的方向发展。2006年,商务部、国务院国资委、税务总局、工商总局、外汇局和中国证监会六个主管部门联合制定了《关于外国投资者并购境内企业的规定》(以下简称《2006年并购规定》)。①《2006年并购规定》针对境外间接上市涉及的三个操作环节都设定了更为严格的监管要求。

第一,明确规定境内公司在境外设立特殊目的公司,应向商务部申请办理核准手续。②

第二,明确规定关联并购和特殊目的公司换股并购境内企业应经商务部审批。《2006年并购规定》第11条规定:"境内公司、企业或者自然人以其在境外合法设立或者控制的公司名义并购与其有关联关系的境内的公司,应报商务部审批;当事人不得以外商投资企业境内投资或者其他方式规避前述要求。"第32条规定:"外国投资者以股权并购境内公司应报送商务部审批……"这就改变了以往主要由省、市级商务主管部门对境内企业在境外设立企业、外国投资者并购境内企业设立外商投资企业等事项进行核准的做法,从总体上提升了审批层级,使境外间接上市前置操作环节涉及的投资管理事项均集中到商务部层面来管理。

第三,《2006年并购规定》第40条还明确规定:"特殊目的公司境外上市交易,应经国务院证券监督管理机构批准"。这意味着,无异议函制度废止3年后,2005年修订的《中华人民共和国证券法》第238条关于境内企业境外间接上市须经中国证监会批准的规定首次得到了强化。

第四,《2006年并购规定》明确了特殊目的公司境外上市后继续并购境内企业的审批要求,即境外上市公司以现金作为支付手段并购境内企业的,由商务部或者省级商务主管部门审批;境外上市公司以股权作为支付手段并购境内企业的,由商务部审批。③

此外,《2006年并购规定》还对特殊目的公司换股并购后完成境外上市的期限做了规定,即在商务部批准特殊目的公司换股并购境内公司、境内

---

① 2006年8月8日商务部、国务院国资委、税务总局、工商总局、外汇局和中国证监会令2006年第10号公布,自当年9月8日起施行。《2006年并购规定》施行后,由商务部作了一次修正并于2009年6月22日以商务部令2009年第6号重新公布,除了关于反垄断审查的规定有修改外,其他条款基本没有变化,故本文援引相关条款时仍使用《2006年并购规定》的条文序号。
② 参见《2006年并购规定》第42条。
③ 参见《2006年并购规定》第10条、第21条以及第4章第1节、第2节。

公司获得商务部颁发的外商投资企业批准证书、中国证监会批准特殊目的公司境外上市后，被并购境内公司可向公司登记机关申请颁发外商投资企业营业执照，自营业执照颁发之日起1年内，该特殊目的公司应完成上市融资并向商务部报告境外上市情况和融资收入调回计划；否则，境内公司的股权结构恢复到股权并购之前的状态。[①]

值得注意的是，《2006年并购规定》虽未明文规定适用于外国投资者并购境内国有企业的情形，但从实践来看，对于境内国有企业和民营企业境外间接上市是普遍适用的。[②] 尽管如此，这只在一定程度上改变了"大红筹"和"小红筹"监管"双轨制"的格局。这是因为，在"大红筹"上市监管方面，仍须同时适用《1997年大红筹通知》和《2006年并购规定》，而这两项规范性文件为证监会设定的监管环节并不一致。根据前者，中国证监会应对境内资产注入境外中资公司（既包括境外首发上市前的注资，也包括境外首发上市后的注资）和境外中资公司境外上市两个环节进行监管；根据后者，中国证监会只对特殊目的公司境外上市进行审批。不难看出，与《1997年大红筹通知》相比，《2006年并购规定》赋予证监会的监管权力相对较小。

《2006年并购规定》施行后，中国证监会于2007年3月公布了一份关于上述审批要求的操作细则，明确了有关行政许可的申请材料目录。[③] 其中，中国证监会还提出了一项更为严格的监管要求，即境内企业如拟在境外交易所主板上市，应提交前三个年度的审计报告；如拟在境外交易所创业板市场上市，应提交前两个年度的审计报告。上述规定实际上是要求境内企业必须持续经营达到一定年限后才可申请境外间接上市。

在商务部、中国证监会加强境外间接上市监管的同时，外汇局也收紧了针对境外间接上市前置操作环节涉及的外汇管理事项的监管要求。2007年8月4日，外汇局综合司发布了《国家外汇管理局综合司关于印发〈国

[①] 参见《2006年并购规定》第45条~第48条。
[②] 例如，中粮包装控股有限公司（HK：0906，以下简称中粮包装）于2009年11月完成首发并在中国香港交易所上市，其控股股东中粮集团有限公司为国务院国资委管理的中央企业之一。根据中粮包装首发上市招股说明书披露的信息，其境外发行上市事宜已取得中国证监会等主管部门的批准，上述主管部门做出批准决定的依据包括但不限于《1997年大红筹通知》和《2006年并购规定》等法律法规。参见中粮包装2009年首发上市招股说明书（英文版），第72页。
[③] 这份操作细则最初公布在中国证监会国际互联网站的"行政许可"栏目中，但随后不久就被删去了，至今未再公布。

家外汇管理局关于境内居民通过境外特殊目的公司融资及返程投资外汇管理有关问题的通知〉操作规程的通知》（汇综发［2007］106号，以下简称《2007年外汇管理操作规程》），自发布之日起施行。

与《2005年外汇管理操作规程》相比，《2007年外汇管理操作规程》在"审核要素"部分对相关外汇登记事项做了非常严格的规定。例如，对于境内居民以境内企业资产权益注入并新设特殊目的公司的外汇登记，在申报材料方面，要求申请人在提交的商业融资计划书中说明境内企业近3年的财务状况；在审批机关层级方面，规定涉及境内居民自然人的外汇登记事项由外汇分局、外汇管理部审核办理，涉及境内居民法人的外汇登记事项原则上由外汇局办理。① 又如，对于特殊目的的公司设立、并购境内企业的外汇登记，如果外国投资者虽为已办理境外投资外汇登记的境外企业，但未按照批准的经营范围持续经营3年，其设立、并购境内企业的外汇登记申请不予受理。② 上述规定实际上是要求在申请办理相关外汇登记手续前，境外特殊目的公司或者相关境内企业至少已持续经营满3年。③

虽然《2006年并购规定》和《2007年外汇管理操作规程》使境内企业境外间接上市各操作环节的合规成本显著增加，但这两项规范性文件的确有助于商务部、中国证监会和外汇局等有关主管部门对境内企业境外上市实施协同监管，其规范意义是积极的。令人遗憾的是，《2006年并购规定》施行至今，在境外设立特殊目的公司、关联并购和境外间接上市等方面，尚无境内民营企业获得过商务部和中国证监会的批准。更具讽刺意味的是，为了规避《2006年并购规定》设定的审批要求，一大批境内民营企业通过借用已有股权架构、建立代持安排和实施协议控制等多种方式搭建红筹架构后，实现境外间接上市。

---

① 参见《2007年操作规程》附表1，"审核原则要素"栏第2段、"注意事项"栏第1段和第2段。
② 参见《2007年外汇管理操作规程》附表4，"注意事项"栏第2段。
③ 值得注意的是，2011年5月27日，外汇局发布了《国家外汇管理局关于印发〈境内居民通过境外特殊目的公司融资及返程投资外汇管理操作规程〉的通知》（汇发［2011］19号，以下简称《2011年外汇管理操作规程》），自2011年7月1日起施行。与《2007年外汇管理操作规程》相比，《2011年外汇管理操作规程》最主要的变化是简化了境内居民个人特殊目的公司涉及的外汇登记手续，取消了对特殊目的公司和相关境内企业持续经营期限的要求。

第二节 监管框架演进的历史背景

从此前的分析可以看出,境外间接上市监管框架经历了一个从无到有、从简单到复杂的历史过程。这一监管框架不但独立于境外直接上市监管框架,而且还形成了"大红筹"上市监管和"小红筹"上市监管"双轨制"的格局,即前者同时适用《1997年大红筹通知》和《2006年并购规定》,后者仅适用《2006年并购规定》。应当说,这一历史过程是与近20年来中国、国际资本市场环境的发展演变息息相关的。

一、初创阶段:防控国有资产流失

在20世纪90年代初期,中国证券市场处于初创阶段,囿于对股份制以及证券市场功能的片面认识,境内企业境外上市被赋予了重要的意义:一是吸收外汇资金和吸引境外投资者,促进国有企业转换经营机制;二是借鉴其他国家发展证券市场的先进经验,为我所用;三是作为证券市场对外开放的一个重要方面。于是,出于维护中国企业形象、增强境外投资者信心的考虑,国家筛选若干国有企业到境外发行上市。[①] 在中国香港回归前夕,部分境内企业未经批准将资产转移至境外间接上市,不但可能造成国有资产流失,而且影响了中国企业的形象,削弱了境外投资者对中国企业的信心。为此,国务院制定了《1997年大红筹指引》,其核心精神是防控国有资产流失。在制度设计上,《1997年大红筹指引》规定,以境内资产境外间接上市的,如其形成过程与境外资产无关,一概从严掌握;如其为境外资产在境内投资形成的,可相对灵活掌握,以其被持有时间是否满3年为标准,设定宽严不同的监管要求。

---

① 《国务院关于进一步加强证券市场宏观管理的通知》(国发[1992]68号)第四部分指出:"……选择若干企业到海外公开发行股票和上市,必须在证券委统一安排下进行,并经证券委审批……"。

第四章　加强境外间接上市监管的政策建议

二、形成阶段：规范民营企业境外上市

到了20世纪90年代末期，民营经济虽已逐步发展壮大，但中国证券市场环境仍未发生根本性的变革，多重因素极大地制约了民营企业在境内上市融资的意愿和可行性，它们纷纷把目光投向了境外资本市场。

第一，中国证券市场还没有完成为国企改制服务的历史使命，存在事实上的"所有制歧视"，民营企业难觅一席之地。

第二，境内证券市场结构单一，而境外多层次证券市场发达，能够较好地满足企业的融资需求。当时，境内证券市场尚未建立中小板市场和创业板市场，无法同时接纳众多不同规模、不同发展阶段的企业。境外资本市场则已逐步形成了包括主板、创业板和场外市场在内的多层次资本平台，为中小企业和创业企业发行上市创造了便利的条件。

第三，境内首发上市条件较为严格，而境外证券交易所规定的首发上市条件相对较为灵活。例如，《首次公开发行股票并上市管理办法》[①]第33条规定，股份有限公司在境内首次公开发行股票并上市的条件包括但不限于：最近3个会计年度净利润均为正数且累计超过人民币3000万元；最近3个会计年度经营活动产生的现金流量净额累计超过人民币5000万元，或者最近3个会计年度营业收入累计超过人民币3亿元等。上述条件远高于境外上市公司较为集中的证券交易所规定的上市条件。[②]

第四，境内证券监管在诸多方面较为僵化，境外证券监管则较为灵活，便于企业做出相应的利益安排。例如，在2005年4月以前，境内上市公司普遍存在股权分置问题，即上市公司的股份以能否在证券交易所上

---

① 2006年5月17日中国证监会公布，自2006年5月18日起施行。
② 中国香港联合交易所是境内企业境外上市的主要目标市场。《中国香港联合交易所有限公司证券上市规则》第八章规定的上市条件包括但不限于：具备不少于三个会计年度的营业记录，最近一年的盈利不少于2000万港元，前两年合计盈利不少于3000万港元，上市时市值至少为2亿港元；或者具备不少于三个会计年度的营业记录，最近一年的盈利至少为5亿港元，前三个会计年度的经营活动现金流入合计至少为1亿港元，上市时市值至少为20亿港元；或者具备不少于三个会计年度的营业记录，最近一年的盈利至少为5亿港元，上市时市值至少为40亿港元，上市时最少有1000名或者以上的股东。Chapter 8 of the *Rules Governing the Listing of Securities on the Stock Exchange of Hong Kong Limited*, available at http: //www.hkex.com.hk/eng/rulesreg/listrules/mbrules/documents/chapter_8.pdf.

市交易为标准,被区分为流通股和非流通股,公司首发上市前已发行的股份通常为非流通股。这就意味着,对上市公司的私募股权投资没有较为顺畅的退出渠道,发起人持有股份的价值也无法得到充分实现。又如,在2006年以前,境内上市公司不能实行股权激励计划,不利于企业吸引和留住高级管理人员以及核心技术、业务人员,建立、健全激励与约束机制。[①]

第五,境内证券监管的透明度、效率以及投资者的成熟度等也与发达证券市场有明显差距。并且,受境内监管政策的影响,民营企业即使选择境外直接上市方式,也会面临"所有制歧视"、股份无法全流通、无法实行股权激励计划以及融资效率低下等现实障碍。

在这样的市场环境下,中国政府对境外间接上市监管的态度是:一方面,境外间接上市的积极意义是主要的,即有利于充分、高效地吸收外资促进民营企业发展,但其前置操作环节是否合法合规,是否导致国有资产流失等问题也不容忽视。另一方面,1999年颁布的《中华人民共和国证券法》虽已对境外间接上市监管做了原则性规定,但中国证监会在跨境上市监管方面尚无经验可循,也缺乏足够的决心和信心,不得不"摸着石头过河"。由此,在裕兴科技事件发生后,中国证监会迅速制定了《2000年小红筹通知》并尽可能地淡化无异议函制度的行政许可的色彩,就不难理解了。

三、发展阶段:迈向统一的监管框架

无异议函制度废止后,随着大量民营企业"外资化"后境外间接上市,与之相伴而生的资本外逃、资产权益流失和"假外资"等问题日益突出。同时,境外间接上市监管框架所处的外部环境发生了一些重大变化。

第一,中国于2005年对《中华人民共和国公司法》和《中华人民共和国证券法》做了全面修订,在此基础上,中国证监会加强了证券监管法规的"立、改、废"工作,证券监管法规体系日益完善,监管执法的公开化、透明度也大大提高。

[①] 中国证监会于2005年12月31日发布了《上市公司股权激励管理办法(试行)》(证监公司字〔2005〕151号),自2006年1月1日起施行,允许上市公司以限制性股票、股票期权等方式实行股权激励计划。

第四章 加强境外间接上市监管的政策建议

第二,境内上市公司股权分置改革自2005年4月启动后迅速推进,至2007年底时已基本完成。① 至此,"中国资本市场在市场基础制度层面上与国际市场不再有本质区别"。②

第三,经中国证监会批准,深圳证券交易所先后于2004年5月在主板市场中开辟了相对独立的中小企业板,于2009年5月设立了独立于主板市场的创业板市场,旨在为众多自主创新能力强、成长性较好的中小企业、创业企业提供融资平台,丰富了中国证券市场的层次和结构,拓展了其深度与广度。

第四,近年来,随着国有企业改制上市工作的推进,国有企业为境内证券市场提供的上市资源越来越少,为吸引潜在的上市资源,境外证券交易所之间以及境外证券交易所与境内证券交易所之间的竞争日益激烈,这对中国不断提升证券市场的竞争力以及调整境外上市监管政策都形成了一定的压力。③

此外,从2003年开始,中国国际收支连年经常项目、资本项目"双顺差",资本项目项下外汇流入的压力加大了制定、执行货币政策的难度和复杂性。④

正是在上述背景下,中国政府对境外间接上市的态度发生了明显的变化,即境外间接上市的消极影响是主要的,有必要加以限制;并且,由省、市级商务主管部门和外汇局省级派出机构对境外间接上市的前置操作环节进行监管,不便于全面、统一监控境内资产权益外流以及外汇资金流入流出的总体情况。为此,外汇局在《11号外汇管理通知》和《29号外汇管理通知》的基础上,制定了《75号外汇管理通知》,商务部、中国证监会、外汇局等部门共同制定了《2006年并购规定》,从而在国务院层面上建立了一个多部门协同配合、齐抓共管的体制。

---

① 经国务院批准,中国证监会于2005年4月29日发布了《关于上市公司股权分置改革试点有关问题的通知》(证监发〔2005〕32号),宣布启动股权分置改革。
② 中国证监会:《中国证券监督管理委员会年报(2007年)》,中国财政经济出版社2008年版,第56页。
③ Erica Fung, "Regulatory Competition in International Capital Markets: Evidence from China in 2004-2005", *Journal of Law & Business*, Vol. 3, 2006, pp. 243-299;祈斌等:《海外交易所竞争中国潜在上市资源情况分析》,《上海证券报》2007年2月9日第A04版。
④ 外汇局:《中国外汇管理年报(2009年)》,第67页,available at http://www.safe.gov.cn/model_safe/news/ts_detail.jsp?ID=20500000000000000.97。

第三节 境外间接上市监管的缺陷和不足

进一步分析,现行境外间接上市监管框架的优点在于,全面覆盖了境外间接上市的各操作环节,包括在境外设立特殊目的公司、特殊目的公司取得境内企业的控制权以及特殊目的公司境外发行上市等。并且,相关监管事项的审批层级较高,监管权力大部分集中在国务院主管部门的层级上,如在境外设立特殊目的公司、特殊目的公司关联并购或者换股并购境内企业等事项均由商务部审批,特殊目的公司境外发行上市由中国证监会审批,外汇登记事项则至少在外汇局省级派出机构办理。显然,这种监管权力的配置格局便于国务院有关主管部门之间的沟通、协调,确保有效监管。但是,这一监管框架以及相关的监管制度、监管实践也存在诸多不足。

一、"双轨制"监管模式不尽合理

在"双轨制"的监管框架下,"大红筹"上市指境外中资公司境外发行上市的情形,"小红筹"上市最初指"涉及境内权益的境外公司"境外发行上市的情形,无异议函制度废止后,则指境内企业在境外设立的且不属于境外中资公司的境外特殊目的公司境外发行上市的情形。然而,《1997年大红筹通知》和《2000年小红筹通知》等规范性文件并没有对"大红筹"和"小红筹"这两个概念的内涵和外延做任何解释和说明。实践中,原国务院证券委或者中国证监会依据《1997年大红筹通知》做出的批复绝大部分是针对国有企业境外间接上市的。据此,并结合制定《1997年大红筹通知》的历史背景来推断,境外中资公司应是指由境内国有企业控股的境外公司,而"小红筹"公司应是指由境内居民自然人或者非国有企业法人的境外特殊目的公司。但是,自《2000年小红筹通知》公布施行后,"大红筹"和"小红筹"的界限就一直存在争议。[①]并且,从实践来看,这

[①] Yuan Cheng, "Listing Overseas: What is the Real Scope of the CSRC Circular?" *China Law & Practice*, September, 2000, pp. 26-27.

第四章　加强境外间接上市监管的政策建议

一界限的确不尽明晰，因为证监会有过依据《1997年大红筹通知》批准境内民营企业境外间接上市的先例。①笔者认为，无论是从形式上还是从实质上讲，国有企业和非国有企业境外间接上市的操作模式和涉及的主要法律问题并无明显差别，完全没有必要确立不同的监管框架和监管制度。

二、监管框架的覆盖范围不完整

从文义上理解，2005年修订的《中华人民共和国证券法》第238条关于境内企业境外上市须经证监会批准的规定既是境外直接上市监管的最高法律依据，也是境外间接上市监管的最高法律依据，理应全面覆盖各种境内企业境外间接上市的情形。然而，《1997年大红筹通知》和《2006年并购规定》作为2005年修订的《中华人民共和国证券法》的下位法，并没有为所有境外间接上市情形设定相应的监管要求。例如，实际控制人为境外自然人或者境外法人的境外公司以其拥有的境内企业资产权益在境外发行上市的，就既不属于《1997年大红筹通知》所规范的境外中资公司境外发行上市的情形，也不属于《2006年并购规定》所规范的特殊目的公司境外发行上市的情形。对于境外控股公司在境内直接设立外商投资企业或者收购境内企业设立外商投资企业等前期事项，也只需依照外商直接投资管理法规和相关外汇管理法规办理通常的审批、登记手续。

上述境外上市模式不同于"大红筹"和"小红筹"上市模式，因为既不涉及国有资产权属的跨境移转，也没有境内资产权益流失境外之虞，但至少在形式上与通常的境内企业境外间接上市并无二致。并且，相关境外上市公司如果主要在境内开展业务活动或者其收入主要来源于境内，往往也会与"大红筹"公司和"小红筹"公司一并被视为中国概念公司。因此，在境外间接上市监管框架中，应针对上述情形的境外发行上市行为建立相应的制度安排。此外，参与境外间接上市活动的主体除了境内企业，

---

① 例如，中国证监会于2007年11月14日批准比亚迪电子（国际）有限公司（HK：0285，以下简称比亚迪电子）在境外发行股票并在中国香港证券交易所上市。由于比亚迪国际主要通过其境内子公司开展业务活动，且其控股股东比亚迪股份有限公司（BYD Co., Ltd., HK：1211）的实际控制人为自然人王传福（Mr. Wang Chuanfu），比亚迪国际应属"小红筹"公司。但是，中国证监会做出批复的依据是《1997年大红筹通知》。参见《关于同意比亚迪股份有限公司下属境外公司在境外发行股票并在中国香港交易所上市的批复》（证监国合字［2007］36号），载《中国证券监督管理委员会公告》，2007年第11期，第75页；比亚迪国际首发上市招股说明书（英文版），第35页。

还包括为其提供证券服务的境内外会计师事务所、律师事务所以及境外投资银行等市场中介机构。但是，在现行监管框架下，并没有关于监管证券服务机构及其相关跨境业务活动的监管规定。监管约束的缺失必然会导致市场约束的无效，这也是在美国上市的中国概念公司发生财务信息虚假披露丑闻的主要原因之一。

三、部分核心监管要求不合理或者不明确

应当说，在现行监管框架下，针对在境外设立特殊目的公司、特殊目的公司取得境内企业控制权以及特殊目的公司境外上市三个环节设计监管制度、配置监管权力的做法是基本合理的，但部分核心监管要求却欠缺合理性。

例如，《1997年大红筹通知》以拟上市资产的形成过程和持有期限长短为区分标准，对境外中资公司在境外发行上市的行为设定监管要求。实际上，拟上市资产无论是否为境外资产在境内投资形成的，无论其被境外中资公司持有的期限是否满3年，在性质上均属于境内资产，从规范的角度来讲，均应受到同等强度的监管。又如，针对境外特殊目的公司取得境内企业的控制权这一操作环节，《2006年并购规定》的调整范围并不完整：在股权并购方面，《2006年并购规定》仅适用于外国投资者并购境内非外商投资企业变更设立外商投资企业的情形，不适用于外国投资者针对境内外商投资企业的股权并购，也不适用于外国投资者通过境内外商投资企业针对境内外商投资企业和非外商投资企业的股权并购。① 按照现行体制，后两种股权并购适用《2006年并购规定》施行前制定的关于外商投资企业投资者股权变更的管理规定，相关审批事项通常只需地方商务主管部门批准。② 在《2006年并购规定》施行后完成境外间接上市的境内民营企业中，有相当一部分正是以《2006年并购规定》关于股权并购适用范围的规定为突破

---

① 参见《2006年并购规定》第2条。
② 参见《2006年并购规定》第55条第2款、《外商投资准入管理指引手册（2008年版）》第68页。这些关于外商投资企业投资者股权变更的管理规定包括：《外商投资企业投资者股权变更的若干规定》（1997年5月28日原外经贸部、原工商局发布，自发布之日起施行）、《关于外商投资企业境内投资的暂行规定》（2000年7月25日原外经贸部、原工商局发布，自2000年9月1日起施行）以及《关于外商投资企业合并与分立的规定》（1999年9月23日原外经贸部、原工商局发布，自2000年9月1日起施行，2011年11月22日修订后重新公布）等。

第四章 加强境外间接上市监管的政策建议

口,在搭建红筹架构的过程中,规避了商务部的审批。这条市场和监管博弈形成的"灰色通道"不断挑战监管"底线",严重侵蚀了监管规则的权威性。对此,有业内人士一针见血地指出:"虽然招股说明书对此类做法的法律风险的提示令人望而生畏,但境内律师出具的'干净的'法律意见书以及那些已成功'闯关'的先例,使人们对这种做法已经习以为常了。"①

四、境外直接、间接上市监管制度不协调

与境外间接上市相比,境外直接上市的主体均为依照《中华人民共和国公司法》成立的股份有限公司,境外发行上市是唯一的监管环节。现行境外直接上市监管制度包括发行上市的条件、公司治理和规范运作规则、外汇管理规则和一些持续监管规则。就主要的监管要求而言,这一监管制度与境外间接上市监管制度存在显著差异。

例如,在境外发行上市的财务条件方面,前者规定了一些量化的标准,即在境外交易所主板上市的,净资产不少于4亿元人民币,过去一年税后利润不少于6000万元人民币,按合理预期市盈率计算的筹资额不少于5000万美元等,而后者未做具体要求。② 又如,在利用外资政策方面,前者要求境外发行上市募集资金的用途应符合国家产业政策和利用外资政策,后者虽也有针对境外上市主体控制的境内外商投资企业的类似要求,但已有相当数量的境内企业通过采用协议控制模式规避了上述限制。③ 再如,在境外发行上市审批方面,前者规定须经证监会审批的事项包括境外首发上市、境外增发股份、境外发行可转换公司债券等,后者规定证监会的审批只针对境外首发上市和境内资产划转境外两个环节,境外首发上市完成后涉及资本变动的事项大都无须证监会审批。

不难看出,在上述方面,境外间接上市监管制度的规定较为宽松,监管对象承担的境内合规成本较低,上市主体的境外融资效率较高。

---

① Ed Sun, "Still Waiting for Regulation 10", *International Financial Law Review*, 2008, Vol. 27, Iss. 9, p. 21.
② 参见《关于企业申请境外上市有关问题的通知》第一部分第(三)项。
③ 参见《关于企业申请境外上市有关问题的通知》第一部分第(二)项、《2006年并购规定》第4条。

五、监管标准和监管执法的透明度不高

一方面,有相当一部分监管规定的效力层级很低。这些监管规定往往表现为主管部门制定的规范性文件,有的甚至是商务部、外汇局等主管部门内设部门制定的规范性文件,效力层级低于法律、法规和规章。在这些规范性文件中,有的规定存在与上位法的原则精神相悖的情形。例如,《2006年并购规定》要求关联并购一概须经商务部批准,但商务部外国投资管理司制定的《外商投资准入管理指引手册(2008年版)》①却规定,商务部对关联并购审批申请的受理范围"仅限于境外公司为上市公司,或经批准在境外设立且已实际运行并以利润返程投资的"情形。②有的规范性文件则在程序性规定中隐含了实体监管要求。例如,中国证监会在境外间接上市行政许可的操作细则中,要求境内企业应持续经营两年或者三年以上。又如,《2007年外汇管理操作规程》要求在申请办理相关外汇登记手续前,境外特殊目的公司或者相关境内企业至少已连续经营满三年。

另一方面,监管信息公开不充分,不利于为市场提供明晰的合规指引。例如,《1997年红筹指引》和《2006年并购规定》均未规定境外间接上市的行政许可条件;除中国证监会应在20个工作日内决定是否核准境外间接上市申请的规定外,未对中国证监会的行政许可程序做具体规定。③又如,据不完全统计,中国证监会先后公布的"大红筹"上市(含境外注资)批复不足30份,远低于"大红筹"公司的实际数量;对于"大红筹"公司依照《1997年大红筹通知》办理备案的情况,中国证监会从未公布。④

---

① 商务部外国投资管理司2008年12月23日商资服字[2008]530号发布。
② 参见《2006年并购规定》第11条,《外商投资准入管理指引手册(2008年版)》第68-70页。
③ 参见《2006年并购规定》第45条。
④ 参见《中国证券监督管理委员会公告》历年各期。

第四章 加强境外间接上市监管的政策建议

第四节　加强境外间接上市监管的政策建议

如前所述，境外间接上市监管框架脱胎于中国经济改革开放早期特殊的历史背景，随着中国经济的发展和所有制结构的变化，逐步形成了"双轨制"的监管架构。鉴于国际、国内资本市场环境近年来已发生重大变化，上述监管框架应顺势而为，并结合监管实践暴露出的问题，适时修订完善。

一、准确定位监管宗旨

准确定位境外间接上市监管的宗旨是优化监管框架、完善监管制度的前提。

一方面，为了贯彻稳定和扩大利用外资的政策，境外间接上市监管框架理应向更为公开、透明的方向发展，做到适用范围明晰、监管制度合理、监管标准明确、市场化水平适当。但是，在当前境内证券交易所还不具备整体竞争优势的情况下，中国又不可避免地会担心上市资源和资产权益的流失。显然，在商务部、中国证监会和外汇局等国务院主管部门层面上是无法化解上述矛盾的，这需要更高层面的决策者来贡献政治智慧。

另一方面，境内企业境外间接上市的，上市主体的设立地、上市地和主要经营地分处不同的国家或者地区。中国不是上市主体的本国或者上市地国，中国的公司法和证券法无法适用于境外公司境外发行上市的行为。因此，境外间接上市监管既不能从保护境外投资者权益的角度出发，也不能从规范境外上市公司的组织和行为的角度出发。然而，境外间接上市毕竟具有跨境属性，搭建红筹架构的过程不可避免地要涉及境内资产权益的跨境移转，红筹公司的持续经营也是以境内资产权益为基础的。这就决定了境外间接上市监管应当以监督境内企业规范运作、维护中国境外上市公司的声誉和整体形象为宗旨。

二、统筹规划监管框架

统筹规划监管框架是合理配置监管权力、协调各项监管制度的基础。

鉴于已无必要区别对待"大红筹"上市和"小红筹"上市这两种境外间接上市模式,应统合这两个方面的监管框架。并且,境外直接上市与境外间接上市的区别更多地体现在法律形式上,这两种境外上市方式在经济实质上是一致的,这也是境外投资者将H股公司、"大红筹"公司和"小红筹"公司等统称为中国概念公司的原因。

因此,有必要进一步统合境外直接上市和境外间接上市监管框架,在《境外直接上市特别规定》、《1997年大红筹通知》和《2006年并购规定》等法规、规章的基础上,在国务院层面上制定一项关于境外上市监管的行政法规,统一确立关于上述两种境外上市方式的监管制度;再依据上述行政法规,由中国证监会单独或者会同其他国务院主管部门制定行政规章等监管文件,落实具体的监管标准。

上述做法的重要意义在于,有助于充分落实2005年修订的《中华人民共和国证券法》第238条关于境外直接上市和境外间接上市均须中国证监会"依照国务院的规定批准"的要求,既能填补境外间接上市监管方面尚无国务院规定的空白,也能改进和完善境外直接上市监管制度。更重要的是,在上述框架下统筹设计各项监管制度,可以充分体现和贯彻鼓励境外直接上市、限制境外间接上市的政策导向。① 此外,建立统一的监管框架

---

① 这一政策导向的渊源可追溯至《1997年大红筹通知》。该通知第六段强调:"境内企业到境外证券市场融资应主要采取直接上市的方式。"但是,《1997年大红筹通知》以后的监管文件中未再出现过类似的表述。《2006年并购规定》施行后,中国关于境外上市的政策导向变得有些令人捉摸不透。例如,在利用外资方面,国务院的态度是,"利用好境外资本市场,继续支持符合条件的企业根据国家发展战略及自身发展需要到境外上市,充分利用两个市场、两种资源,不断提高竞争力。"参见《国务院关于进一步做好利用外资工作的若干意见》(国发〔2010〕9号)第三部分(促进利用外资方式多样化)第(十三)段,载《中华人民共和国国务院公报》,2010年第12号,第9–10页。但是,从其他相关文件和报道来看,上述政策导向应该是确实存在的。例如,在2010年11月9日举行的第三次中英经济财金对话上,双方重申支持符合条件的中国公司(包括已上市公司)通过发行股票或境外存托凭证在伦敦证券交易所上市。参见财政部公布的《第三次中英经济财金对话合并政策成果》,第四部分(金融部门发展和监管)第27段,http://www.mof.gov.cn/zhengwuxinxi/caizhengxinwen/201011/t20101110_348192.html。从严格意义上讲,上述"中国公司"应是指在境内设立的股份有限公司,不包括红筹公司。又如,在2009年6月举行的第三届中国企业国际融资洽谈会上,商务部外国投资管理司有关负责人曾表示,商务部鼓励更多的优质企业在本土上市,如果本土上市空间不够的话,也鼓励其境外直接上市。参见叶勇、但有为:《商务部首称将完善十号文 鼓励企业境外直接上市》,《上海证券报》2009年6月11日第五版。

还有助于提高立法效率，简化监管规范体系，消除监管套利空间，便于市场主体理解和适用。

三、合理配置监管权力，协调完善监管制度

第一，为落实上述政策导向，尽量避免产生境外上市公司业务、资产和经营活动等与其境内监管和上市地监管"错配"的现象，减轻"小红筹"上市方式给境内监管带来的压力，应及时对境外直接上市监管制度进行修订，包括但不限于放宽上市条件、放开股权激励计划等方面的限制，疏通境外股权投资的退出渠道，简化行政许可项目和审核程序等，为境外直接上市创造有吸引力的监管环境。

第二，明确境外间接上市，特别是"小红筹"上市方式的适用条件。按照上述政策导向，拟通过"大红筹"和"小红筹"方式上市的境内企业以及由境外居民自然人或者法人实际控制但主要在境内开展业务活动的境内企业应主要选择境外直接上市方式，境外间接上市主要适用于涉及境内资产权益且只在境内开展少量业务活动的境外公司。为此，不妨考虑针对境内营业收入占全球营业收入的比例、境内资产总额占全球资产总额的比例以及境内营业利润占全球营业利润的比例等设定一些监管指标，规定只有低于这些指标的境内企业才可以在境外间接上市。

第三，优化境外间接上市监管权力的配置格局。例如，可在保留现有监管环节的基础上，适当降低中国证监会对境内资产注入境外中资公司或者境外中资控股上市公司事宜的监管强度和监管方式（如可由事先行政许可改为事后备案），将境外间接上市涉及的外资并购环节的监管集中于商务部，这样更契合商务部和中国证监会各自的监管职能，有利于消除基于《1997年大红筹通知》和《2006年并购规定》而形成的监管权力重叠。

第四，加强对相关境内外中介机构的监管，完善跨境上市监管合作机制，建立合理可行的跨境监管安排，明确境内、境外中介机构的法律责任，市场约束和外部监管"双管齐下"，共同监督中介机构审慎执业。

四、增强监管标准和监管实践的透明度

第一，增强监管规范性文件之间的协调性，根据调整后的监管权力配

置格局，形成"境外投资管理"、"返程投资"、"境外发行上市"和"外汇管理"等若干明晰的监管线条，以此为基础确定具体的监管标准。

第二，提升监管规范的层级，监管标准应主要通过行政法规、规范性文件和行政规章等层级的监管文件来确立，避免在有关主管部门及其内设机构制定的文件中确立具有普遍约束力的监管标准。监管规范层级的提高也有助于增强监管制度的稳定性，降低监管标准"朝令夕改"的可能性。

第三，明确各项行政许可的审核标准、审核时限等，建立公平、公正的行政许可程序，并及时将行政许可的结果予以公开。

第五章　跨境上市争议解决机制的发展和完善

《章程必备条款》是依据《境外直接上市特别规定》，由原国务院证券委和原国家体改委共同制定，并于1994年8月27日公布施行的。目前，《境外直接上市特别规定》和《章程必备条款》是规范境内企业到境外发行股票和在境外上市活动的主要法律文件。《章程必备条款》在规范境外上市公司的组织和行为、完善公司治理结构、提高公司管理水平、维护境内外投资者的合法权益等方面，发挥了重要的作用。然而，由于有关主管部门要求境外上市公司在公司章程中必须载明《章程必备条款》所要求的内容，随着境内企业境外上市法律和实践的发展，《章程必备条款》的一些缺陷和不足也逐渐暴露出来，值得学界和监管机构关注。① 本章以《章程必备条款》中的争议解决条款为研究对象，分析了有关规定在立法和实践中存在的问题，并提出了一些立法建议。

---

① 《关于执行〈到境外上市公司章程必备条款〉的通知》（证委发[1994] 21号）强调："到境外上市的股份有限公司，应当在其公司章程中载明《必备条款》所要求的能够，并不得擅自修改或者删除《必备条款》的内容"。可以认为，这是《必备条款》对境外上市公司章程具有强制约束力的法律依据。

第一节 《章程必备条款》关于争议解决的具体规定

一、条文表述

《章程必备条款》第二十章"争议的解决"只有一个条款，即第163条。该条规定的主要内容如下：

第一，该条所称的争议应当是跨境证券争议，包括境外上市外资股股东与公司之间的争议，境外上市外资股股东与公司董事、监事、经理或者其他高级管理人员之间的争议，境外上市外资股股东与内资股股东之间的争议三种类型。

第二，在法律性质上，上述争议可能是基于公司章程的规定而发生的合同争议，也可能是涉及法定权利义务的侵权争议。

第三，公司的上市地点不同，跨境证券争议的解决方式也应有所不同。具体地讲，如果公司在中国香港交易所上市，跨境证券争议应当通过仲裁的方式解决，但涉及股东界定、股东名册的争议，可以不用仲裁的方式解决。如果公司在境外其他证券交易所上市，跨境证券争议应当按照国务院证券监督管理机构与境外有关证券监管机构通过谅解、协议确定的方式解决；未达成有关谅解、协议的，可以依照法律、行政法规规定的方式解决，也可以通过双方协议确定的方式解决。

第四，如果公司在中国香港交易所上市，有关争议的当事人可以选择中国国际经济贸易仲裁委员会进行仲裁，也可以选择中国香港国际仲裁中心进行仲裁；如选择中国香港国际仲裁中心进行仲裁，仲裁程序适用《香港国际仲裁中心证券仲裁规则》。

第五，如果通过仲裁的方式解决有关争议，仲裁裁决的效力是终局的，对各方均具有约束力。并且，公司或者公司的股东、董事、监事、经理或者其他高级管理人员，如果具有同样的诉因或者为了解决有关争议而参与仲裁程序的，也应当服从仲裁裁决。

第六，如果公司在中国香港交易所上市，解决上述争议应适用中华人民共和国法律，但法律、行政法规另有规定的除外；如果公司在其他境外证券交易所上市，《章程必备条款》并未对解决上述争议的准据法做出规定。

二、立法渊源

实际上，上述规定的法律渊源是《境外直接上市特别规定》第29条关于跨境证券争议解决机制的规定，即"境外上市外资股股东与公司之间，境外上市外资股股东与公司董事、监事和经理之间，境外上市外资股股东与内资股股东之间发生的与公司章程规定的内容以及公司其他事务有关的争议，依照公司章程规定的解决方式处理。解决前款所述争议，适用中华人民共和国法律"。值得注意的是，在解决跨境证券争议的准据法方面，《章程必备条款》第163条的规定与《境外直接上市特别规定》第29条的规定并不完全一致。根据《境外直接上市特别规定》，解决跨境证券争议的准据法一概为中华人民共和国法律，与争议的法律性质、公司的上市地以及有关争议的解决方式等都没有关系。

第二节 跨境证券争议解决规定的缺陷和不足

一、立法越权

就争议解决方式而言，根据2012年修正的《中华人民共和国民事诉讼法》[①]第124条的规定，除了属于行政诉讼受案范围的行政争议、双方当事人自愿达成书面仲裁协议的合同纠纷外，可以采用其他方式处理从而排除或者限制人民法院民事审判权的民事争议，只能由全国人大或者全国人大常委会以法律的形式加以规定。国务院证券监督管理机构与境外证券监督管理机构达成的谅解、协议不宜强制性地要求涉及中国香港境外上市公

---

① 2012年8月31日中华人民共和国主席令第59号公布，自2013年1月1日起施行。

司的跨境证券争议只能通过仲裁的方式解决。①

对于解决争议的准据法而言，根据1986年颁布的《中华人民共和国民法通则》②第145条和1999年颁布的《中华人民共和国合同法》③第126条的规定，涉外合同的当事人可以选择处理合同争议所适用的法律，但法律另有规定的除外；当事人没有选择的，适用与合同有最密切联系的国家的法律。这表明，对于基于公司章程的规定而发生跨境证券合同争议，应当尊重当事人的意思自治，只有全国人大或者全国人大常委会制定的法律才能对当事人的意思自治加以限制。此外，根据1986年颁布的《中华人民共和国民法通则》第146条、《最高人民法院关于贯彻执行〈中华人民共和国民法通则〉若干问题的意见（试行）》④第187条的规定，侵权行为的损害赔偿应当适用侵权行为地法律，不仅当事人不得选择，而且也不允许其他法律、行政法规和行政规章等做出例外规定。在实践中，与境外上市公司有关的侵权争议主要是因其违反上市地的信息披露规定而引发的虚假证券信息争议，上市地是此类争议的侵权行为地。因此，解决此类跨境证券侵权争议理应适用上市地法律。

根据2005年修订的《中华人民共和国证券法》第178条的规定，中国证监会作为国务院证券监督管理机构可依法制定有关证券市场监督管理的规章、规则，可以和其他国家或者地区的证券监督管理机构建立监督管理合作机制，实施跨境监督管理。应当说，就跨境证券争议的解决方式和法律适用问题做出规定或者安排，并不属于证券监管管理活动，已经超出了中国证监会的法定立法权限。

二、违背商事仲裁的基本原则

根据2012年修正的《中华人民共和国民事诉讼法》第124条、1994年颁布的《中华人民共和国仲裁法》⑤第4条的规定，当事人采用仲裁方式

---

① 截至2012年底，中国证监会已与49个国家或者地区的证券期货监管机构签署了53个监管合作谅解备忘录，涉及互派人员实习培训、共同参与国际性会议和相互提供跨境监管协助等内容，但均未涉及跨境证券争议的解决机制问题。
② 1986年4月12日中华人民共和国主席令第37号公布，自1987年1月1日起施行。
③ 1999年3月15日中华人民共和国主席令第15号公布，自1999年10月1日起施行。
④ 最高人民法院1988年4月2日法〔办〕发〔1988〕6号发布。
⑤ 1994年8月31日中华人民共和国主席令第31号公布，自1995年9月1日起施行。

第五章 跨境上市争议解决机制的发展和完善

解决纠纷的,应当双方自愿并达成书面仲裁协议。但是,《章程必备条款》却强制性地要求中国香港境外上市公司的跨境证券争议均应提交仲裁解决。这显然排除了当事人自愿选择仲裁方式解决纠纷的权利,违背了仲裁自愿原则。此外,根据1994年颁布的《中华人民共和国仲裁法》第14条的规定,仲裁委员会之间不存在级别高低的问题。《关于依法做好证券、期货合同纠纷仲裁工作的通知》①也确认,证券、期货市场主体有权选择任何仲裁机构负责仲裁。《章程必备条款》指定中国国际经济贸易仲裁委员会作为境内仲裁机构受理有关争议,有歧视国内其他仲裁机构之嫌。

三、与上位法的有关规定相抵触

2005年修订的《中华人民共和国公司法》对某些类型证券争议的解决方式已经作了明确的规定,《章程必备条款》不宜做出与该法不一致的规定。例如,根据2005年修订的《中华人民共和国公司法》第22条的规定,股东大会、董事会的会议召集、表决方式违反法律、行政法规或者公司章程,或者决议内容违反公司章程的,股东可以自决议做出之日起60日内,请求人民法院撤销。又如,根据2005年修订的《中华人民共和国公司法》第152条的规定,董事、高级管理人员执行公司职务时违反法律、行政法规或者公司章程的规定,给公司造成损失的,连续180日以上单独或者合计持有公司1%以上股份的股东有权为了公司的利益,以自己的名义直接向人民法院提起诉讼。再如,根据2005年修订的《中华人民共和国公司法》第153条的规定,董事、高级管理人员违反法律、行政法规或者公司章程的规定,损害股东利益的,股东可以向人民法院提起诉讼。既然2005年修订的《中华人民共和国公司法》关于股东权利义务的规定并没有区分内资股股东和境外上市外资股股东,后者当然也享有上述权利。

四、不利于多地上市公司顺利解决争议

《章程必备条款》关于通过仲裁方式解决跨境证券争议的规定只适用于中国香港境外上市公司,而不适用于到其他境外证券交易所上市的股份

---

① 国务院法制办、中国证监会2004年1月18日国法〔2004〕5号发布。

有限公司,这种根据不同的上市地点规定不同的争议解决方式的做法缺乏合理性。目前,已经有相当一部分境外上市公司在境内、境外同时上市,甚至同时在境外多个证券交易所上市。对于这些公司而言,很可能会出现的情形是,涉及中国香港境外上市外资股股东的跨境证券争议只能通过仲裁方式解决,涉及其他上市地境外上市外资股股东和境内内资股股东的同一争议,却既可能通过仲裁,也可能通过诉讼的方式解决;如果就同一争议,多地同时进行仲裁或者诉讼,仲裁裁决或者司法判决的结果将难以完全一致。这显然不利于顺利解决有关争议,也不利于平等地保护内资股股东和不同上市地境外上市外资股股东的合法权益。

五、与立法本意相悖

《章程必备条款》争议解决条款的立法本意在于,涉及中国香港境外上市公司的跨境证券争议,无论是合同争议,还是侵权争议,都只能通过仲裁的方式解决。至于特定争议是提交中国国际经济贸易仲裁委员会,还是提交中国香港国际仲裁中心进行仲裁,则应当在争议发生后由当事人自主确定。

然而,在实践中,上述立法精神根本就无法落实。一方面,根据内地和中国香港的有关规定,仲裁范围并不一致。1994年颁布的《中华人民共和国仲裁法》和2005年颁布的《中国国际经济贸易仲裁委员会仲裁规则》①并未明确规定侵权争议不能通过仲裁方式解决。据此,可以推定,合同争议和侵权争议均可提交中国国际经济贸易仲裁委员会依法仲裁。《中国香港国际仲裁中心证券仲裁规则》② 第1条规定:"凡契约当事人各方已书面协议,有关该契约的争议应根据《中国香港国际仲裁中心证券仲裁规则》提交仲裁,则该争议应按照本规则或中国香港国际仲裁中心在仲裁开始前通过生效的其修订规则处理。"据此,可以认为,只有合同争议才能够按照《中国香港国际仲裁中心证券仲裁规则》的规定进行仲裁。在这种情况下,涉及中国香港境外上市公司的跨境证券争议中,合同争议既可以在境内仲裁,也可以在境外仲裁,而侵权争议只能在境内仲裁。

---

① 中国国际贸易促进委员会、中国国际商会2005年1月11日修订并通过,2005年5月1日起施行。
② Hong Kong International Arbitration Centre, Securities Arbitration Rules, Adopted to Take Effect from July 1, 1993, available at http://www.hkiac.org/images/stories/arbitration/Securities%20Arbitration%20Rules.pdf.

第五章 跨境上市争议解决机制的发展和完善

另一方面,根据《最高人民法院关于适用〈中华人民共和国仲裁法〉若干问题的解释》①第5条的规定,仲裁协议约定两个以上仲裁机构的,当事人可以协议选择其中的一个仲裁机构申请仲裁;当事人不能就仲裁机构选择达成一致的,仲裁协议无效。对于中国香港境外上市公司而言,跨境证券争议发生后,当事人还须另行达成选定仲裁机构的协议。事实上,跨境证券争议多为侵权争议,当事人往往难以在争议发生后达成仲裁协议。因此,涉及境外上市公司的跨境证券争议能否通过仲裁的方式解决存在较大的不确定性,当事人往往最终只能通过司法途径解决争议。在境内、境外同时上市的科龙电器股份有限公司虚假证券信息争议案就反映了这一问题。②

第三节 完善跨境上市争议解决制度的政策建议

一、对立法背景的分析

应当说,《章程必备条款》的争议解决条款有着深刻的历史背景。20世纪90年代初,中国正处于经济体制转轨初期。一方面,境内证券市场处于"摸着石头过河"的阶段,证券法制建设刚刚起步,通过司法手段保护投资者合法权益的制度还没有建立起来。另一方面,一部分国有大型企业进行了股份制改造,国家鼓励这些企业到境外证券市场(主要是中国香港证券市场)筹集资金,并为建立现代企业制度和发展资本市场积累经验。为了打消中国香港投资者对境内投资者保护制度和司法公正的疑虑,《章程必备条款》在争议解决方面对中国香港境外上市公司做了特殊安排,不允许通过仲裁以外的其他方式解决涉及这些公司的跨境证券争议。

---

① 最高人民法院2006年8月23日法释〔2006〕7号,自2006年9月8日起施行。
② 据报道,广东省广州市中级人民法院已经于2007年5月15日依法受理了科龙电器股份有限公司虚假证券信息纠纷案。在提起诉讼的14位股东中,有3位为境外上市外资股股东。该案的索赔金额总计约132万元,其中境外上市外资股股东的索赔金额约为39.4万元。该案的开庭审理时间尚未确定。此前,原告曾委托代理律师曾向中国国际经济贸易仲裁委员会提交了仲裁申请,但由于原告与被告未能就选定仲裁机构达成协议,仲裁申请未被受理。

然而,《章程必备条款》施行后,中国证券法制建设发生了根本性的变革,证券投资者保护机制日渐完善。在立法方面,1993年颁布的《中华人民共和国公司法》自1994年7月1日起施行后,分别于1999年和2004年进行了修正,2005年又进行了一次修订;1998年颁布的《中华人民共和国证券法》自1999年7月1日起施行后,于2004年进行了修正,2005年又进行了一次修订;2005年修订的《中华人民共和国公司法》、2005年修订的《中华人民共和国证券法》的配套法规和规章体系也不断完善。特别是,2005年修订的《中华人民共和国公司法》、2005年修订的《中华人民共和国证券法》越来越重视通过司法途径维护保护投资者的合法权益,赋予股东依法对公司以及公司的董事、监事和高级管理人员等提起诉讼的权利。在司法实践方面,最高人民法院发布了《关于受理证券市场因虚假陈述引发的民事侵权纠纷案件有关问题的通知》[①]和《关于审理证券市场因虚假陈述引发的民事赔偿案件的若干规定》,[②] 有关地方人民法院据此先后受理了大庆联谊、锦州港、东方电子、科龙电器等一系列民事赔偿案件,维护证券投资者合法权益的司法实践不断丰富、发展。在这种情况下,《章程必备条款》中的争议解决条款维持现状的基础已经不复存在了,因而亟待修正完善。

二、政策建议

具体地讲,就跨境证券争议的解决方式而言,为了平等地保护境内外投资者的合法权益,《章程必备条款》不宜对跨境和非跨境的证券争议规定不同的解决方式。并且,对于特定类型的争议,法律已经规定了司法诉讼解决方式的,《章程必备条款》不应做出不一致的规定。因此,建议修正后的《章程必备条款》对跨境证券争议的解决方式不做规定。除了2005年修订的《中华人民共和国公司法》已经明确规定只能通过诉讼途径解决的证券争议外,允许当事人自主选择仲裁或者诉讼作为争议解决方式。就解决跨境证券争议的准据法而言,鉴于现行法律对侵权争议的准据法已有明确规定,《章程必备条款》也不宜做出与之不一致的规定;对于合同争议的准

[①] 最高人民法院2002年1月15日法明传〔2001〕43号印发。
[②] 最高人民法院2003年1月9日法释〔2003〕2号公布,自2003年2月1日起施行。

据法，则应当充分尊重当事人的意思自治，不做统一的强制性规定。考虑到境外上市公司的章程是在中国境内订立的，与中国有着密切的联系，适用中国法律较为适宜，修正后的《章程必备条款》可以建议境外上市公司在章程中载明："本章程的订立、效力、解释、履行及其争议的解决，适用中华人民共和国法律。"

三、完善争议解决条款的制约因素

需要指出的是，《章程必备条款》争议解决条款的修正还必须考虑以下两个方面的制约因素：

第一，《章程必备条款》属于其他行政规范性文件，《境外直接上市特别规定》属于行政法规，《章程必备条款》的效力等级低于《境外直接上市特别规定》。作为《章程必备条款》的立法依据，《境外直接上市特别规定》第29条中所称"与公司章程规定的内容以及公司其他事务有关的争议"既包括合同争议，也包括侵权争议，关于解决上述争议一概适用中华人民共和国法律的规定同样违背了现行法律关于确定侵权行为准据法的基本原则。因此，《章程必备条款》的修正应当以《境外直接上市特别规定》的修正为前提。建议中国证监会提请国务院将《境外直接上市特别规定》的修正尽早纳入立法计划，以便随后推进《章程必备条款》的修正工作。

第二，中国香港联合交易所在其《证券上市规则》第19A章中也对涉及"在中华人民共和国注册成立的发行人"的跨境证券争议的解决机制和法律适用问题做了与《章程必备条款》完全一致的规定。建议中国证监会就修正《章程必备条款》争议解决条款的有关事宜与中国香港证券监管机构和中国香港联合交易所积极地进行沟通，取得对方的支持和配合，做到《章程必备条款》的修正与中国香港交易所《证券上市规则》的修订同步进行，以确保境内外监管规则的协调。

第六章 境内企业境外证券集团诉讼的法律问题

2010年3月3日,英国《金融时报》以《中国企业:赴美上市变赴美上庭?》为题,概括报道了中国概念公司在美国遭遇证券集团诉讼的情况。本章分析了有关情况,并提出了具体的政策建议。

第一节 境内企业在美发行上市的有关情况

一、直接上市和"大红筹"上市

经中国证监会核准,中国人寿等11家在境内设立的股份有限公司先后发行H股,并以美国存托凭证的形式在纽约证券交易所上市;中国移动、中国网通、中国海油3家"大红筹"公司间接到境外发行股票,并以美国存托凭证的形式在纽约证券交易所上市。上述经中国证监会批准的境外上市公司均同时在中国香港联合交易所上市。其中,H股公司中国石化还同时以全球存托凭证的形式在伦敦证券交易所上市。除中国电信外,上述11家H股公司均已发行A股并在上海证券交易所上市。

二、"小红筹"上市

据统计,截至2012年底,共有超过200家中国概念公司通过境外控股公司在境外发行股票,并以美国存托凭证或者普通股的形式在美国上市。其中,在纽约证券交易所上市的有84家,在纳斯达克股票市场上市的有129家，在美国证券交易所（AMEX）上市的有8家。上述中国概念公司大都在英属开曼群岛、英属维尔京群岛等离岸金融中心或者美国特拉华州、内华达州等公司法制环境极为宽松的地区注册成立，但主要业务收入来源于境内的外商投资企业。在此类外商投资企业中，有部分是由境外投资者直接在境内设立的，但主要是境内民营企业"外资化"后形成的"小红筹"公司。

另据不完全统计，共有约100家中国概念公司在美国场外证券交易系统（OTCBB）挂牌交易。严格意义上讲，上述公司在场外证券交易系统挂牌不属于在境外上市。

第二节 在美遭遇证券集团诉讼的总体情况

一、被诉案件的数量

根据有关公开信息，1997~2009年，美国有关法院共受理投资者以在美上市公司或者证券发行人为被告提起的证券集团诉讼总计3070起。其中，涉及非美国发行人的案件总计346起。在此期间，中国概念公司（含总部在中国香港地区的）在美国涉及的证券集团诉讼案件共24起，占非美国发行人涉及证券集团诉讼案件总数的10.6%。从2010年开始，中国概念股信任危机发酵后，"小红筹"公司涉案数量急剧上升。2010年和2011年，中国概念公司分别在美遭遇证券集团诉讼12起和40起，占美国全部证券集团诉讼案件数量的比例分别为5.1%和16.5%，占涉及非美国发行人诉讼案件数量的比例分别为44.4%和65.6%。其中，涉及以反向收购方式在美上市公司的诉讼分别为9起和31起。2012年，受美国收紧反向收购监管规则等因素的影响，中国概念公司涉诉案件呈明显减少，下降为10起。其中，涉及反向收购上市公司的诉讼只有2起。①

---

① Cornerstone Research, Securities Class Action Filings: 2012 Year in Review, pp. 11-12, available at http://securities.stanford.edu/clearinghouse_research/2012_YIR/Cornerstone_Research_Securities_Class_Action_Filings_2012_YIR.pdf.

第六章　境内企业境外证券集团诉讼的法律问题

本章主要对其中26起具有代表性的证券集团诉讼做了深入研究。这些案件涉及24家在美上市的中国概念公司。① 其中，只有1家H股公司，即中国人寿；另外23家涉诉公司均为在美上市的"中国公司"，包括总部位于中国境内的"小红筹"公司以及主要管理人员位于中国境内的其他非美国公司，这些公司在美国上市均未经中国证监会核准。此外，在新加坡上市的"大红筹"公司中国航空油料（新加坡）股份有限公司（SGX：CAO，以下简称中航油新加坡公司）以及在美国场外证券交易系统挂牌的中国有机农业有限公司（OTCBB：CNOA，以下简称中国有机农业）也曾在美国遭遇证券集团诉讼。

二、诉因和诉讼结果

上述26起证券集团诉讼的诉因主要有两类：一类为招股书或者股票注册文件存在虚假记载、误导性陈述或者重大遗漏，导致投资者遭受损失的，共11起诉讼。另一类为上市后披露的信息存在虚假记载、误导性陈述或者重大遗漏，导致投资者遭受损失的，共15起案件。

从被诉行为的性质来看，2008~2012年间，在涉及反向收购上市的中国概念公司的集团诉讼，约85%与公司财务会计信息披露不实有关。②

从诉讼结果来看，上述26起诉讼中，有18起已审结，8起尚未审结。在已审结的案件中，受诉法院驳回原告起诉或者诉讼请求的6起，原告自愿撤诉的1起，双方当事人达成和解或者法院判决被告承担相关费用的11起。

三、典型案例：中国人寿案

中国人寿的前身为原中国人寿保险公司，该公司为改制上市，于2003年6月完成了公司重组，分别成立了母公司中国人寿保险（集团）公司和子公司中国人寿。2003年12月，经中国证监会批准，中国人寿公开发行

---

① 参见本书附件16。
② Robert Patton, Recent Trends in US Securities Class Actions against Non-US Companies, in The International Comparative Legal Guide to: Class & Group Actions 2013, Global Legal Group Ltd., 2012, pp. 28-30.

约74.41亿股H股，每股发行价3.59港元，融资约267.13亿港元，并于当月17日和18日分别在纽约证券交易所和中国香港联合交易所上市，这是当年全球融资规模最大的首次公开发行项目。

2004年2月初，中国香港英文报纸《虎报》等媒体先后发布报道称，国家审计署在2003年度的例行审计中发现中国人寿存在违规行为，涉及资金总计约人民币350亿元。当月4日，中国人寿发布公告称，《虎报》的有关报道不准确，其他媒体也未就国家审计署关于原中国人寿保险公司审计结果的有关情况做出专门报道。

此后，在2004年3月16日至5月14日期间，先后有多名美国投资者代表所有于2003年12月22日至2004年2月3日期间买卖中国人寿股份的投资者，以中国人寿及其部分高级管理人员和董事为被告，向美国纽约州南区法院提起证券集团诉讼。原告指控称，中国人寿及其部分高级管理人员和董事违反美国《证券交易法（1934年）》，在首发招股期间没有适当披露以下不利事实：原中国人寿保险公司存在金额为6.52亿美元的财务欺诈行为；在首发招股时，未披露国家审计署即将公布的对中国人寿保险（集团）公司不利的审计结果；未披露原中国人寿保险公司存在非法代理、超额退保、挪用资金和私设小金库等违规行为；中国人寿的违法行为对其股价产生了影响。

2004年4月7日，中国人寿发布公告称，已收到母公司转来的国家审计署于2004年3月30日向母公司做出的审计决定书的复印件。该审计决定书指出，原中国人寿保险公司存在某些违规运用保险资金的行为，使用了部分尚未取得代理资格的代理人，部分分支机构存在超额退保等违规经营活动；会计核算不规范，导致少缴税金；部分分支机构曾设立"小金库"，用于购置公司资产和发放职工福利、奖励等支出；未能在规定的期限内缴纳某些税金。根据上述审计决定，原中国人寿保险公司应缴税金和罚金总计约6749万元。同时，中国人寿强调，根据2003年9月与母公司订立的重组协议，上述审计决定中涉及原中国人寿保险公司的一切责任将由母公司承担。2004年7月6日，中国人寿发布公告称，已审阅了国家审计署对原中国人寿保险公司2002年及以前年度情况进行例行审计后做出的审计决定；该审计决定涉及的相关责任由母公司中国人寿保险（集团）公司承担；上述问题对中国人寿的经营成果、现金流量或者财务状况没有实质性影响。

第六章 境内企业境外证券集团诉讼的法律问题

2008年9月3日，美国纽约州南区法院判决驳回原告的诉讼请求。此后，原告向美国第二巡回上诉法院提起上诉。2009年1月8日，上诉人申请撤回上诉，并经法院批准。于是，美国纽约州南区法院做出的判决生效。

第三节 在美遭遇证券集团诉讼的原因和应对策略

一、美国证券法制发达，司法制度完善

美国拥有全球最发达的证券市场，并通过《证券法（1933年）》、《证券交易法（1934年）》等一系列法律法规，建立了完整的证券法体系。在美国证券法中，保护投资者利益的理念贯穿始终，不仅有关于确保信息披露真实、准确、完整的原则性规定，而且还通过具体的反欺诈制度，禁止操纵市场、内幕交易、不实陈述等证券欺诈行为，并规定了严格的民事责任。这就为投资者提起证券集团诉讼提供了明确的法律依据。此外，美国证券法上还存在一些默示的民事责任，即法律仅规定禁止实施某些行为，但未规定行为人的民事责任。在这种情况下，根据侵权法的一般原理以及证券法的立法宗旨和基本原则，权利受到侵害的当事人仍然可以提起损害赔偿诉讼。并且，证券侵权民事责任的范围较宽。对于因违法发行证券或者内幕交易活动提起的证券侵权损害赔偿诉讼，投资者可以撤销交易或者主张撤销性损害赔偿（Rescissory Damages），即损害赔偿额并不限于违法行为所造成的损失，而是包括实际损失。

同时，美国在集团诉讼方面不仅积累了丰富的立法和实践经验，而且通过《私人证券诉讼改革法（1995年）》、《证券诉讼统一标准法（1998年）》等专门立法，对证券集团诉讼涉及的当事人确认、诉讼和解、律师代理费的支付、损害赔偿额的计算等事项做了系统的规定。这些规定为证券集团诉讼案件提供了有力的程序保障机制。集团诉讼是美国民事诉讼法上有代表性的一项制度，在证券侵权民事诉讼中得到了广泛的运用。根据

美国《联邦民事诉讼规则》(Federal Rules of Civil Procedure, FRCP) 的有关规定,集团诉讼是指一名或者数名原告认为其权益受相同被告同一行为的侵害,为维护集团全体成员的利益,代表全体成员向法院提起的诉讼。集团诉讼能够便利投资者参与诉讼,有利于简化诉讼程序,公正解决有关争议,更有效地维护投资者权益。然而,不容忽视的是,证券集团诉讼在损害事实的认定、损害赔偿的计算和分配以及诉讼费用的分担等方面设计一系列复杂的技术性问题,并且诉讼程序冗长,诉讼成本高昂,被告败诉后承担的损害赔偿责任也较大。

二、美国投资者诉讼意识强烈

长期以来,对抗性是美国司法文化的核心内容之一,这种文化对证券投资者的维权行为和法院的司法活动产生了深远的影响。并且,证券集团诉讼所具有的起诉便利、审理效率高、所有原告公平受偿、和解可能性较大等特点也对中小投资者颇具吸引力,使其产生了强烈的诉讼意识。因此,如果发行人和上市公司因信息披露不当导致投资者遭受损失的,投资者往往倾向于通过提起或者参加证券集团诉讼获得救济。当然,在某些情况下,投资者也可能会滥用诉权提起证券集团诉讼。例如,中航油新加坡公司并未在美国上市,只在场外证券交易系统挂牌报价,并不承担美国联邦证券法下的信息披露义务。但是,部分美国投资者却以中航油新加坡公司信息披露虚假、误导为由,根据美国联邦证券法提起证券集团诉讼。由于上述理由明显缺乏法律依据,已被受诉法院驳回原告的起诉。

三、美国证券诉讼服务专门化程度较高

美国的法律服务市场相当发达,律师业务细分程度非常高,投资者接受证券集团诉讼法律服务较为便利。由于在证券集团诉讼中,代理律师往往会在原告胜诉后获得高额的风险代理酬金,在这一机制的激励下,一个专门提供证券诉讼服务的律师群体已经颇具规模。许多律师事务所和律师长期持续跟踪、研究上市公司的招股书、公告等信息披露文件,寻找、收集发行人和上市公司信息披露方面的"软肋"作为提起诉讼的事实和理由,然后通过各种方式游说中小投资者参与诉讼。据有关报道,有的对冲

第六章 境内企业境外证券集团诉讼的法律问题

基金甚至与律师事务所相互配合，通过发起证券集团诉讼来做空股价。

四、公司内部控制体系不健全或者失效

从上述26起案件来看，内部控制体系不健全或者失效是导致公司发生违法违规行为，进而引发证券集团诉讼的主要原因。内部控制体系不健全或者失效的直接后果是财务会计报告和其他信息披露文件存在虚假记载、误导性陈述或者重大遗漏。对此，公司的控股股东、董事会和高级管理层应承担主要责任。例如，中国有机农业被指控对其主营业务做虚假陈述，导致股价虚高，公司内部人员趁机大量抛售股票、转移公司资产，并在美国加利福尼亚州自建豪华别墅，公司在场外证券交易系统挂牌仅18个月就成为"空壳公司"；UT斯达康公司（NASDAQ：UTSI）被指控倒签股票期权的授予日期；中航油新加坡公司被指控套期保值交易的风险管控体系缺失，将募集资金用于弥补衍生产品交易损失，隐瞒衍生产品交易损失等。

五、公司合规管理存在缺陷，境外诉讼风险防控能力不足

上述证券集团诉讼案件表明，部分在美上市公司的合规管理可能存在缺陷，导致披露的信息存在虚假记载、误导性陈述或者重大遗漏，未达到充分、准确、完整的要求。例如，根据原告的指控，晶澳太阳能控股有限公司（NASDAQ：JASO，以下简称晶澳太阳能）于2008年9月与雷曼兄弟公司进行债券交易时，未及时对上述对赌交易的性质以及雷曼兄弟公司已陷入财务困境的情况做出披露；直到2008年12月，晶澳太阳能才做出完整的披露。特别是，根据美国证券法，如果在发行股票的过程中，承销商与投资者在股票发行承销方面存在特殊安排，如投资者向承销商支付额外的佣金或者承诺未来将按既定价格购买股票以获得更高份额的配售，发行人在招股书中也应进行披露。如果在美上市公司对信息披露方面的监管要求缺乏全面、深入的了解，就可能会面临合规和诉讼风险。中华网公司（NASDAQ：CHINA）就曾因对此类承销安排的披露不充分而被投资者提起证券集团诉讼。此外，一些在美上市公司还存在对境外诉讼风险不够重视、危机公关能力不强等问题。

第七章 中美跨境审计监管合作的法律问题

第一节 背景情况

一、美国证监会对德勤中国的传票执行诉讼

近三年来,曾经风靡一时的"中国概念股"在国际资本市场面临了一场广泛的信任危机,众多在境外上市的中国概念公司因虚假披露财务会计信息,相继受到美国证监会、中国香港证监会等境外证券监管机构的调查,部分公司已被暂停交易或者终止上市,中国概念公司在境外证券交易所首发上市的数量也大幅度下滑。更重要的是,中国与美国之间在跨境审计监管上的矛盾逐渐公开化,使这场危机骤然升级,引起了国际资本市场的广泛关注和担心。

早在 2010 年 4 月,美国证监会开始准备对曾在纽约证券交易所上市的"小红筹"公司东南融通金融技术有限公司(Longtop Financial Technologies Limited,NYSE:LTF,以下简称东南融通)涉嫌会计欺诈一案展开调查。① 当年 5 月,美国证监会向东南融通的审计师德勤华永会计师事务所有限公司(Deloitte Touche Tohmatsu Certified Public Accountants Ltd.,以下简称德

---

① SEC Press Release, SEC Files Subpoena Enforcement Action Against Deloitte & Touche in Shanghai, available at http://www.sec.gov/news/press/2011/2011-180.htm. 东南融通已于 2011 年 12 月被美国证监会勒令终止上市。

境内企业境外上市监管问题研究

勤中国)① 发出行政传票（Administrative Subpoena），要求后者提交相关审计工作底稿，但德勤中国以"中国法律禁止"为由予以回绝，美国证监会另行通过国际证券监管合作机制也未能获取上述审计工作底稿。② 随后，中美跨境审计监管权力之间的冲突开始显现，使这场危机的发展态势趋于复杂化。2011 年 9 月，美国证监会向哥伦比亚联邦地区法院（United States District Court for the District of Columbia）提起传票执行诉讼（Subpoena Enforcement Action），请求法院向德勤中国发出命令，要求其陈述拒绝提供审计工作底稿的理由并按美国证监会的要求提供相关审计工作底稿。③

二、美国证监会对中国会计师事务所的行政处罚

2012 年 5 月，美国证监会宣布拟对德勤中国予以行政处罚，向后者施加了更大的监管压力。根据指控，美国证监会正在另一案件中对某上市公司涉嫌的会计欺诈行为进行调查，德勤中国以"受中国法律限制"为理由，蓄意拒绝（A Willful Refusal）向美国证监会提交该发行人客户的"审计和期中审核涉及的全部工作底稿及相关资料"，违反了《萨班斯法（2002 年）》第 106 条及《证券交易法（1934 年）》。如果上述指控属实，美国证监会将取消德勤中国从事在美上市公司审计业务的资格。④ 这是美国证监会首次以违反《萨班斯法（2002 年）》第 106 条为由，对非美国会计师事务所启动行政处罚程序。⑤

---

① 德勤中国德勤有限公司（Deloitte Touche Tohmatsu Limited）的中国成员所，后者是全球"四大"国际会计师事务所之一。
② SEC, Second Corrected Order Instituting Administrative Proceedings Pursuant to Rule 102（e）（1）(Iii) of the Commission's Rules of Practice and Notice of Hearing, File No. 3-14872, Release No. 66948, May 9, 2012, paras. 8-9, available at http://www.sec.gov/litigation/admin/2013/34-69094.pdf.
③ SEC Press Release, SEC Files Subpoena Enforcement Action Against Deloitte & Touche in Shanghai, para. 7, available at http://www.sec.gov/news/press/2011/2011-180.htm.
④ SEC, Second Corrected Order Instituting Administrative Proceedings Pursuant to Rule 102（e）（1）(Iii) of the Commission's Rules of Practice and Notice of Hearing, File No. 3-14872, Release No. 66948, May 9, 2012, paras. 13-18, available at http://www.sec.gov/litigation/admin/2013/34-69094.pdf.
⑤ SEC Press Release, SEC Charges Deloitte & Touche in Shanghai with Violating U.S. Securities Laws in Refusal to Produce Documents, available at http://www.sec.gov/news/press/2012/2012-87.htm, para.

第七章 中美跨境审计监管合作的法律问题

之后的半年里,随着"中国概念股"危机的蔓延,更多的中国概念公司因涉嫌会计欺诈行为而受到美国证监会的调查,美国证监会获取受调查公司审计工作底稿的要求与中国会计师事务所"受中国法律限制"的抗辩之间的矛盾显得更加尖锐,事态的发展进一步升级。2012 年 12 月,美国证监会对包括德勤中国在内的 5 家大型国际会计师事务所的中国成员所启动行政处罚程序,指控的违法行为与在上述案件中对德勤中国的指控如出一辙。① 如果指控属实,这 5 家会计师事务所也将被取消从事在美上市公司审计业务的资格。

由于中美两国证券监管机构关于跨境审计监管合作的谈判未见实质性进展,美国证监会已将前述两项行政处罚案件合并审理,并于 2013 年 3 月 11 日决定将做出初步裁决的最后期限延至 2013 年 10 月 11 日。② 此外,为了等待中美跨境审计监管谈判的结果,前述针对德勤中国的传票执行诉讼曾于 2012 年 8 月中止审理,但由于"中国证监会仍不愿或者不能向美国证监会提供有作用的(Meaningful)执法协助",③ 该案已应美国证监会申请于 2013 年 4 月 22 日恢复审理。

三、中国香港证监会对安永中国香港的诉讼

几乎同样的场景在中国概念公司最集中的上市地——中国香港也在上演。2011 年 11 月,在中国香港联合交易所上市的"小红筹"公司中国高精密自动化集团有限公司(China High Precision Automation Group Limited,HK: 0591)以业务涉及中国"国家秘密"(State Secret)为由拒绝向中国香港安永会计师事务所(Ernst & Young Hong Kong,以下简称安永中国香港)提供审计资料,后者辞任审计师,该公司股票已于 2012 年 8 月 22 日

---

① 除德勤中国外,另外 4 家中国的会计师事务所为:立信大华会计师事务所有限公司(BDO China Dahua CPA Co., Ltd.)、安永华明会计师事务所(Ernst & Young Hua Ming LLP)、毕马威华振会计师事务所(特殊普通合伙)[KPMG Huazhen (Special General Partnership)]和普华永道中天会计师事务所有限公司(PricewaterhouseCoopers Zhong Tian CPAs Limited)。

② Admin. Proc. File Nos. 3-14872, 3-15116, Release No. 69094, March 8, 2013, available at http://www.sec.gov/litigation/admin/2013/34-69094.pdf.

③ Memorandum Opinion and Order Granting 36 Petitioner's Motion to Lift the Stay; Denying 43 Respondent's Motion to Extend the Stay, No. 49.

境内企业境外上市监管问题研究

被中国香港证监会强制停牌,至今仍未复牌。① 2012年8月,中国香港证监会以安永中国香港为被告,向中国香港特别行政区高等法院原诉法庭(Court of First Instance)提起诉讼,请求法院对安永中国香港涉嫌的违法行为进行调查。此前,安永中国香港曾以"中国法律禁止"(Restrictions Under PRC Law)为由,拒绝应中国香港证监会的要求提交一家拟上市中国概念公司——标准水务有限公司(Standard Water Limited)的审计工作底稿和基础会计资料。②

第二节 公众公司会计监察委员会对中国会计师事务所的跨境检查

一、公众公司会计监察委员会对会计师事务所的登记和检查

安然公司和世界通讯公司财务丑闻发生后,为确保上市公司信息披露的准确性和可靠性,更有效地保护投资者的利益,美国根据《萨班斯法(2002年)》的规定组建了审计行业的监管机构——公众公司会计监察委员会(Public Company Accounting Oversight Board,PCAOB)。③ 除了有权制定

---

① Oswald Chen, "State Secret" Issue Related to Auditing to be Clarified, China Daily (HK Edition), 10/18/2012, p. 2.
② 受理该案后,原诉法庭先后三次发布命令,允许安永中国香港将提交誓章证据的最后期限延至2012年12月7日,并拟于2013年3月27日就本案举行听证会。SFC commences legal proceedings against Ernst & Young over access to accounting records, 27 Aug 2012, available at http://www.sfc.hk/edistributionWeb/gateway/EN/news-and-announcements/news/enforcement-news/doc?refNo=12PR92; Court gives directions in Ernst & Young proceedings, 7 September 2012, availbble at http://www.sfc.hk/edistributionWeb/gateway/EN/news-and-announcements/news/doc?refNo=12PR96; Court sets hearing date in Ernst & Young proceedings, 20 Sep 2012, available at http://www.sfc.hk/edistributionWeb/gateway/EN/news-and-announcements/news/enforcement-news/doc?refNo=12PR100; Further directions in SFC's proceedings against Ernst & Young, 12 Oct 2012, available at http://www.sfc.hk/edistributionWeb/gateway/EN/news-and-announcements/news/doc?refNo=12PR108.
③ Nancy Lucas, "An Interview with United States Senator Paul S. Sarbanes", *Journal of Leadership and Organizational Studies*, Vol. 11, Iss. 3, 2004.

关于审计、质量控制、职业道德和独立性等方面的标准外，PCAOB 还行使对从事在美上市公司审计业务的会计师事务所的监督权、检查权和处罚权，所有为美国证券交易所上市公司出具审计报告的会计师事务所必须在 PCAOB 登记，PCAOB 有权通过检查审计工作底稿等方式对上述会计师事务所的合规情况进行监督并对违规行为予以处罚。①

PCAOB 成立后，根据《萨班斯法（2002年）》第102条的规定，制定了一系列关于会计师事务所登记和报告的规定。②自2003年7月17日起，PCAOB 开始受理会计师事务所的登记申请。③截至2011年底，已先后有2388家会计师事务所在 PCAOB 登记（不含后来主动撤回登记的数量）。其中，美国会计师事务所有1480家，非美国会计师事务所有908家（包括来自中国境内和中国香港特别行政区的会计师事务所各有53家）。④

其中，普华永道、毕马威、安永和德勤4家国际会计公司的境内事务所和中国香港事务所分别为中国在美上市的11家 H 股公司和3家境外中资控股公司（以下简称在美上市公司）提供审计服务。在美国纽约证券交易所上市的11家 H 股公司为广深铁路、上海石化、中国人寿、东方航空、中国石化、中国石油、中国电信、南方航空、中国铝业、华能国际和兖州煤业，3家"大红筹"公司为中国网通、中国移动和中国海油。上述在美上市公司同时也在中国香港上市。

根据审计服务协议，有关会计公司的境内事务所依照中国审计准则为 H 股公司出具境内审计报告，中国香港事务所依照中国香港审计准则为 H 股公司和境外中资控股上市公司出具中国香港审计报告，并依照美国审计准则为 H 股公司和境外中资控股上市公司出具美国审计报告。

此外，PCAOB 还根据《萨班斯法（2002年）》第104条的规定，制定了一系列关于登记会计师事务所的检查规则，⑤包括对外国会计师事务所进行检查的专项规则：《PCAOB 第4012号规则：对外国登记会计师事务所

---

① Sarbanes-Oxley Act of 2002, Section 106.
② PCAOB Rules, Section 2 (Registration and Reporting).
③ PCAOB 2003 Annual Report: Restoring Confidence.
④ PCAOB 2011 Annual Report: Protecting the Public Interest through Audit Oversight, p. 10.
⑤ PCAOB Rules, Section 4 (Inspections).

境内企业境外上市监管问题研究

进行检查》(以下简称《第4012号规则》)。① 在检查频次方面,为100家以上发行人提供审计服务的会计师事务所应每年接受一次常规检查,为不超过100家发行人提供审计服务的会计师事务所应至少每三年接受一次检查。② PCAOB 对会计师事务所进行检查,旨在通过广泛获取与审计质量有关的重要信息,对检查对象执行特定审计业务的情况及其整体"职业水平"(Professionalism)和质量控制情况进行评价和监督。③ 在程序上,PCAOB形成检查报告草稿后,允许检查对象提出反馈意见,此后再出具最终报告;④ 如果最终报告对检查对象的质量控制体系提出批评或者指出其潜在缺陷,检查对象可在12个月内采取整改措施以达到 PCAOB 的要求;如果检查对象未充分整改,PCAOB 应将最终报告的相关内容公开。⑤

二、公众公司会计监察委员会对非美国会计师事务所的检查

根据《萨班斯法(2002年)》第106条的规定,为美国发行人提供审计服务的非美国会计师事务所应在与美国会计师事务所同样的方式和程度上遵守 PCAOB 的规则。虽然从文义上理解,在 PCAOB 登记的非美国会计师事务所应当接受 PCAOB 的检查,但要想完全落实这一规定,却是"言易行难"(Easier Said Than Done)。PCAOB 成立后,通过与若干国家监管机构的沟通认识到,许多国家的法律在本国会计师事务所对外提供信息和接受跨境检查等方面存在限制性规定,且单边主张跨境检查不免会招致对美国证券法"长臂管辖"的批评,只有在尊重非美国会计师事务所本国法

---

① PCAOB Rule 4012. Inspections of Foreign Registered Public Accounting Firms [Effective pursuant to SEC Release No. 34-50291, File No. PCAOB-2004-04 (August 30, 2004)].
② PCAOB Rule 4003 (Frequency of Inspections).
③ PCAOB 2003 Annual Report: Restoring Confidence, p. 8; Speech by Daniel L. Goelzer, The PCAOB and the Oversight of Non-U.S. Auditors, April 19, 2004, available at http://pcaobus.org/News/Speech/Pages/04192004_GoelzerOversightNonUSAuditors.aspx.
④ PCAOB Rule 4007 (Procedures Concerning Draft Inspection Reports).
⑤ PCAOB Rule 4009 (Firm Response to Quality Control Defects).

第七章　中美跨境审计监管合作的法律问题

律和监管的前提下，通过跨境监管合作才能解决这一难题。①

为了适应全球审计监管体制多样化的现实，PCAOB遵循上述原则，在其制定的《第4012号规则》中，采取了一种所谓的"移动尺度法"（Sliding Scale Approach），来确定与母国监管机构合作的方式以及依赖母国监管机构检查的程度。据此，PCAOB应当对对方国家审计监管体系独立性和严格性的相关信息以及与对方国家主管机构沟通的情况进行评估；②在评估过程中，PCAOB应当重点考虑以下5个与对方国家审计监管体系有关的因素，即充分性和完整性、相对于审计行业的独立性、经费来源、透明度以及以往的运作情况。③对于上述方法和评估标准，PCAOB前主席丹尼尔·戈尔泽（Daniel Goelzer）曾做出如下评论："……如果对方国家审计监管体系的独立性和严格性水平较高，PCAOB将主要依赖其会计监管机构；如果对方国家审计监管体系缺乏独立性，PCAOB将降低对其监管机构的依赖程度并更多地直接行使检查权。这种方法既能够确保PCAOB履行法定职责，又合理地尊重了其他国家的监管体系。"④

此后，为了推进《第4012号规则》的有效实施，提高对非美国审计监管体系的依赖程度，PCAOB拟定了一项题为《关于实施〈第4012号规则〉的指引》（以下简称《"完全依赖"指引》）的政策文件，并于2007年12月5日公开征求意见。⑤《"完全依赖"指引》界定了"完全依赖"这一概念，并采用原则监管模式，阐述了采用这一模式实施跨境检查的若干必要条件。具体地讲，"完全依赖"是指，PCAOB依赖非美国监管机构制定检

---

① PCAOB, Briefing Paper: Oversight of Non-U. S. Public Accounting Firms (Oct. 28, 2003), para. 1, Release No. 2003-020, available at http://pcaobus.org/Rules/Rulemaking/Docket013/2003-10-20_Release_2003-020.pdf.
　Speech by Daniel L. Goelzer, The PCAOB and the Oversight of Non-U.S. Auditors, April 19, 2004, paras. 13-17, available at http://pcaobus.org/News/Speech/Pages/04192004_GoelzerOversight-NonUSAuditors.aspx.
② PCAOB Rule 4012 (a).
③ PCAOB Rule 4012 (b).
④ Speech by Daniel L. Goelzer, The PCAOB and the Oversight of Non-U.S. Auditors, April 19, 2004, available at http://pcaobus.org/News/Speech/Pages/04192004_GoelzerOversightNonUSAuditors.aspx. paras. 22-23.
⑤ PCAOB, Request For Public Comment On Proposed Policy Statement Guidance Regarding Implementation Of PCAOB Rule 4012, December 5, 2007, Release No. 2007-011（《"完全依赖"指引》至今仍未最终定稿）。

查方案、实施现场检查并根据现场检查的情况形成检查结论;如果检查报告对检查对象的质量控制体系提出批评或者指出其缺陷,PCAOB 依赖非美国监管机构对检查对象所采取的改进措施进行评估。在这一模式下,PCAOB 及其检查人员基本不参与现场检查,但有机会观察(Observe)部分检查工作。上述观察的形式广泛,可以是与对方监管机构沟通或者讨论,也可以是随同对方检查组会见检查对象的重要人员,还可以是向对方监管机构要求查阅部分审计工作底稿。①

自 2005 年起,PCAOB 开始对非美国注册的会计师事务所进行检查。在此后的 3 年里,PCAOB 先后实施了 128 次针对非美国会计师事务所的跨境检查,涉及 26 个国家和地区。其中,PCAOB 基于与奥地利、加拿大、挪威、韩国、新加坡和英国 6 个国家监管机构达成的合作安排,实施了联合检查。② 然而,截至 2008 年 12 月 4 日,仍有 42 个国家或者地区的 134 家非美国会计师事务所尚未接受 PCAOB 的首次检查,包括按计划应于 2008 年底实施的 52 项首次检查,涉及 22 个国家或者地区。其中,至少有 18 项应在当年实施的首次检查面临(Facing)母国提出的主权问题、法律冲突问题等挑战(Challenges),当年难以进行。③ 为此,PCAOB 不得不于 2008 年即将结束的时候修改了关于检查期限的规定,拟在 2012 年底前全部实施对上述非美国会计师事务所的首次检查。④

---

① PCAOB, Request For Public Comment On Proposed Policy Statement Guidance Regarding Implementation of PCAOB Rule 4012, December 5, 2007, p. A1-8, Release No. 2007-011.
② 其他 20 个国家和地区包括:阿根廷、百慕大、巴西、智利、希腊、中国香港地区、印度、印度尼西亚、爱尔兰、以色列、日本、哈萨克斯坦、墨西哥、新西兰、巴拿马、秘鲁、俄罗斯、新加坡、南非、中国台湾地区,See PCAOB 2008 Annual Report, p. 9.
③ PCAOB, Rule Amendments Concerning the Timing of Certain Inspections of Non-U.S. Firms, and Other Issues Relating to Inspections of Non-U.S. Firms, December 4, 2008, Release No. 2008-007, pp. 4-7, available at http: //pcaobus.org/rules/rulemaking/docket%20027/2008-12-04_release_no_ 2008-007.pdf.
④ 值得注意的是,上述修改并不意味着全部首次检查的最后期限均推迟至 2012 年底。对于尚未进行首次检查的 50 家非美国会计师事务所,PCAOB 以单个会计师发行人客户的美国市值占上述 50 家会计师事务所发行人客户美国市值高低为标准排序,将其划分为三组,再进一步确定进行检查的最后期限。具体地,发行人客户美国市值占比至少为 35% 的会计师事务所,应在 2009 年底前实施检查;占比 90% 的会计师事务所,应在 2010 年底前实施检查;对其他会计师事务所的检查,应在 2012 年底前进行。See PCAOB, Rule Amendments Concerning the Timing of Certain Inspections of Non-U.S. Firms, and Other Issues Relating to Inspections of Non-U.S. Firms, Release No. 2008-007, December 4, 2008, pp. 11-12, available at http: //pcaobus.org/rules/rulemaking/docket%20027/2008-12-04_release_no_2008-007.pdf.

第七章 中美跨境审计监管合作的法律问题

PCAOB虽然延长了对部分非美国会计师事务所的检查期限，但涉及欧盟、瑞士、英国和中国等国家和地区的跨境检查工作并未得到有效推进。截至2010年6月30日，PCAOB仍无法对主要来自中国内地和中国香港特别行政区的28家非美国会计师事务所进行检查，涉及200多家美国发行人。① 考虑一些国家和地区因信息分享方面的顾虑不愿与PCAOB开展跨境监管合作或者实施联合检查，② 2010年7月21日公布的《多德—弗兰克法（2010年）》（Dodd-Frank Act of 2010）授权PCAOB可在符合法定条件的情况下自主决定向其他国家监管机构提供信息。③ 鉴于此，欧盟委员会做出决定，允许成员国与PCAOB建立双边跨境检查安排。此后，PCAOB先后与英国和瑞士监管机构签署了跨境检查协议。④ 截至2013年4月底，PCAOB已先后与16个国家和地区的监管机构建立了跨境监管合作安排。⑤ 截至2011年底，PCAOB已先后实施了317项跨境检查，涉及37个国家和地区。⑥

三、中国对公众公司会计监察委员会跨境检查的态度

PCAOB成立伊始，即着手就建立跨境审计监管合作安排事宜与其他国家的监管机构进行沟通。⑦ 但是，直到2007年，PCAOB才与中国建立双边联系或者讨论跨境审计问题。⑧ 此后，中国证监会先后三次以书面形式向PCAOB表达了对其跨境检查中国会计师事务所的立场。

---

① PCAOB, Release of Issuer Audit Clients of Non-U.S. Registered Firms in Jurisdictions where the PCAOB is Denied Access to Conduct Inspections, as of July 21, 2010, available at http://pcaobus.org/International/Inspections/Documents/issuer_audit_clients_of_certain_non-US_firms_by_client.pdf.
② Speech by Daniel L. Goelzer, Update on PCAOB Developments at PCAOB SAG Meeting, October 13, 2010, available at http://pcaobus.org/News/Speech/Pages/10132010_GoelzerUpdate.aspx.
③ Dodd-Frank Act of 2010, Section 981 (b).
④ PCAOB 2010 Annual Report, p. 12.
⑤ PCAOB, Cooperation with Non-U.S. Regulators-Cooperative Arrangements and Announcements, available at http://pcaobus.org/International/Pages/RegulatoryCooperation.aspx.
⑥ PCAOB's annual reports from 2005 to 2011.
⑦ PCAOB, Briefing Paper: Oversight of Non-U.S. Public Accounting Firms (Oct. 28, 2003), para. 1, PCAOB Release No. 2003-020, available at http://pcaobus.org/Rules/Rulemaking/Docket013/2003-10-20_Release_2003-020.pdf.
⑧ PCAOB 2007 Annual Report, p. 18; PCAOB Meets with Asian Counterparts to Discuss Cooperation on Auditor Oversight, March 23, 2007, http://pcaobus.org/News/Releases/Pages/03232007_AsianCounterparts.aspx.

2008年3月4日,中国证监会在对《"完全依赖"指引》提出反馈意见时,首次阐述了自身的立场。第一,对会计师事务所的跨境检查应当以相互理解和双边合作为基础。第二,只有遵循以下原则,才能够建立"成功的跨境合作"(Successful Cross-Border Cooperation):平等(Equality)和互惠(Reciprocity);尊重双方的法律和共同利益;促进而非阻碍跨境金融活动;遵守两国监管机构之间已达成的共识,而不是单方面地偏离(A Unilateral Departure)已有的合作框架。第三,PCAOB对中国会计师事务所进行检查,属于跨境执法活动(Cross-Border Enforcement Activities),根据主权原则(Principle of Sovereignty)以及中国相关法律和法规,获得中国政府批准"可能存在若干障碍"(Certain Difficulties Might Be Existed),建议PCAOB完全依赖中国监管机构实施检查以及采取其他监管措施。此外,中国证监会还针对"完全依赖"这一跨境检查模式提出了意见。中国证监会认为,"完全依赖"模式在实质上为跨境监管合作设定了前提条件,其目的是自我保护,包括中国在内的许多国家都难以接受联合检查和现场观察安排。①

2009年1月22日,在对PCAOB拟修改检查期限的征求意见文件做出回复时,中国证监会再次表明了对跨境检查的态度。中国证监会指出,根据中国现行法律法规,PCAOB不得(Is Not Allowed to)在中国境内实施任何形式的独立或者联合现场检查。并且,中国证监会再次强调,前次书面意见函中提及的四项原则是双方就跨境检查建立合作机制的前提。②

2009年4月,美国证监会对PCAOB提交的修改检查期限的文件进一步公开征求意见。③当年5月,在提出反馈意见时,除了继续强调跨境监管合作的基本原则外,中国证监会特别提出了完全依赖中方检查的要求。中国证监会认为,首先,PCAOB在跨境检查方面面临挑战的原因在于,其"单方面地采取行动"(to Take Actions on a Unilateral Basis)。其次,实

---

① CSRC, Comments on Request for Public Comment on Proposed Policy Statement: Guidance Regarding Implementation of PCAOB Rule 4012, March 4, 2008, paras. 3-4, available at http://pcaobus.org/Inspections/Documents/PCAOB_Rule_Comments.pdf.
② CSRC, Comment Letter RE: PCAOB Rulemaking Docket Matter No. 027, January 22, 2009, available at http://pcaobus.org/Rules/Rulemaking/Docket%20027/024_Csrc.pdf.
③ SEC, Public Company Accounting Oversight Board; Notice of Filing of Proposed Amendment to Board Rules Relating to Inspections, April 20, 2009, Release No. 34-59792, available at http://www.sec.gov/rules/pcaob/2009/34-59792.pdf.

第七章 中美跨境审计监管合作的法律问题

施跨境检查必须遵循相互尊重主权和平等合作原则。再次，美国证监会与中国证监会之间已建立了良好的合作平台和机制，即1994年签署的《关于合作、磋商及技术协助的谅解备忘录》①和2006年签署的《合作条款》。②最后，为应对公众公司跨境上市引发的跨境检查问题，对中国会计师事务所的检查应"完全依赖中国证监会的工作"（Fully Rely on the Work of the CSRC）。③

从2008年底开始，跨境审计监管问题一度上升到中美经济对话的层面，成为两国经贸关系的热点之一。在当年12月举行的第五次中美战略经济对话（U.S.-China Strategic Economic Dialogue）以及在2009年8月举行的首轮中美战略与经济对话中，双方均表示欢迎两国就跨境审计监管开展对话；④在2011年5月举行的第三轮中美战略与经济对话中，双方进一步提出，争取就跨境审计监管合作加快达成协议。⑤随后，为落实上述对话成果，中国证监会、中国财政部与PCAOB、美国证监会于2011年7月首次就跨境审计监管合作问题举行了正式的讨论，中美双方在公众公司审计监管合作方面已经"迈出了重要的一步"。⑥时隔一年多以后，中国证监会于2012年10月15日通过新华社宣布，中国证监会、财政部与美国PCAOB已签订协议，设立过渡期并同意PCAOB在此期间派员工以观察员身份来华观察中方对在美注册的境内会计师事务所质量控制的检查。这

---

① Memorandum of Understanding between the China Securities Regulatory Commission and the US Securities and Exchange CommissionRegarding Cooperation, Consultation and the Provision of Technical Assistance, April 28, 1994, available at http://www.sec.gov/about/offices/oia/oia_bilateral/china.pdf.
② Terms of Reference for the Cooperation and Collaboration between the China Securities Regulatory Commission and the US Securities and Exchange Commission, May 2, 2006, available at http://www.sec.gov/about/offices/oia/oia_bilateral/chinator.pdf.
③ CSRC, Comment letter RE: Public Company Accounting Oversight Board; Notice of Filing of Proposed Amendment to Board Rules Relating to Inspection (File No. PCAOB-2008-06), May 15, 2009, available at http://www.sec.gov/comments/pcaob-2008-06/pcaob200806-1.pdf.
④ Joint U.S.-China Fact Sheet: The Fifth U.S.-China Strategic Economic Dialogue, December 5, 2008, available at http://www.treasury.gov/press-center/press-releases/pages/hp1317.aspx; The First U.S.-China Strategic and Economic Dialogue Economic Track Joint Fact Sheet, July 28, 2009, available at http://www.treasury.gov/press-center/press-releases/pages/tg240.aspx.
⑤ Third Meeting of the U.S.-China Strategic & Economic Dialogue Joint U.S.-China Economic Track Fact Sheet, May 10, 2011, available at http://www.treasury.gov/press-center/press-releases/Pages/tg1170.aspx.
⑥ U.S. and Chinese Regulators Meet in Beijing on Audit Oversight Cooperation, SEC Press Releases 2011-164, August 8, 2011, available at http://www.sec.gov/news/press/2011/2011-164.htm.

标志着，中美双方"在加强审计监管跨境合作、增强互信上迈出了重要的一步"。①

2012 年 12 月 17 日，在美国证监会对 5 家中国会计师事务所启动行政处罚程序后，中国证券市场的官方媒体《中国证券报》刊发了一篇新闻稿。这篇新闻稿援引"分析人士"的观点，强调中美两国的分歧"源自中美法律体系差异"，在审计工作底稿的提供方面，应"采取务实灵活的态度，在互相尊重对方法律的前提下，努力探索出一条切实可行的途径"。②

第三节　公众公司会计监察委员会跨境检查的法律风险

从中国现行法律法规的有关规定来看，如果 PCAOB 对上述境内会计师事务所的审计工作底稿提出检查要求，在美上市公司以及有关会计师事务所将会面临三个方面的法律风险。

一、违反保守国家秘密法规的风险

保守国家秘密是公民、法人和其他组织的法定义务。2010 年修订的《中华人民共和国保守国家秘密法》③第 30 条规定："在对外交往与合作中需要提供国家秘密事项的，应当按照规定的程序事先经过批准。"《〈保守国家秘密法〉实施办法》④第 22 条规定："在对外交往与合作中，对方以正当理由和途径要求提供国家秘密时，应当根据平等互利的原则，按照国家主管部门的规定呈报有相应权限的机关批准，并通过一定形式要求对方承担保密义务……"

就上述保守国家秘密的法定义务而言，在美上市公司应当考虑两个方

---

① 新华社：《中美审计跨境监管合作达成初步协议》，2012 年 10 月 15 日，http：//news.xinhuanet.com/2012-10/15/c_113375966.htm。
② 参见《中方：通过监管合作解决"中概股"问题》，《中国证券报》2012 年 12 月 17 日第 A07 版。
③ 2010 年 4 月 29 日中华人民共和国主席令第 28 号公布，自 2010 年 10 月 1 日起施行。
④ 1990 年 4 月 25 日国务院批准，1990 年 5 月 25 日国家保密局令第 1 号公布，自公布之日起施行。

面的问题。一方面,在美上市公司向会计师事务所提供的资料是否涉及国家秘密。在美上市公司均为国有控股企业,主要分布于能源、交通、通信、石化、冶金等重要行业,部分公司还是所在行业的大型龙头企业。基于这样一种特殊的地位,这些上市公司的会计资料中涉及了大量的行业敏感信息。例如,能源行业上市公司掌握的石油储量信息、油气管道分布信息、储油基地及炼化基地信息,通信行业上市公司掌握的涉密机关和重要部门的通信保障信息、电信运营商之间互联互通和网间结算信息等。在这些敏感信息中,哪些属于商业秘密,哪些属于国家秘密,尚未形成明确的界定标准。

另一方面,如果经依法确定或者认定,某些会计资料涉及国家秘密,而因审计业务的需要,又必须向会计师事务所提供的,有关在美上市公司是否已报请国家保密主管部门批准?原则上讲,涉及国家秘密的资料不能对外提供。但是,如果不提供上述资料将会限制审计服务范围的,经国家保密主管部门批准后才可以提供。在美上市公司如果违规向有关会计师事务所提供会计资料的,将会面临受到国家保密主管部门的行政处罚,甚至承担刑事责任的风险。

二、违反档案管理法规的风险

保护档案是公民、法人和其他组织的法定义务。1996年修正的《中华人民共和国档案法》①第16条规定:"集体所有的和个人所有的对国家和社会具有保存价值的或者应当保密的档案,档案所有者应当妥善保管。……严禁倒卖牟利,严禁卖给或者赠送给外国人"。第18条规定:"属于国家所有的档案和本法第16条规定的档案以及这些档案的复制件,禁止私自携运出境"。

就上述保护档案的法定义务而言,有关会计师事务所应当考虑以下两个方面的问题。一方面,在美上市公司提供的会计资料是会计师事务所开展审计工作的主要依据,也是审计工作底稿的重要来源,如果上述会计资料涉及国家秘密信息,那么以之为基础形成的审计工作底稿是否属于国家所有?如果该审计工作底稿不属于国家所有,那么是否属于"对国家和社会具有保存价值的"档案?对此,有关法律法规尚无明文规定。如果前一个问题的答案是肯定的,那么有关会计师事务所负有保守国家秘密的义

---

① 1996年7月5日中华人民共和国主席令第71号公布,自公布之日起施行。

务，不能将有关工作底稿提供给其他机构或者个人，即使在本会计师事务所内部，也要采取各项控制措施，严格限定接触人员的范围。如果后一个问题的答案是肯定的，那么有关工作底稿就必须在中国境内保管，只有在经有关主管部门批准的情况下，才能够出境。

另一方面，境内、境外会计师事务所的业务协作模式是否会导致档案违法出境？据了解，为在美上市公司提供审计服务的境外会计师事务所通常会委托境内会计师事务所实施大部分基础性的审计程序。[①] 后者完成基础性审计结束后，会将部分电子文档的审计工作底稿通过网络传输给中国香港会计师事务所，供其以此为基础完成后续审计程序。可见，境内会计师事务所形成的审计工作底稿至少有一部分是通过电子信息技术手段提供给了境外会计师事务所，这部分工作底稿在事实上是已经"出境"了。针对涉及国家秘密、"属于国家所有"或者"对国家和社会具有保存价值的"档案而言，这种业务协作模式是否违反了1996年修正的《中华人民共和国档案法》的有关规定？对此，有关法律法规也没有明确规定。如果答案是肯定的，那么会计师事务所就可能会面临被档案主管部门处罚的风险。

三、境内监管机构的消极态度

为了明确双方的权利和义务，在美上市公司分别与为其提供审计服务的境内、境外会计师事务所签署了审计服务协议。通常，审计服务协议均订有保密条款，约定会计师事务所对委托方提供的资料负有保密义务，不得向第三方提供审计工作底稿等资料。同时，上述保密义务也不是绝对的，有的审计服务协议会明确约定，会计师事务所向监管机构等提供有关资料并不违反保密义务。特别是，部分在美上市公司还通过在审计服务协议中明确约定或者另行签署补充协议的方式，明确承认 PCAOB 有权要求会计师事务所提供审计工作底稿和其他有关资料。

从理论上讲，PCAOB 的检查权在性质上属于国家行政权，对已经登记的会计师事务所具有普遍约束力，而审计服务协议不过是私人主体之间的

[①] 目前，普华永道、毕马威、安永和德勤四家国际会计公司的境内事务所、中国香港事务所和美国事务所均为其全球网络的成员机构，境内事务所是上述四家国际会计公司在境内设立的中外合作经营企业。

合同，只对缔约双方具有约束力。根据"私人权利不能对抗国家权力"的一般原理，无论审计服务协议是否明确约定会计师事务所可以向 PCAOB 等境外监管机构提供审计工作底稿和其他有关资料，都不会对 PCAOB 的法定权力以及会计师事务所的法定义务产生任何影响。因此，审计服务协议对会计师事务所的保密义务做出例外规定不仅没有必要，而且还会使中国证券监管机构担心中国会计师事务所会据此不再遵守中国有关法律法规，不再接受中国有关主管部门的监管，进而可能对此提出异议，并可能会建议在美上市公司和有关会计师事务所修改审计服务协议。

第四节　应对公众公司会计监察委员会跨境检查的措施和建议

针对以上几个方面的法律风险，建议在美上市公司和有关会计师事务所考虑采取以下几个方面的应对措施：

一、完善保密和档案管理机制

在美上市公司和有关会计师事务所应依法加强保密和档案管理工作。为了切实履行保守国家秘密和保护档案的法定义务，在美上市公司和有关会计师事务所应当依据 2010 年修订的《中华人民共和国保守国家秘密法》和 1996 年修正的《中华人民共和国档案法》等法律法规，结合其业务和经营活动的实际情况，建立健全有关规章制度，对文件、资料的保密范围、保密人员的配备和职责、保密控制措施以及档案的收集、保管、利用等事项做出明确、具体的规定，并落实各项控制措施，建立合规守法的长效机制。

二、严格遵守保密和档案管理法规

在美上市公司应当对涉及敏感信息的会计资料进行甄别，并对不同类型的会计资料采取不同的处理方法。根据"谁产生，谁定密"的原则，对于日常经营活动中形成的会计资料，在美上市公司应当依法自行确定是否涉及国家秘密以及相应的密级和保密范围。某些敏感信息是否属于国家秘密难以确定的，在美上市公司应当及时报请国家保密主管部门认定。经依法确认或者认定涉及国家秘密的会计资料，在美上市公司不得提供给有关会计师事务所；如果不提供上述会计资料可能限制审计范围的，在美上市公司在报请国家保密主管部门批准后，方可向有关会计师事务所提供，但应采取保密措施并要求对方承担保密义务；有关会计师事务所在提供审计服务的过程中，发现在美上市公司提供的会计资料可能涉及国家秘密但未经批准的，也应及时提示在美上市公司注意有关法律风险。

中美跨境审计监管冲突涉及的中国法，受到关注最多的莫过于中国证监会、国家保密局和国家档案局制定的《第29号公告》。《第29号公告》针对中国境外上市公司以及为其提供相关证券服务的证券公司、证券服务机构（包括会计师事务所、律师事务所等）设定了保守国家秘密和保护档案的法定义务，其核心规定主要是以下四个方面：

第一，中国境外上市公司向有关证券公司、证券服务机构和境外监管机构提供或者公开披露涉及国家秘密的文件、资料和其他物品以及涉及国家安全或者重大利益的档案，须经有关主管部门批准。①

第二，提供相关证券服务的证券公司、证券服务机构形成的工作底稿如涉及国家秘密、国家安全或者重大利益，不得在非涉密计算机信息系统中存储、处理和传输；未经有关主管部门批准，也不得将其携带、寄运至境外或者通过信息技术等任何手段传递给境外机构或者个人。②

第三，境外证券监管机构提出对境外上市公司以及为其提供证券服务的证券公司、证券服务机构（包括境外证券公司和证券服务机构在境内设立的成员机构、代表机构、联营机构、合作机构等关联机构）进行现场检查的，须经有关主管部门批准。③

第四，任何单位和个人违反关于保守国家秘密、保护档案的法律法规，应承担行政、刑事责任。④

---

① 参见《第29号公告》第3条、第4条。
② 参见《第29号公告》第6条。
③ 参见《第29号公告》第8条第2款、第3款。
④ 参见《第29号公告》第9条。

三、准确界定敏感资料的范围

有关会计师事务所应当以适当的方式提请国家档案主管部门对《中华人民共和国档案法》的有关规定进行解释，明确哪些审计工作底稿属于国家所有，哪些审计工作底稿属于"对国家和社会具有保存价值的"档案，境内会计师事务所与境外会计师事务所的业务协作模式是否涉及档案出境等。上述问题得到明确后，在美上市公司和有关会计师事务所切实履行保护档案的法定义务就有了明晰的法律指引。

四、修订审计服务协议

在美上市公司和有关会计师事务所应及时修改审计服务协议的保密条款。考虑到审计服务协议关于保密义务例外的约定存在一定的法律风险，在美上市公司和有关会计师事务所应当积极沟通，打消中国证券监管机构的顾虑。一方面，审计服务协议可明确写入"会计师事务所对外提供审计工作底稿或者其他资料，应当遵守中国法律并经中国有关主管部门依法批准"的内容，以彰显对中国法律法规的尊重；另一方面，对PCAOB等境外监管机构是否有权要求会计师事务所提供审计工作底稿和其他有关资料等事项，审计服务协议不宜做出规定，这既不影响双方的权利义务，也不会引发法律风险。如有必要，在美上市公司和有关会计师事务所还可以按照以上模式对以前年度的审计服务协议进行追溯调整，签订相应的补充协议。

第八章 境外上市的其他监管问题

第一节 境内外会计准则差异对境外上市的影响

一、境外上市公司适用的会计准则

境内企业到境外发行上市应依照上市地可接受的会计准则编制过往会计期间的财务会计报告,并由境外会计师事务所根据应适用的审计准则进行审计并出具审计报告。上述可接受的会计准则可能是上市地所属国家或者地区制定的会计准则,或者是国际会计准则理事会(International Accounting Standards Board, IASB)制定的《国际财务报告准则》,或者是上市地法规或者监管规则认可的其他会计准则。同时,境外上市公司还应根据有关法规的规定,按照中国企业会计准则编报或者提交有关会计期间的财务会计报告,有的还需经境内会计师事务所按照境内审计准则进行审计并出具审计报告。此外,如果选择根据美国证监会制定的《第144A号规则》(Rule 144A)向美国境内合格机构投资者发行股票,发行人还应向美国投资者披露按照美国公认会计准则(Generally Accepted Accounting Standards, GAAP)调整后的财务会计报告。由于境外证券监管法规通常要求非本国上市公司按照境外会计准则编制财务会计报告,并聘请境外会计师事务所按照境外审计准则出具审计报告,故境内企业到境外发行上市的,将承担额外的财务合规成本和审计费用。

根据国际会计准则理事会的解释,狭义的国际财务报告准则(International Financial Reporting Standard，IFRS）是指国际会计准则理事会现时以新编号发布的一系列准则和解释公告；广义的国际财务报告准则包括国际会计准则理事会批准的准则和解释公告，以及原国际会计准则委员会（国际会计准则理事会的前身）批准的国际会计准则（International Accounting Standards，IAS）和解释公告。只有当财务报表遵循了国际财务报告准则的所有要求时，该财务报表才可表述为遵循了国际财务报告准则。

二、中国会计准则的国际化进程

1. 中国会计准则与国际财务报告准则的趋同

会计准则的国际化，是指在制定、修改和完善会计准则的过程中，充分借鉴国际通行的做法，体现国际会计惯例，使按照本国会计准则编制的财务会计报告在全球范围内具有可比性。会计准则的国家化是资本市场国际化的客观要求和重要推动力量。

近年来，中国会计准则在与国际会计准则相协调方面取得了显著的成就。实际上，中国会计准则的国际化进程始于20世纪90年代初期。1992~1993年，中国推行了财务会计制度的重大改革，财政部先后发布了《企业会计准则——基本准则》①和《企业财务通则》②以及一些分行业的财务会计制度。此后，从1997年开始，财政部先后制定了《股份有限公司会计制度——会计科目和会计报表》③以及16项具体会计准则。从2005年开始，在借鉴国际会计准则先进经验的基础上，财政部对原有的基本准则和具体准则做了全面修订，并制定了22项新的具体准则。2005年11月8日，中国会计准则委员会与国际会计准则理事会就中国新的企业会计准则体系与国际财务报告准则的国际趋同所取得的成就，签署了联合声明，确认中国企业会计准则与国际财务会计报告准则除极少数问题外，实现了趋同。

2006年2月15日，财政部公布了新的企业会计准则体系，包括1项

---

① 1992年11月16日国务院批准，1992年11月30日财政部令第5号发布，自1993年7月1日起施行。
② 1992年11月30日财政部令第4号发布，自1993年7月1日起施行。
③ 财政部1998年1月27日财会字[1998]7号发布，自1998年1月1日起施行。

基本准则和 38 项具体准则，自 2007 年 1 月 1 日起在上市公司施行。自此，中国已建立起一套适应社会主义市场经济发展要求的、与国际财务报告准则相协调的企业会计准则体系。

与原会计准则体系相比，新会计准则体系的主要变化体现在以下几个方面：

（1）在母公司财务报表中，对子公司的投资，由采用权益法确认和计量改为采用成本法确认和计量。

（2）符合一定条件的，企业自行开发无形资产的开发支出可以资本化。

（3）如果非货币性资产交换具有商业性质，应以公允价值计量并确认交换损益。

（4）对股东资产、无形资产等长期资产计提的减值准备不得转回。

（5）对于债务重组，引入公允价值作为计量依据，重组收益计入当期损益。

（6）采用资产负债表债务法核算暂时性差异的所得税影响，确认递延所得税。

（7）同一控制下的企业合并按权益结合法处理；非同一控制下的企业合并按购买法处理；商誉不摊销，但应至少每年进行减值测试。

（8）按照新的标准对金融资产和金融负债进行分类，并分别采用不同的会计处理方法。对于其中的某些类别（如交易性投资），要求采用公允价值计量。

（9）对合营企业的投资，由采用比例合并法确认和计量改为采用权益法确认和计量。

此外，为了规范注册会计师的执业行为，提高执业质量，财政部还批准发布了中国注册会计师协会拟订的《中国注册会计师鉴证业务基本准则》等 22 项准则，修订了《中国注册会计师审计准则第 1142 号——财务报表审计中对法律法规的考虑》等 26 项准则，建立了新的独立审计准则体系，自 2007 年 1 月 1 日起施行。①

2. 中国会计准则与有关地区会计准则的等效认同

中国新的企业会计准则和审计准则体系相继发布后，基本体现了与国际财务报告准则体系的趋同，得到了欧盟委员会和国际会计准则理事会的

---

① 参见 2006 年 2 月 15 日《财政部关于印发中国注册会计师执业准则的通知》（财会 [2006] 4 号）。

认可。2008年12月12日，欧盟委员会就第三国会计准则等效问题发布规则，决定自2009年起至2011年底的过渡期内，允许中国企业进入欧盟境内市场时采用中国企业会计准则编制财务报表；中国会计师事务所也获准在2010年7月1日之前为在欧盟境内市场上市的中国企业提供审计服务。2012年4月11日，欧盟委员会做出了《欧盟关于中欧会计准则最终等效的决定》（欧盟委员会实施决定2012/194号）。根据该决定，自2012年1月1日起，按照中国企业会计准则编制的年度报告和中期报告应被认为与按照欧盟认可的《国际财务报告准则》编制的年度报告和中期报告等效。

2007年12月6日，中国会计准则委员会、中国审计准则委员会分别与中国香港会计师公会联合签署了两地会计审计准则等效的联合声明。该声明确认，2007年12月6日有效的中国企业会计准则与同日有效的《中国香港财务报告准则》，除资产减值损失的转回以及关联方披露两项准则的相关内容需调节差异外，已实现等效；境内企业根据2007年12月6日有效的中国企业会计准则编制的财务会计报表，在对上述两项差异做出相关调整后，与根据同日有效的《中国香港财务报告准则》编制的财务会计报表具有同等效力。该声明自签署之日起生效。

2009年8月28日，中国香港联合交易所刊发了咨询文件，就"有关接受在中国香港上市的内地注册成立公司采用内地的会计及审计准则以及聘用内地会计师事务所"事宜征求市场有关人士的意见。2010年12月5日，中国香港联合交易所发布公告，"准许内地注册成立的发行人采用内地会计准则编制其财务报表，准许经中国财政部及中国证券监督管理委员会审核推荐及认可的内地会计师事务所采用内地审计准则为上述发行人提供服务"。

据此，境内企业到中国香港发行证券或者在中国香港上市，将可以使用按照中国企业会计准则编制的财务报表，无须按照中国香港财务报告准则进行全面转换后形成完整的财务报表。相应地，上述按照中国企业会计准则编制的财务报表也可以由境内会计师事务所按照中国独立审计准则进行审计并出具审计报告。这样，境内企业到中国香港发行上市将更加便利，发行上市的成本可大大降低，运作效率可显著提高。

此外，中国香港联合交易所的上述公告还确认，"提供对应安排，准许在内地上市的中国香港注册成立或注册的公司采用《中国香港财务报告准则》或者《国际财务报告准则》编制其财务报表，而同时有关的财务报表可由经中国香港会计师公会审核推荐、认可及注册的中国香港会计师事务所按照《中国香港审计准则》或者《国际审计准则》审计"。

在此基础上,中国香港联合交易所根据上述内容对《上市规则》做了修订,经该交易所董事会和中国香港证监会分别批准,自 2010 年 12 月 15 日起生效。

3. 中国会计准则与国际会计惯例的差异

中国新的企业会计准则自 2007 年 1 月 1 日起施行后,境内、中国香港两地上市公司在境内和境外分别披露的财务会计信息基本一致。但是,实践中仍存在一些问题导致有关境外上市公司按照境内、境外会计准则分别形成的财务会计信息存在重大差异。这表明,中国企业会计准则与国际会计惯例之间仍有待进一步协调。

(1) 对"同一控制"的不同理解。按照中国《企业会计准则第 20 号——企业合并》的有关规定,同一控制下的企业合并采用权益结合法进行会计处理。对于这一会计事项,国际财务报告准则没有做出相应的规定,实践中多采用购买法进行会计处理。研究表明,中国会计准则和国际会计惯例之间对同一控制下的企业合并采用了不同的会计政策,是境内、境外两地上市公司境内外财务会计报表信息存在重大差异的主要原因。

以下以在境内、境外两地上市的潍柴动力股份有限公司 (HK:2338,以下简称潍柴动力) 吸收合并境内上市公司湘火炬汽车集团股份有限公司 (以下简称湘火炬) 的交易为例,进一步说明上述问题。

2008 年 1 月 25 日,潍柴动力在中国香港联合交易所发布临时公告称,预计按照《中国香港财务报告准则》计算的 2007 年度净利润将出现重大亏损。当月 28 日,潍柴动力在深圳证券交易所发布临时公告称,预计按照中国企业会计准则计算的 2007 年度净利润较公开发行 A 股换股吸收合并湘火炬的《招股说明书》中披露的潍柴动力盈利预测增长 100%,较潍柴动力公开发行 A 股换股吸收合并湘火炬招股说明书中披露的 2006 年度备考合并净利润增长约 140%。

潍柴动力按照境内、境外会计准则计算的盈利预测金额差距相当大,其主要原因在于,2007 年上半年潍柴动力通过换股方式取得了湘火炬

---

① 2006 年 2 月 15 日《财政部关于印发〈企业会计准则第 1 号——存货〉等 38 项具体准则的通知》(财会〔2006〕3 号) 印发,自 2007 年 1 月 1 日起施行。

71.88%剩余股份（此前公司已持有湘火炬28.12%股份），潍柴动力按照《中国香港财务报告准则》编制境外财务会计报表时，采用购买法对上述交易进行核算，以合并完成日（2007年4月30日）潍柴动力A股收盘价作为计算因合并产生的商誉的公允价格，而当日潍柴动力A股价格意外大幅上扬。结果是，潍柴动力在按照《中国香港财务报告准则》编制的财务会计报表中，因上述合并交易确认了巨额负商誉；而按照中国企业会计准则，潍柴动力采用权益结合法核算本次合并交易，并未确认商誉。

此后，在与境内监管机构充分沟通的基础上，潍柴动力认为，自2006年12月29日湘火炬和潍柴动力相关股东大会对吸收合并协议等事项批准后，潍柴动力就已经开始拥有对湘火炬生产、经营及财务决策等重大方面的实质控制权，并已将之纳入公司财务报表的合并范围。因此，为客观、真实地反映自上述股东大会后潍柴动力对湘火炬的实际控制及本公司的实际经营状况，应采用以拥有实质控制权为标准对该次换股吸收合并湘火炬的会计处理方法进行调整。总之，本次收购属于同一控制下的购买少数股东权益行为，不属于企业合并行为，按照《中国香港财务报告准则》也无须确认商誉。于是，在潍柴动力分别按照中国企业会计准则和《中国香港财务报告准则》编制的2007年度财务会计报告中，净利润项目的金额基本趋同。2008年4月28日、29日，潍柴动力先后在中国香港联合交易所和深圳证券交易所对有关会计处理方法变更及其对2007年度净利润的影响做了披露。

（2）境外上市保险公司境内有关会计政策的差异。基于保险公司的经营特点，在境外上市的保险公司分别按照中国企业会计准则和《中国香港财务报告准则》编制的财务会计报告中，收入、成本和净利润等项目的金额会存在较大差异。例如，中国平安保险（集团）股份有限公司（HK：2318）按照中国企业会计准则核算的2008年度净利润为6.62亿元，按照《中国香港财务报告准则》核算的净利润为2.68亿元；中国人寿按照中国企业会计准则核算的2008年度净利润为100.68亿元，按照《中国香港财务报告准则》核算的净利润为212.77亿元。

境外上市保险公司按照境内、境外会计准则核算的经营成果差异较大，其主要原因是：在收入确认和成本计量的会计政策方面，境内、境外会计准则有着不同的规定，或者境内会计准则与境外通常采用的会计政策有着不同的要求。例如，在保费收入确认方面，按照中国企业会计准则，当期收到的保费收入和支付的给付确认为当期收入;按照《中国香港财务报告准则》,短期保险合同的保费收入在保单责任期限内按照所提供的保险保障比例确认为当期收入。又如,在保险合同的获取成本计量方面,按照中国企业会计准则,在获取原保险合同或者再保险合同过程中发生的费用和手续费应计入当期损益。对于上述会计事项,国际财务报告准则和中国香港财务报告准则均未做规定,多数公司采用了公认行业会计惯例,即采用了递延购买成本的会计政策。

第二节 境外上市相关税收监管问题

一、境外上市公司适用的相关税法

1. 间接到境外上市企业适用的税法

间接到境外上市的境内企业,由于上市主体为境外企业,不属于中国的居民纳税人,原则上应适用其设立地所在国家或者地区的税法,但应就来源于中国境内的所得,包括从中国境内其他居民企业取得的股息、红利等权益性投资收益,依照中国企业所得税法的有关规定缴纳预扣所得税。上市主体控制的境内下属企业作为中国居民企业,应适用中国税法关于居民纳税人的规定。

值得注意的是,根据税务总局 2009 年 4 月 22 日发布的《关于境外注册中资控股企业依据实际管理机构标准认定为居民企业有关问题的通知》(国税发〔2009〕82 号)的有关规定,部分间接到境外上市的境内企业在符合下列条件的情况下,应判定其为实际管理机构在中国境内的居民企业,即非境内注册的居民企业,并实施相应的税收管理,就其来源于中国境内、境外的所得征收企业所得税:

(1) 该境外上市主体是在境外依据外国(地区)法律注册成立的企业,由中国境内的企业或者企业集团作为主要控股投资者。

(2) 企业负责实施日常市场经营管理运作的高层管理人员及其高层管理部门履行职责的场所主要位于中国境内。

(3) 企业的财务决策（如借款、放款、融资、财务风险管理等）和人事决策（如任命、解聘和薪酬等）由位于中国境内的机构或者人员决定，或需要得到位于中国境内的机构或者人员批准。

(4) 企业的主要财产、会计账簿、公司印章、董事会和股东会议纪要档案等位于或者存放于中国境内。

(5) 企业 1/2（含 1/2）以上有投票权的董事或者高层管理人员经常居住于中国境内。

如果境外上市主体被认定为非境内注册居民企业，就应当向中国承担无限纳税义务，其从中国境内其他居民企业取得的股息、红利等权益性投资收益，按照企业所得税法的有关规定，作为其免税收入；其投资者从该企业分得的股息红利等权益性投资收益，根据企业所得税法实施条例的有关规定，属于来源于中国境内的所得，应当征收企业所得税；该权益性投资收益中符合企业所得税法规定的免税条件的，可作为收益人的免税收入。

境外上市主体被认定为中国居民企业后成为双重居民身份的，按照中国与相关国家或者地区签署的税收协定（或者安排）的规定执行。通常，中国作为企业实际管理机构所在国，享有税收管辖权。

2. 直接到境外上市企业适用的税法

直接到境外上市的股份有限公司为中国居民企业，应承担无限纳税义务。

(1) 企业所得税。实践中，境内股份有限公司在到境外上市前，大部分为内资企业，也有一部分为外商投资企业。在企业所得税方面，由于在 2007 年颁布的《中华人民共和国企业所得税法》[①]施行前，中国内资企业和外商投资企业适用不同的所得税法，境外上市股份有限公司的所得税待遇也不统一。具体地讲，多数境外上市股份有限公司上市后仍作为内资企业，继续适用《中华人民共和国企业所得税暂行条例》、[②]《企业所得税暂行条例实施细则》[③]等，一般按照 33% 的基本税率计算缴纳企业所得税；

[①] 2007 年 3 月 16 日中华人民共和国主席令第 63 号公布，自 2008 年 1 月 1 日起施行。
[②] 1993 年 12 月 13 日国务院令第 137 号发布，自 1994 年 1 月 1 日起施行。
[③] 财政部 1994 年 2 月 4 日财法字〔1994〕第 003 号发布，自《企业所得税暂行条例》施行之日起施行。

部分境外上市前就属于外商投资的股份有限公司，继续适用1991年颁布的《中华人民共和国外商投资企业和外国企业所得税法》①、《外商投资企业所得税法实施细则》② 等，一般按照30%的税率计算缴纳企业所得税，按照3%的税率计算缴纳地方所得税。

值得注意的是，部分股份有限公司在境外上市后，经商务主管部门批准已转为外商投资股份有限公司，但仍适用《中华人民共和国企业所得税暂行条例》、《企业所得税暂行条例实施细则》等计算缴纳企业所得税。

2007年颁布的《中华人民共和国企业所得税法》和《企业所得税法实施条例》③ 施行后，内资企业和外资企业将统一适用25%的企业所得税率。根据《国务院关于实施企业所得税过渡优惠政策的通知》（国发〔2007〕39号）的规定，从2008年1月1日起，原享受低税率优惠政策的企业，在新税法施行后5年内逐步过渡到法定税率；原享受企业所得税"两免三减半"等定期税收优惠的企业，新税法施行后继续按原税收法律、行政法规及相关文件规定的优惠办法及年限享受至期满为止。但因尚未获利而尚未享受税收优惠的，其优惠期限从2008年度起算。从整体上看，新税法的施行将使境外上市公司适用的所得税率降低，提高其利润水平，但不会对其核心竞争能力产生重大影响。

此外，经国务院批准可享受外商投资企业税收优惠待遇的9家H股公司，包括上海石化、青岛啤酒、原昆明机床股份有限公司（现为沈机集团昆明机床股份有限公司，HK：0300）、北人印刷机械股份有限公司（HK：0187）、马鞍山钢铁、广州广船国际股份有限公司（HK：0317）、中国石化仪征化纤股份有限公司（HK：1033）、东方电气股份有限公司（HK：1072）和原渤海化工股份有限公司（现为天津创业环保集团股份有限公司，HK：1065），原适用15%的企业所得税税率，新税法施行后多数适用25%的企业所得税税率。

（2）营业税。根据《中华人民共和国营业税暂行条例》④ 的有关规定，中国境外单位或者个人在境内提供应税劳务，在境内未设有经营机构的，

---

① 1991年4月9日中华人民共和国主席令第45号公布，自1991年7月1日起施行。
② 1994年6月30日国务院令第85号公布，自《外商投资企业和外国企业所得税法》施行之日起施行。
③ 2007年12月6日国务院令第512号公布，自2008年1月1日起施行。
④ 2008年11月10日国务院令第540号公布，自2009年1月1日起施行。

以其境内代理人为扣缴义务人；在境内没有代理人的，以购买方为扣缴义务人。据此，境外上市公司直接向境外证券交易所支付的上市费用以及直接向境外证券公司以及律师事务所、会计师事务所等证券服务机构支付的服务费用等，应在境内按5%的比例扣缴营业税。

二、中国税法对境外投资者的影响

实践中，境外上市公司的境外投资者可以是非居民企业，也可以是非居民自然人。根据2007年颁布的《中华人民共和国企业所得税法》的有关规定，非居民企业和非居民自然人从境外上市股份有限公司取得的股息、红利等权益性收入，在性质上属于来源于中国境内的所得，应区分具体情况处理相关所得税事宜：

第一，如果非居民企业境外投资者在境内设立了机构、场所的，通过上述机构、场所从境外上市股份有限公司取得的股息、红利等权益性投资收益为免税收入。

第二，如果非居民企业在中国境内未设立机构或者场所，或者虽设立机构、场所但取得的所得与其机构、场所没有实际联系，应当就其从境外上市股份有限公司取得的股息、红利等权益性投资收益，按20%的税率缴纳企业所得税。根据《企业所得税法实施条例》的有关规定，上述所得减按10%的税率缴纳企业所得税。并且，应由支付股息、红利的境外上市公司作为扣缴义务人代扣代缴企业所得税。

第三，非居民自然人直接从境外上市股份有限公司取得的股息、红利等权益性收入，应按照"利息、股息、红利所得"项目，由扣缴义务人依法代扣代缴个人所得税。

2007年颁布的《中华人民共和国企业所得税法》还规定，中国政府与外国政府订立的有关税收的协定有不同规定的，依照协定的规定办理。根据2006年8月21日签订的《内地和中国香港特别行政区关于对所得税避免双重征税和防止漏税的安排》，境外上市股份有限公司支付给中国香港特别行政区居民的股息，可以在中国香港特别行政区征税，也可以在内地按照有关规定征税；如果股息受益人为中国香港居民，所征税款一般不超过股息总额的10%，但如果股息受益人为中国香港居民企业且直接拥有有关境外上市股份有限公司至少25%股份的，所征税款不超过股息总额的5%。

2008年11月6日,税务总局下发了《国家税务总局关于中国居民企业向境外上市外资股非居民企业股东派发股息代扣代缴企业所得税有关问题的通知》(国税函[2008]897号),进一步明确了上市公司向境外非居民企业派发股息的税收征管问题,即中国居民企业向境外上市外资股非居民企业股东派发2008年及以后年度股息时,统一按10%的税率代扣代缴企业所得税。

2011年5月1日,税务总局下发了《关于国税发[1993]045号文件废止后有关个人所得税征管问题的通知》(国税函[2011]348号)。根据该通知,境内非外商投资企业在中国香港发行股票,其境外居民个人股东可根据其居民身份所属国家与中国签署的税收协定及内地和中国香港(澳门)间税收安排的规定,享受相关税收优惠。鉴于上述税收协定及税收安排规定的相关股息税率一般为10%,且股票持有者众多,为简化税收征管,在中国香港发行股票的境内非外商投资企业派发股息红利时,一般可按10%税率扣缴个人所得税。对股息税率不属于10%的情况,按以下规定办理:取得股息的个人为低于10%税率的协定国家居民,扣缴义务人可向主管税务机关申请对多扣缴税款予以退还;取得股息的个人为高于10%低于20%税率的协定国家居民,扣缴义务人派发股息红利时应按协定实际税率扣缴个人所得税;取得股息的个人为与我国没有税收协定国家居民及其他情况,扣缴义务人派发股息红利时应按20%税率扣缴个人所得税。

此外,税务总局还对全国社保基金持有境外上市公司股份涉及的企业所得税事宜做了明确规定。根据国家税务总局2009年4月1日发布的《关于中国居民企业向全国社会保障基金所持H股派发股息不予代扣代缴企业所得税的通知》(国税函[2009]173号),全国社会保障基金(以下简称社保基金)从证券市场取得的收入为企业所得税不征税收入,在中国香港上市的境内居民企业派发股息时,可凭香港中央结算(代理人)有限公司确定的社保基金所持H股证明,不予代扣代缴企业所得税;在香港以外上市的境内居民企业向境外派发股息时,可凭有关证券结算公司确定的社保基金所持股证明,不予代扣代缴企业所得税;在境外上市的境内居民企业向其他经批准对股息不征企业所得税的机构派发股息时,可参照上述规定执行。

对于在境外间接上市的境内企业而言,由于其境外上市主体为非居民企业,向境外投资者派发股息时,不适用中国税法的规定;但其境内下属企业向境外股东支付股息、红利时,应适用中国税法的规定,按照10%的税率缴纳企业所得税。中国政府与外国政府签订的税收协定有不同规定的,依照协定的规定办理。

第三节 境外上市公司股权激励监管

一、股权激励的主要形式

股权激励是一种以公司股票为标的,对其董事、监事、高级管理人员、骨干员工及其他人员进行的长期性激励机制。通过股权激励,经营者或者公司员工能够以股东的身份,参与企业决策、分享利润、承担风险,或者享有相应经济收益的权利,从而勤勉、尽责地为公司的长期发展服务。

境外上市公司的股权激励工具有股票期权(Stock Option)、股票增值权(Stock Appreciation Rights)、限制性股票、业绩股票和虚拟股票(Phantom Stock)等。实践中,到境外上市的股份有限公司多采用股票增值权方式实施股权激励,境外中资控股上市公司通常采用股票期权方式实施股权激励。

1. 股票期权

股票期权是指上市公司授予激励对象在未来一定期限内(行权期)以预先确定的价格(行权价)和条件购买本公司一定数量股票的权利。激励对象有权行使该项权利,也有权放弃该项权利,但不得转让和用于担保、偿还债务等。股票期权的最终价值体现在行权时的价差上。根据有关规定,股票期权原则上适用于境外注册、国有控股的境外上市公司。

2. 股票增值权

股票增值权是指上市公司授予激励对象在一定的时期和条件下,获得规定数量的股票价格上升所带来的收益的权利。激励对象不拥有这些股票的所有权,也不拥有股东表决权、配股权。股票增值权不能转让和用于担保、偿还债务等。股票增值权主要适用于发行境外上市外资股的股份有限公司。

与股票期权不同的是,股票增值权的激励对象并不实际拥有公司股票,只享有获得股票增值收益的权利。股票期权的收益主要来源于股票未来转售价格高于最初行权价的差额,实施激励计划的上市公司不承担财务责任;股票增值权的收益主要由实施激励计划的上市公司来承担,公司需要提取奖励基金以备支付。

3. 限制性股票

限制性股票是指公司为了实现某一特定目标,无偿将一定数量的股票赠予激励对象,或者以较低的价格售与激励对象。只有在实现预定目标的情况下(如股票价格达到一定水平),激励对象才可将限制性股票出售;如果预定目标未实现,公司有权收回免费赠予的限制性股票或者以原价回购限制性股票。

与股票期权不同的是,限制性股票是激励对象已现实持有的、归属受到限制的收益。股票期权是获得未来预期收益的权利,授予时无须实质性的资金投入,企业和激励对象的资金压力都相对较小。

4. 业绩股票

业绩股票是指在年初时为激励对象设定一个较为合理的业绩目标,如果到年末时达到预定目标,则公司授予激励对象一定数量的股票或者提取一定的奖励基金购买公司股票。典型的业绩评估指标有股东权益回报率、每股收益的增长率等。业绩股票的流通变现通常有时间和数量限制,激励对象在以后若干年内经业绩考核通过后可以兑现规定比例的业绩股票,否则其未兑现的业绩股票将被取消。业绩股票与限制性股票的共同点是,均无偿赠予或者以较低价格售与激励对象股权。两者的主要区别在于,业绩股票在业绩目标实现后授予,而限制性股票在预定目标实现前授予。如果限制性股票的激励方案是在业绩考核的基础上实施的,这种激励方式实质上属于业绩股票方式。

5. 虚拟股票

虚拟股票是指公司授予激励对象一种虚拟的股票,激励对象可以依据被授予"股票"的数量参与公司分红并享受股价升值收益,但激励对象不享有表决权,对被予的虚拟股票也不拥有所有权,不能转售所持有的虚拟股票,离职时虚拟股票自动失效。

采用虚拟股票方式实施股权激励不影响公司的资本总额和资本结构，其实质是奖金的延期支付，资金来源于企业设立的奖励基金，兑现时会有较大的现金支出压力。与股票期权相比，虚拟股票激励作用的实现受证券市场的波动影响要小。例如，当证券市场疲弱时，只要公司业绩稳定，激励对象仍可通过分红享受收益。

二、境外上市公司股权激励的有关规定

股权激励是现代企业制度和公司法人治理结构不断完善的产物。2005年修订的《中华人民共和国公司法》和《中华人民共和国证券法》是股权激励制度基本的法律依据。根据有关规定，股份有限公司可以将回购的本公司股票奖励给职工，公司董事、监事、高级管理人员在任职期间也可以有限度地转让所持有的股份。上述规定既解决了股权激励机制设计的股票来源问题，也为股权激励机制的顺利实施创造了条件。

目前，关于境外上市公司实施股权激励的规定主要是《国有控股上市公司（境外）实施股权激励试行办法》（以下简称《境外上市公司股权激励办法》）。[①]《境外上市公司股权激励办法》的立法宗旨是指导国有控股的境外上市公司依法实施股权激励，建立中长期激励机制。为此，该项规章从适用主体、激励方式、激励对象、实施程序和信息披露等方面对国有控股境外上市公司股权激励行为予以指导和规范。

在适用主体方面，《境外上市公司股权激励办法》适用于中央非金融企业改制重组境外上市的国有控股上市公司，中央金融企业、地方国有或者国有控股企业改制重组境外上市的公司实施股权激励比照执行。

在激励方式方面，《境外上市公司股权激励办法》支持国有控股境外上市公司采用股票期权、股票增值权等作为股权激励的主要方式，也允许上市公司根据本行业和企业特点，借鉴国际通行的做法，探索实行其他中长期激励方式，如限制性股票、业绩股票等。

在激励对象方面，《境外上市公司股权激励办法》要求股权激励对象原则上限于上市公司董事、高级管理人员以及对上市公司整体业绩和持续发展有直接影响的核心技术人才和管理骨干，股权激励的重点是上市公司的

---

① 国务院国资委、财政部 2006 年 1 月 27 日国资发分配〔2006〕8 号，自 2006 年 3 月 1 日起施行。

第八章 境外上市的其他监管问题

高级管理人员。独立非执行董事不参与上市公司股权激励计划。在股权授予日，任何持有上市公司5%以上有表决权的股份的人员，未经股东大会批准，不得参与股权激励计划。上市公司母公司（控股公司）负责人在上市公司任职的，可参与股权激励计划，但只能参与一家上市公司的股权激励计划。

在股权的授予总量方面，《境外上市公司股权激励办法》要求应结合上市公司股本规模和股权激励对象的范围、薪酬结构及中长期激励逾期收益水平合理确定。在股权激励计划有效期内授予的股权总量累计不得超过公司股份总额的10%；首次股权授予数量应控制在上市公司股本总额的1%以内。在股权激励计划有效期内任何12个月期间授予任一人员的股权（包括已行使的和未行使的股权）超过上市公司发行总股本1%的，上市公司不再授予其股权。

在股权的授予价格方面，《境外上市公司股权激励办法》要求应遵循公平市场价原则，并遵守境外上市规则的有关规定。上市公司首次公开发行上市时实施股权激励计划的，其股权的授予价格按上市公司首次公开发行上市满30个交易日以后，依据境外上市规则规定的公平市场价格确定。上市公司上市后实施的股权激励计划，其股权的授予价格不得低于授予日的收盘价或者前5个交易日的平均收盘价，并不再予以折扣。

在股权激励计划的管理方面，《境外上市公司股权激励办法》要求股权激励计划必须与业绩考核挂钩。国有控股股东代表应要求和督促上市公司制定严格的股权激励管理办法，建立规范的绩效考核评价制度；按照上市公司股权激励管理办法和绩效考核管理办法确定对高管人员股权的授予和行权；对已经授予的股权数量在行权时可根据年度业绩考核情况进行动态调整。参与上市公司股权激励计划的上市公司母公司（控股公司）的负责人，其股权激励计划的实施应符合《中央企业负责人经营业绩考核暂行办法》的有关规定。上市公司或者其母公司（控股公司）为中央金融企业的，企业负责人股权激励计划的实施应符合财政部有关国有金融企业绩效考核的规定。

此外，有关主管部门还通过一些其他规范性文件，对境外上市公司实施股权激励计划涉及的其他问题做了补充规定：

第一，财政部和税务总局发布的《关于个人股票期权所得征收个人所得税问题的通知》（财税〔2005〕35号）。

第二，税务总局发布的《关于个人股票期权所得缴纳个人所得税有关问题的补充通知》(国税函[2006]902号)。

第三，国务院国资委和财政部发布的《关于规范国有控股上市公司实施股权激励制度有关问题的通知》(国资发分配[2008]171号)。

第四，财政部和税务总局发布的《关于股票增值权所得和限制性股票所得征收个人所得税有关问题的通知》(财税[2009]5号)。

第五，财政部和税务总局发布的《关于上市公司高管人员股票期权所得缴纳个人所得税有关问题的通知》(财税[2009]140号)。

在境内、境外同时上市的股份有限公司还适用境内上市公司实施股权激励的有关规定，如中国证监会制定的《上市公司股权激励管理办法(试行)》①以及国务院国资委、财政部制定的《国有控股上市公司(境内)实施股权激励试行办法》②等。

三、境外上市公司股权激励制度的特点

与境内上市公司实施股权激励的有关规定相比，境外上市公司股权激励制度的有关规定具有以下几个方面的特点：

首先，在激励方式方面，境内上市公司多采用限制性股票方式；在境外上市公司中，股份有限公司一般采用股票增值权方式，间接到境外上市的国有控股上市公司一般采用股票期权方式。

其次，在单一人员授予股权总量方面，境内上市公司经股东大会特别决议批准，单一激励对象通过全部有效的股权激励计划获授的股票累计不超过股份总额的1%，对国有控股境外上市公司，在股权激励计划有效期内，任何12个月期间授予任一人员的股权(包括已行使的和未行使的股权)超过总股本1%的，不再授予其股权。

最后，在高管人员预期股权激励收益水平方面，境内上市公司和境外上市的股份有限公司高管股权激励预期收益水平原则上控制在其薪酬水平的40%以内；对于间接到境外上市的国有控股上市公司，高管人员预期股权激励收益水平原则上控制在其薪酬总水平的50%以内。

---

① 中国证监会2005年12月31日证监公司字[2005]151号发布，自2006年1月1日起施行。
② 国务院国资委、财政部2006年9月30日国资发分配[2006]175号印发，自印发之日起施行。

第八章 境外上市的其他监管问题

目前，境外上市公司股权激励制度还处于探索阶段，随着时间经验的不断积累，这一制度将逐步完善。

第四节 境外上市相关外汇管理问题

一、募集外汇资金的管理

境内企业到境外发行证券募集的资金属于资本项目项下的外汇收入，按照中国外汇管理政策，应以调回境内为原则。但是，在实践中，关于境外上市募集资金调回境内或者存放境外的条件、期限等具体规定也并非一成不变，有关主管部门根据中国国际收支的情况，灵活地做了一些调整。

20世纪90年代初，相继有一些大型国有企业改制后到境外发行股票并在境外上市，境外上市公司募集的外汇资金如何有效地进行管理需要有明确的法律依据。为了加强境外上市企业外汇资金的管理，保证境外上市工作的顺利进行，中国证监会和外汇局于1994年制定了《关于境外上市企业外汇管理有关问题的通知》，外汇局随后发布了《关于境外上市企业外汇管理若干问题的通知》（汇传〔1994〕50号）。按照规定，境内企业到境外发行股票所筹资金属于资本项目收入，经外汇局批准，可在境内开立外汇账户，保留现汇。这一规定为境外上市公司灵活运用境外募集的外汇资金创造了有利条件。

此后，国家有关规定还进一步明确了境外上市募集资金应当调回境内的原则。根据1996年颁布的《中华人民共和国外汇管理条例》①的有关规定，境内机构的资本项目外汇收入，除国务院另有规定外，应当调回境内，按照国家有关规定在外汇指定银行开立外汇账户，卖给外汇指定银行的，须经外汇管理机关批准。

1997年5月8日，外汇局发布了《关于境外上市企业外汇账户开立与使用有关问题的通知》（〔1997〕汇资函字第139号），重申了境外上市公

---

① 国务院1996年1月29日国务院令第193号发布，自1996年4月1日起施行。

司外汇账户开立和使用方面的有关要求。按照规定，境外上市公司经外汇局批准，可在境外开立外汇账户，用于暂存发行股票募集的资金；企业完成境外上市工作以后，除去需支付的上市费用外，须在外汇资金到位后10天内，将发行股票所筹的外汇资金全部调回境内，并撤销外汇账户。该通知发布施行后，《关于境外上市企业外汇管理若干问题的通知》（汇传〔1994〕50号）即行废止。

为了配合当时执行的适度从紧的货币政策，减轻人民币供给压力，原发展计划委、原国家经贸委和中国人民银行于1998年5月29日发布了《关于加强资本项目结汇管理有关问题的通知》（计外资〔1998〕992号），境外上市公司境外募集资金经批准可以存入中国香港的中资银行，并按国内项目的用款进度分期调回结汇。1998年9月15日，外汇局发布了《关于加强资本项目外汇管理若干问题的通知》（汇发〔1998〕21号），规定境内机构的资本项目外汇收入，应按规定及时调回境内。

为规范境外上市有关的外汇收支行为，加强对上市所筹资金的调回及结售汇的外汇管理，外汇局和中国证监会于2002年8月5日发布了《进一步完善境外上市外汇管理有关问题的通知》（汇发〔2002〕77号）。根据该通知的规定，境外上市外资股公司应在募集资金到位后30天内，将扣除相关费用后所余的资金调回境内，未经外汇局批准不得滞留境外。所调回的资金视同外商直接投资资金进行管理，经外汇局批准可以考虑专户保留，也可以结汇；境外上市外资股公司和境外中资控股上市公司的境内股权持有单位通过减持上市公司股票，或者通过上市公司出售其资产（或者权益）所得的外汇资金，应在资金到位后30天内，将扣除相关费用后的所余资金调回境内，未经外汇局批准不得滞留境外。该项资金调回后，应经外汇局批准结汇；上述外汇资金，在尚未调回境内之前，如需开立境外账户暂时存放募集资金的，可向外汇局申请开立境外专用外汇账户，期限最长为开立之日起3个月内。

2002年9月9日，为贯彻落实上述通知的精神，完善管理，规范操作，外汇局资本项目管理司发布了《关于做好境外上市外汇管理工作有关事项的通知》（汇资函〔2002〕29号），明确了境外上市募集资金的外汇管理权限。按照规定，有关办理境外上市股票外汇登记、变更登记以及境外调回资金的境内开户、结汇手续，由省级分局或者单列市分局自行办理或者授权下级分局办理；办理境外开户、资金汇出手续的，须经省级分局或者单列市分局审批。

针对上述通知在实施过程中出现的一些需进一步明确和规范的问题，外汇局于2003年9月9日发布了《关于完善境外上市外汇管理有关问题的通知》（汇发［2003］108号），进一步细化了境外上市外汇登记管理的有关要求，上述《关于做好境外上市外汇管理工作有关事项的通知》（汇资函［2002］29号）同时废止。按照规定，境外上市外资股公司、境外中资控股上市公司的境内股权持有单位向外汇局申请开立境外账户时，应在上市地优先选择中资银行，同时还应提供拟选境外开户银行出具的书面承诺。

2004年以来，中国外汇储备余额增长较快。为了减轻境外上市公司外汇资金结汇的压力，外汇局于2005年2月1日发布了《关于境外上市外汇管理有关问题的通知》（汇发［2005］6号），放宽了对境外募集资金调回境内的要求。按照规定，境外上市外资股公司和中资控股上市公司的境内股权持有单位调回资金的时间延长至"募集资金到位后6个月内"，境外专用外汇账户的期限延长至"开立之日起2年"；境外上市外资股公司申请将境外发行股票所募集外汇资金或者减持上市公司股票所得外汇资金存放境外的，境外中资控股上市公司的境内股权持有单位申请将其减持上市公司股票或者通过上市公司出售资产（或者权益）所得外汇资金存放境外的，均应向所在地外汇局提出申请；境外上市外资股公司和中资控股上市公司的境内股权持有单位将减持上市公司股票或者通过上市公司出售其资产（或者权益）所得外汇资金调回境内的，可以向所在地外汇局申请开立专户（或者使用已有专户）保留外汇。未经所在地外汇局批准不得结汇。

为了加强外汇管理，促进国际收支平衡，促进国民经济健康发展，国务院于2008年重新制定了《中华人民共和国外汇管理条例》。① 根据该条例的规定，境内机构、境内个人的外汇收入可以调回境内或者存放境外；调回境内或者存放境外的条件、期限等，由国务院外汇管理部门根据国际收支状况和外汇管理的需要做出规定。上述规定为有关主管部门灵活调整境外上市募集资金外汇管理政策提供了充分的法律依据。

值得注意的是，为进一步规范和完善境内企业境外上市外汇管理，外汇局于2013年2月7日发布了《关于境外上市外汇管理有关问题的通知》（汇发［2013］5号）。该通知整合、废止了以往发布施行的关于境外上市

---

① 2008年8月5日国务院令第532号公布，自公布之日起施行。

外汇管理的若干规定,包括《关于进一步完善境外上市外汇管理有关问题的通知》(汇发[2002]77号)、《国家外汇管理局资本项目管理司关于做好境外上市外汇管理工作有关事项的通知》(汇资函[2002]29号)、《关于完善境外上市外汇管理有关问题的通知》(汇发[2003]108号)、《关于境外减持外汇收入上缴全国社保基金有关问题的通知》(汇发[2004]64号)、《关于境外上市外汇管理有关问题的通知》(汇发[2005]6号)等,形成了一项统一、完整的规范性文件。在此基础上,该通知进一步完善了境内企业境外上市项下的外汇管理政策:一方面,以登记管理为核心,大幅简化业务手续和审核材料。境外上市公司按要求办理了境外上市相关登记手续后,即可通过银行办理账户开立、资金汇兑等手续,无需再经外汇局核准。另一方面,规范境外上市公司境内股东增持或者减持其境外股份的资金汇兑等业务,为相关业务办理提供明确可循的依据。

二、分红派息的外汇管理

境内企业到境外发行上市后向境外投资者分红派息的,在外汇管理方面,一直都不存在政策限制。根据《关于境外上市企业外汇管理有关问题的通知》(证监发字[1994]8号)的有关规定,境内企业在境外发行股票派付给境外持股人的股息、红利所需外汇,经国家外汇管理局批准,开户银行可从其外汇账户中支付并汇出,其他用汇按有关规定办理。《境外直接上市特别规定》也明确规定,股份有限公司向境外上市外资股股东支付股利以及其他款项,以人民币计价和宣布,以外币支付。公司所筹集的外币资本金的结汇和公司向股东支付股利以及其他款项所需的外币,按照国家有关外汇管理的规定办理。公司章程规定由其他机构代为兑换外币并付给股东的,可以依照公司章程的规定办理。

三、其他外汇管理事项

1. 回购股份相关外汇管理事项

2005年8月25日,外汇局发布了《关于下放部分资本项目外汇业务审批权限有关问题的通知》(汇发[2005]63号),进一步改进了资本项目外汇管理方式及行政许可程序,下放了部分资本项目外汇业务的审批权

第八章 境外上市的其他监管问题

限。按照规定，境外上市外资股公司回购本公司境外上市流通股份涉及购、付汇及境外开户审批的，若购、付汇金额低于2500万美元，由所在地外汇局分局审批；若购、付汇金额高于2500万美元（含2500万美元），仍应通过所在地外汇局分局报总局审批。

2. 支付境外上市费用相关外汇管理事项

根据《关于完善境外上市外汇管理有关问题的通知》（汇发［2003］108号）的有关规定，境外上市外资股公司的境外上市费用原则上从境外募股收入中扣减，上述境外上市的相关费用限于与境外上市有关的下列全部或者部分费用，包括支付给境外保荐人、承销商、律师、会计师、评估师等境外中介机构和服务性机构的费用、上市费用、托管费用（仅限于发行境外存托凭证）、印刷费以及为境外发行上市支付的其他合理费用。

第五节　美国相关法规政策对境内企业境外上市的影响

一、《萨班斯法（2002年）》的影响

如前所述，安然公司等财务欺诈丑闻发生后，为了确保上市公司信息披露的准确性和可靠性，更有效地保护投资者利益，美国制定了《萨班斯法（2002年）》。该法在会计业监管、公司治理、证券市场监管等方面做了许多新的规定，要求所有在美上市公司（无论其注册地是否在美国境内）以及为在美上市公司提供审计服务的美国和外国会计师事务所遵照执行。《萨班斯法（2002年）》涉及境内企业到美国发行上市的规定主要包括以下两个方面：

1. 关于检查非美国会计师事务所的规定

根据《萨班斯法（2002年）》的有关规定，美国成立了公众公司会计监察委员会（PCAOB）。PCAOB是在美国证券交易委员会领导下的一个非政府序列的监管机构，独立于注册会计师行业和注册会计师协会，由5名委员（其中1名担任主席）组成，下设9个职能部门，其委员的任命、章

程的制定和预算等均须经证券交易委员会批准。

根据《萨班斯法（2002年）》的有关规定，PCAOB行使对从事在美上市公司审计业务的会计师事务所的监督权、检察权和处罚权，所有为美国证券交易所上市公司出具审计报告的会计师事务所必须在PCAOB登记，PCAOB有权通过检查审计工作底稿等方式对上述会计师事务所的合规情况进行监督并对违规行为予以处罚。显然，PCAOB的监管范围涉及了非美国的会计师事务所，也包括中国的部分会计师事务所。

PCAOB实施定期检查的频次为：针对为超过100家上市公司出具审计报告的会计师事务所，每年检查一次；针对为不满100家上市公司出具审计报告的会计师事务所，最长每三年检查一次。PCAOB可以根据实际情况调整检查频次，或者实施临时检查。通常，PCAOB的检查包括选取部分审计或者审阅业务进行检查及审核；评估质量控制体系的充分性；验证审计、监督和质量控制程序。PCAOB还制定了一些旨在规范其检查活动的程序性规则。根据《萨班斯法（2002年）》的有关规定，每家接受检查的会计师事务所及其关联人士都必须配合PCAOB的检查，包括但不限于提供取阅该事务所或者个人所掌握、包括或者控制的任何记录的权限及复制便利，以及通过口头访谈、书面反馈或者其他形式提供信息。

2. 关于内部控制评价的规定

根据《萨班斯法（2002年）》第三章（公司责任）第302条（公司在财务报告方面的责任）的规定，上市公司应承诺对财务会计报告的真实性负责，并建立有效的监控措施保证这种真实性。根据《萨班斯法（2002）年》第四章（加强财务信息披露）第404条（管理层对内部控制的评价）的规定，上市公司在依照《证券交易法（1934年）》编制的年度报告中，应包含内部控制报告。一方面，内部控制报告应强调公司管理层有责任建立和维护充分有效的内部控制体系及相应的控制程序；另一方面，公司管理层在最近会计年度期末对公司内部控制体系及控制程序的有效性评价。此外，为上市公司年度财务会计报告提供审计服务的会计师事务所应当对公司管理层做出的内部控制报告进行测试和评价，并出具评价报告。

根据有关规定，大多数在美国境内注册成立的上市公司应当于2004年11月15日前，小型上市公司和在美国境外注册成立的上市公司应当于2005年7月15日前全面落实《萨班斯法（2002年）》第404条的要求。随后，PCAOB于2004年3月9日发布了第2号审计准则《在财务报告审计

第八章 境外上市的其他监管问题

时对与财务报告相关内部控制的审计》，进一步明确了上市公司和审计师在遵守《萨班斯法（2002年）》第404条方面的责任。

总体而言，《萨班斯法（2002年）》第404条旨在强化上市公司的内部控制责任，完善内部控制机制，完善信息披露，提高财务会计报告和审计工作的质量及透明度。然而，上述规定也使上市公司的合规成本大大增加。据报道，一些上市公司估算，建立一套符合《萨班斯法（2002年）》第404条要求的内部控制系统的成本可能会高达数百万美元。

二、美国财政部相关规定的影响

美国根据《国际经济紧急权力法（1977年）》（International Economic Emergency Powers Act）的规定，在财政部下设了外国资产控制办公室（Office of Foreign Assets Control，OFAC），负责根据美国的对外政策和国家安全目标，针对有关国家和地区、恐怖分子、贩毒集团以及从事与大规模杀伤性武器扩散有关活动的组织和个人，制定和执行经济贸易制裁措施，包括在美国境内对有关交易进行控制或者冻结有关资产。根据有关规定，该办公室公布了"经具体认定人士名单"（Specially Designated Nationals List，SDN List），禁止美国公民和永久性居民与列入名单的组织和个人从事商业往来，包括不得履行工商业或者与政府项目有关的合同，不得向第三方调拨资金以支持其在被针对国家内开展经营活动。

此外，2002年10月，美国国会通过的一项决议称，如果在此后6个月内苏丹政府在和谈中没有取得进展，美国将对苏丹实施经济制裁。2007年，美国国会众议院、参议院提出了加强制裁伊朗的新法律，其中以《伊朗防扩散法（2007年）》的影响最大。该法扩大了被制裁人、被制裁行为等的范围，强化了剥夺总统放弃制裁的权力、更严厉的金融制裁等制裁措施。

为了配合上述制裁政策，美国证券交易委员会会对在公司信息披露中涉及与列入制裁名单的国家有商业往来的公司进行质询，要求做出解释。此外，如果一家非美国上市公司与被列入制裁名单的国家政府或者来自该国的组织和个人进行实质性的业务活动，此类情况对投资者的投资决策具有重要影响。因此，发行人或者上市公司必须充分披露有关信息。并且，根据有关规定，如果非美国公司从事与受制裁国家有关的军工业务，其在美国的发行和上市也将受到限制；即使发行人不在美国上市，美国机构投资者认购其发行的股份也会受到限制。

目前，被列入制裁名单的组织和个人分布比较集中的国家有安哥拉、缅甸、古巴、伊朗、苏丹和朝鲜等。例如，美国财政部外国资产控制办公室制定了《关于制裁伊朗人士的条例》（Iranian Sactions Regulations）和《关于制裁苏丹人士的条例》（Sudanese Sanctions Regulations），美国机构不得直接或者间接向伊朗、苏丹出口货物、服务或者技术，也不得促成（包括提供融资）任何非美国实体参与受禁止的交易。

根据上述规定，美国证监会对外国发行人也采取了相应的限制性措施。实践中，确有境内企业在境外发行上市时受到限制的案例，例如"大红筹"公司重汽中国香港2007年全球首发时，就受此影响未向美国的机构投资者配售股票。具体地讲，重汽中国香港主要通过其境内子公司从事重型卡车及有关主要总成和零部件的研发、制造业务，同时拥有重型开车发动机的生产能力，产品除内销外，还出口到中东、东南亚、非洲、中南美洲、中亚和俄罗斯等国家和地区。

针对美国财政部外国资产控制办公室的上述禁止性规定，重汽中国香港首发上市招股说明书对其向伊朗和苏丹两国出口产品的基本情况做了披露："于往绩期间，本公司部分出口向伊朗及苏丹销售，于2004~2006年的三个会计年度以及至2007年9月30日为止的9个月内，向该两国销售的卡车分别占本公司全面总销售额的约0%、7.7%、8.7%及7.4%。该等出口卡车一般与本公司卡车类似，并无带有美国原产地成分，或只有极少美国成分。并无美籍雇员或代表本公司的代理人参与向伊朗及苏丹供应卡车及有关服务和技术。预计不久的将来，向伊朗及苏丹进行的出口销售不会大幅增加，且于可见将来，向伊朗及苏丹出口的全年总销量不会超过本公司全年总销量的10%。本公司并无向两国活跃于石油或国防事业的公司进行销售。截至最后实际可行日期，除就上述出口销售应收伊朗及苏丹客户的应收账款外，本公司并无任何资产位于伊朗或苏丹。本公司将制定妥善的内部监控，促使本公司及联属公司动用全球发售所得款项不会导致任何美籍人士违反美国经济制裁。"此外，重汽中国香港的招股说明书还对美国财政部外国资产控制办公室指定和实施制裁措施的有关背景情况做了简要的说明。

第八章 境外上市的其他监管问题

第六节 境内企业境外收购应警惕内幕交易风险

2012年7月下旬，一起迄今为止金额最大的境内企业境外并购交易引起了国际能源和金融市场的广泛关注：在中国香港、纽约两地上市的"大红筹"公司中国海油拟以151亿美元现金为对价，收购加拿大能源企业尼克森股份公司（Nexen Inc., NYSE：NXY，以下简称尼克森）。正在有关各方紧锣密鼓地推动相关政府审批程序之时，这一交易却使国际资本市场再起波澜。美国证监会随后发布公告称，发现涉嫌利用上述并购交易相关信息从事内幕交易的行为并已迅速立案调查。这是继中国石油天然气集团公司（以下简称中石油集团）在加拿大爆出内幕交易丑闻后，境内企业在"走出去"过程中再触内幕交易"地雷"。这表明，境内企业境外战略并购的风险管控体系存在重大缺陷，远落后于"走出去"的步伐，值得深思。

一、境外战略并购的新动向

近年来，越来越多的境内企业通过境外收购资产或者股权的方式"走出去"，力求在更广阔的平台上资源配置，实现全球化战略布局。由2007年美国次贷危机引发的国际金融危机爆发后，欧美经济体深陷泥潭，经济复苏前景暗淡，而人民币又有较大幅度的升值，国际、国内经济金融形势的变化为境内企业境外战略收购提供了难得的机遇。短短几年内，境内企业就在全球并购市场中迅速崛起，成为了颇受关注的角色之一。

清科研究中心的数据显示，2009~2011年，境内企业境外并购交易已完成的数量分别为38起、57起和110起，披露的并购总金额分别为0.88亿美元、131.95亿美元和280.99亿美元，占中国市场各类并购交易（含境内并购、外资并购和境外并购）总金额的比例分别为0.27%、37.91%和41.99%。2012年上半年，在国内并购和外资并购均呈现回落态势的情况

·143·

下,境内企业境外并购交易热度不减,披露的交易数量为60起,并购总金额为194.20亿美元,同比增长23.8%,占中国市场各类并购交易总额的比例也进一步上升,达到67.8%。

分行业来看,境内企业境外战略并购主要以能源与资源行业、消费与运输行业、科技、传媒与电信行业、生命科学与医疗行业以及金融服务业等为目标行业。其中,能源与资源行业是近几年境内企业境外并购交易高度集中的行业。2009~2011年,针对这一目标行业的并购金额占当年境内企业境外并购交易总额的比例分别为74%、79%和52%;在2012年上半年,这一比例仍保持在69%的水平。此外,划分地区来看,境内企业境外战略并购的目标地区以欧洲和美洲为主,面向这两个地区的并购金额占境外并购总额的比例一直保持在60%以上。

值得关注的是,近年来,境内企业以境外证券交易所的上市公司为目标公司发起的跨境并购交易越来越多。投中集团的数据显示,2009~2011年,此类交易的披露数量分别为35起、48起和63起;2012年初至8月中旬,已披露的此类交易也有40起。并且,有相当一部分目标公司存在多地同时上市的情形,或者存在目标公司与其母公司分别上市的复杂架构。例如,中国海油2012年并购尼克森交易中,后者分别在多伦多和纽约的证券交易所上市;中国黄金集团公司2012年并购坦桑尼亚巴里克黄金非洲公司交易中,目标公司在伦敦证券交易所上市,其控股股东(股份出售方)在加拿大多伦多证券交易所上市。

二、境外战略并购牵涉内幕交易案件的情况

越来越多的境外上市公司成为境内企业战略并购的目标公司,针对这类公司的跨境并购交易会面临着比一般跨境并购交易更为复杂的监管环境。一方面,这些目标公司在境外证券交易所上市的过程中,须遵守上市地证券法规,履行信息披露义务;另一方面,由于上市公司的股票可以在证券交易所公开交易、自由转让,上市地证券法规还会明文禁止内幕交易等不公平的交易行为。因此,境内企业在跨境并购境外上市公司时,对于违反境外证券法规,特别是发生内幕交易案件的风险,不可轻视,以免因小失大。

在这方面,境内企业已有两次前车之鉴。前一个案件涉及2005年4

月中石油集团并购加拿大 PK 公司的交易（以下简称 PK 案）。在并购 PK 公司的交易公告前，中石油集团加拿大子公司通过其下属"壳公司"，分别在多伦多和纽约证券交易所购买了 PK 公司的股票，共约 114.26 万股，售出后获利约 500 万加元。2005 年 10 月，加拿大阿尔伯达省证券委员会开始对上述内幕交易进行调查。此后，又有 PK 公司的公众股东以中石油集团加拿大子公司等为被告，在加拿大提起民事侵权损害赔偿集团诉讼。上述两起案件均以和解形式结案，中石油集团加拿大子公司为此支付和解、调查费用等总计约 1756 万加元。后一个案件涉及新近披露的中国海油并购尼克森的交易（以下简称尼克森案），其操作手法与 PK 案如出一辙，即交易者利用其知悉的内幕信息在并购交易公告前买入尼克森的股票，公告后短期内即获利了结，获利约 1300 万美元。在尼克森案中，除两个尚未认定实际控制人的交易账户外，已认定的交易者是中国香港居民张志熔，他是中国香港证券交易所上市的中国熔盛重工集团控股有限公司（HK：1101）和恒盛地产控股有限公司（HK：0845）的董事长。张志熔控制下的公司向美国证监会上缴非法所得和罚金共 1400 万美元，才得以了结案件。

　　在成熟资本市场上，证券法不但明文禁止内幕交易行为，而且还会建立严格、完善的责任追究机制。内幕交易一旦案发，交易者轻则声誉受损，重则须承担数倍于非法获利金额的行政、民事赔偿责任。如果上市公司或者其工作人员参与了内幕交易行为，还会因违反证券法而受到监管机构的责难，甚至不排除跨境收购交易因此意外折戟的可能性。近年来，境内企业较大规模的境外战略并购大都集中于矿产及能源等敏感行业，须接受目标公司资产、业务所在国家或者地区的国家经济安全审查和反垄断审查等，能否顺利获批，往往会受诸多非市场因素的影响。此类并购交易如果节外生枝，牵涉内幕交易案件，不免会授人以口实，目标公司所在国家的一些政客就可能会借题发挥，通过舆论对审批程序施加影响。此外，近两年来，在美上市中国概念公司财务欺诈丑闻频发，境内公司在国际资本市场上的形象已经蒙上了一层厚厚的灰尘，如果跨境并购交易引发内幕交易案件，无疑会使这场针对中国概念公司的信任危机雪上加霜。

　　分析表明，境内企业在境外战略并购过程中发生内幕交易案件的原因是多方面的。从客观方面来看，近年来全球并购市场总体呈卖方市场格局,出于对战略资源的渴求以及考虑存在潜在竞购对手等因素,境内企业作为并购方往往有着较强的并购意愿,出价也较为优厚。例如,在中国海油收购尼克森的交易中,收购溢价超过了60%。这样的收购溢价水平必然会导致收购交易公告后目标公司股价大幅上涨,对内幕交易者而言,其诱惑力不言而喻。并且,境内企业境外战略并购的目标上市公司大都在境外成熟资本市场上市,上市地的证券监管规则较为严格,监管透明度和执法效率也比较高。例如,中国海油并购尼克森的交易公告发布后的第四天,美国证监会即公布了已掌握的内幕交易线索并已开始立案调查。再者,跨境收购交易往往涉及多个法域,交易结构复杂,政府审批程序冗长,参与主体除了收购方和目标公司外,还包括财务顾问、投资银行、律师事务所、会计师事务所等众多境内外中介服务机构,内幕信息的知悉范围和泄露渠道相当难以控制。

从主观方面来看,境内企业公司治理不完善、内部控制体系不健全,是导致在境外战略并购过程中"触礁"内幕交易案件的首要原因。例如,在 PK 案中,涉案主体为中石油集团控制下的境外子公司,无论其买卖 PK 公司股票的动机如何,都反映了并购方的内部决策程序在实施过程中存在较大的随意性,决策监督制约机制形同虚设。在尼克森案中,虽然已认定的涉案主体为并购双方以外的第三方,但如果美国证监会查明其掌握的内幕信息来自并购方或者并购方员工,也意味着并购方关于重大决策信息保密的内部控制体系存在重大缺陷。

此外,境内企业对境外证券监管规则和执法实践往往缺乏了解,这也在一定程度上导致对跨境并购涉及的内幕交易风险重视不足。例如,对于内幕交易等证券欺诈行为,美国证监会行使管辖权的理由非常广泛,只要相关交易行为的实施条件或者实施过程与美国市场有一定联系,美国证监会就有权查处,包括直接或者间接地利用各州之间的商业工具或者商业手段,或者利用信函方式,或者利用全国性证券交易所的任何设施等;针对内幕交易案件,美国证监会主要从买卖时点、规模和获利情况等因素综合判断并认定相关交易者在买股票时是否已掌握了相关重大、未公开信息。在尼克森案中,涉案主体是在英属维尔京群岛设立的公司,其总部位于中国香港,交易账户的地点也不在美国境内,但美国证监会仍遵循上述原则,首先全面调查掌握了若干涉案证券交易账户在较长期间内的交易记录,又进一步分析了涉案主体的关联公司与中国海油之间存在较为密切的业务关系，最终认定了内幕交易行为，并迅速冻结了涉案账户项下的资产。正是对美国证监会的监管反应能力认识不够，尼克森案的涉案主体铤而走险，以低级的操作手法实施了内幕交易。

三、防控内幕交易风险的政策建议

中石油集团并购PK公司以及中国海油并购尼克森，都是中国企业"大手笔"的跨境并购交易，在全球并购市场中具有相当的影响力。这两起并购交易先后牵扯境外内幕交易案件，暴露出的问题值得深刻反思。

第一，应建立和完善综合性的跨境收购和境外投资风险管理体系，统筹防控各类风险，不但应关注政治风险（特别是国家经济安全审查是否通过）和一般意义上的合规风险，在目标公司或者出让方为上市公司的情况下，还应高度重视防控内幕交易风险。在境外成熟资本市场上，交易规则的市场化程度较高，往往不允许上市公司在并购交易的谈判阶段提前长时间停牌，这也在客观上对并购方建立和实施有效的内幕交易风险防控体系提出了更高的要求。

第二，应针对境外战略并购的决策特点，不断完善治理结构，建立并严格执行相互监督、制衡的决策机制和控制程序，明确与交易相关的重大、未公开信息的知悉范围，尽可能地缩短决策周期，并明确控制节点，有效监控上述信息的流转过程。

第三，通过加强日常培训等方式，不断提升高级管理层的职业操守，使其能够率先垂范，严格遵守保守内幕信息的法定责任，自上而下地形成一种有效的风险防控文化。此外，在关键时点，还应事先向高级管理层特别提示与跨境并购交易有关的内幕交易风险，促使高级管理层在敏感信息的沟通方面保持应有的谨慎。

第四，应不断提高并购团队的专业化水平，使并购团队熟悉全球并购市场的运作规律，加强对境外成熟资本市场法律、规则以及监管实践的跟踪研究，及时制定应对监管调查、证券集团诉讼等突发事件的预案。这有助于在跨境并购交易中掌握更大的主动权，减少对中介机构的依赖，在主观上增强了防控内幕交易风险的能力，在客观上也缩减了内幕信息的扩散范围。

此外，国务院国资委、发展改革委、商务部和中国证监会等有关主管部门也应抓紧建立和完善相关制度，建立系统、科学的境内企业境外投资和跨境并购合规事项监督制度,针对内幕交易案件以及由此引发的证券集团诉讼等建立和实施强有力的问责机制,只有通过这种"硬约束"才能形成有效的"抓手",引导和监督"走出去"的境内企业强化在国际资本市场上守法、合规的意识,树立和维护境内企业的良好形象。

结　论

境外上市监管框架从初创至今，已有近二十年的历史，每一项监管制度的诞生和存续都是特定时代的产物，都有其特殊意义。无论是《境外直接上市特别规定》、《章程必备条款》，还是《1997年大红筹通知》、《2000年小红筹通知》和《2006年并购规定》等都代表着在境外上市监管方面所做的努力和有益的探索。未来，这一监管框架还会不断发展变化，但方向尚不明朗，或者是整合境外直接上市和境外间接上市监管框架，或者是只修订完善境外直接上市监管框架，也不排除在几年内仍维持现状的可行性。

无论如何，国际资本市场对中国概念公司的信任危机只是一种外在的压力，中国对提升资本市场国际竞争力的渴求才是完善境外上市监管框架的内在动力。并且，中国资本市场面对的国际环境也较以往更为复杂。这就决定了中国在考虑完善境外上市监管框架时，在多重政策因素的影响下，理应更加审慎。中国已经意识到，加强对境内企业境外上市的监管是作为上市公司设立地国或者主要经营地国的当然职责，并不能够分担或者减轻境外上市地监管机构的职责，也不无法代替中介机构的勤勉尽责。因此，境外上市监管需要有明晰的目标和理念，绘就精致的监管框架，设计完备的监管制度，并建立有效的跨境检查和问责机制。在跨境上市监管方面，中国会积累更多的经验、掌握更多的方法和技巧，这对于上海国际板的建设也是大有裨益的。

附 录

附件1：关于批转证监会《关于境内企业到境外公开发行股票和上市存在的问题的报告》的通知

关于批转证监会《关于境内企业到境外公开发行股票和上市
存在的问题的报告》的通知

(国务院证券委 1993 年 4 月 9 日证委发〔1993〕18 号发布)

国务院证券委员会同意中国证券监督管理委员会《关于境内企业到境外公开发行股票和上市存在的问题的报告》。现将证监会报告转发给你们，请认真贯彻执行。

附件：关于境内企业到境外公开发行股票和上市存在的问题的报告

国务院证券委：

最近一段时间，特别是国务院《关于进一步加强证券市场宏观管理的通知》(国发〔1992〕68号文)公布以来，一些境内企业未经批准自行联系到境外发行股票和上市，一些单位和个人还组织研讨会，鼓动和引导企业通过在境外成立控股公司等途径，在境外发行股票和上市。我们认为，这些作法是违反国家规定的，应加以制止。

境内企业直接或者间接到境外发行股票和上市主要包括以下几种方式：

1. 境内企业直接到境外发行股票和上市（包括到境外公开发行 B 股的形式）；

2. 境内企业利用境外设立的公司的名义在境外发行股票和上市；

3. 境内上市的公司到境外的交易所上市交易；

4. 境内上市的公司在境外发行存券证（DR）或者股票的其他派生形式。

境内企业到境外发行股票和上市，是一项政策性很强的工作。为了防止境内企业一哄而上到境外发行股票和上市，避免国有资产产权受到侵害，保护国家和投资者的利益，对境内企业到境外发行股票和上市，必须加强统一管理，按照国务院国发〔1992〕68号文关于"选择若干家企业到海外公开发行股票和上市，必须在证券委统一安排下，并经证券委审批，各地各部门不得自行其是"的规定严格审批。

为此，建议再次重申：今后凡是企业采取上述方式到境外公开发行股票和上市，均应事先报证券委审批。证监会对获得批准到境外发行股票和上市的企业及其业务活动进行监管。

以上报告，如无不妥，请批转各地执行。

附件2：国务院关于股份有限公司境外募集股份及上市的特别规定

国务院关于股份有限公司境外募集股份及上市的特别规定

（1994年8月4日国务院令第160号发布，自发布之日起施行）

第一条 为适应股份有限公司境外募集股份及境外上市的需要，根据《中华人民共和国公司法》第八十五条、第一百五十五条，制定本规定。

第二条 股份有限公司经国务院证券委员会批准，可以向境外特定的、非特定的投资人募集股份，其股票可以在境外上市。

本规定所称境外上市，是指股份有限公司向境外投资人发行的股票，在境外公开的证券交易场所流通转让。

第三条 股份有限公司向境外投资人募集并在境外上市的股份（以下简称境外上市外资股），采取记名股票形式，以人民币标明面值，以外币认购。

境外上市外资股在境外上市，可以采取境外存股证形式或者股票的其他派生形式。

第四条 国务院证券委员会或者其监督管理执行机构中国证券监督管理委员会，可以与境外证券监督管理机构达成谅解、协议，对股份有限公司向境外投资人募集股份并在境外上市及相关活动进行合作监督管理。

第五条 股份有限公司向境外投资人募集股份并在境外上市，应当按照国务院证券委员会的要求提出书面申请并附有关材料，报经国务院证券委员会批准。

第六条 国有企业或者国有资产占主导地位的企业按照国家有关规定改建为向境外投资人募集股份并在境外上市的股份有限公司，以发起方式设立的，发起人可以少于5人；该股份有限公司一经成立，即可以发行新股。

第七条 向境外投资人募集股份并在境外上市的股份有限公司（以下

简称公司）向境内投资人发行的股份（以下简称内资股），采取记名股票形式。

第八条 经国务院证券委员会批准的公司发行境外上市外资股和内资股的计划，公司董事会可以作出分别发行的实施安排。

公司依照前款规定分别发行境外上市外资股和内资股的计划，可以自国务院证券委员会批准之日起 15 个月内分别实施。

第九条 公司在发行计划确定的股份总数内，分别发行境外上市外资股和内资股的，应当分别一次募足；

有特殊情况不能一次募足的，经国务院证券委员会批准，也可以分次发行。

第十条 公司发行计划确定的股份未募足的，不得在该发行计划外发行新股。公司需要调整发行计划的，由股东大会作出决议，经国务院授权的公司审批部门核准后，报国务院证券委员会审批。

公司增资发行境外上市外资股与前一次发行股份的间隔期间，可以少于 12 个月。

第十一条 公司在发行计划确定的股份总数内发行境外上市外资股，经国务院证券委员会批准，可以与包销商在包销协议中约定，在包销数额之外预留不超过该次拟募集境外上市外资股数额 15% 的股份。预留股份的发行，视为该次发行的一部分。

第十二条 公司分别发行境外上市外资股和内资股的计划，应当在公司各次募集股份的招股说明材料中全面、详尽披露。对已经批准并披露的发行计划进行调整的，必须重新披露。

第十三条 国务院证券委员会会同国务院授权的公司审批部门，可以对公司章程必备条款作出规定。

公司章程应当载明公司章程必备条款所要求的内容；公司不得擅自修改或者删除公司章程中有关公司章程必备条款的内容。

第十四条 公司应当在公司章程中载明公司的营业期限。公司的营业期限，可以为永久存续。

第十五条 公司章程对公司及其股东、董事、监事、经理和其他高级管理人员具有约束力。

公司及其股东、董事、监事、经理和其他高级管理人员均可以依据公司章程主张权利，提出仲裁或者提起诉讼。

本条第一款、第二款所称其他高级管理人员包括公司财务负责人、董事会秘书和公司章程规定的其他人员。

第十六条 依法持有境外上市外资股、其姓名或者名称登记在公司的股东名册上的境外投资人，为公司的境外上市外资股股东。

境外上市外资股的权益拥有人可以依照境外上市外资股股东名册正本存放地或者境外上市地的法律规定，将其股份登记在股份的名义持有人名下。

境外上市外资股股东名册为证明境外上市外资股股东持有公司股份的充分证据；但是有相反证据的除外。

第十七条 依据本规定第四条所指的谅解、协议，公司可以将境外上市外资股股东名册正本存放在境外，委托境外代理机构管理；公司应当将境外代理机构制作的境外上市外资股股东名册的副本备置于公司的住所。

受委托的境外代理机构应当随时保证境外上市外资股股东名册正本、副本的一致性。

第十八条 境外上市外资股股东名册正本的更正需要依据司法裁定作出的，可以由名册正本存放地有管辖权的法院裁定。

第十九条 境外上市外资股股东遗失股票，申请补发的，可以依照境外上市外资股股东名册正本存放地的法律、证券交易场所规则或者其他有关规定处理。

第二十条 公司召开股东大会，应当于会议召开45日前发出书面通知，将会议拟审议的事项以及会议日期和地点告知所有在册股东。

拟出席股东大会的股东应当于会议召开20日前，将出席会议的书面回复送达公司。

书面通知和书面回复的具体形式由公司在公司章程中作出规定。

第二十一条 公司召开股东大会年会，持有公司有表决权的股份5%以上的股东有权以书面形式向公司提出新的提案，公司应当将提案中属于股东大会职责范围内的事项，列入该次会议的议程。

第二十二条 公司根据股东大会召开前20日时收到的书面回复，计算拟出席会议的股东所代表的有表决权的股份数。拟出席会议的股东所代表的有表决权的股份数达到公司有表决权的股份总数二分之一的，公司可以召开股东大会；达不到的，公司应当于5日内将会议拟审议的事项、会议日期和地点以公告形式再次通知股东，经公告通知，公司可以召开股东大会。

第二十三条 公司的董事、监事、经理和其他高级管理人员对公司负有诚信和勤勉的义务。

前款所列人员应当遵守公司章程，忠实履行职务，维护公司利益，不得利用在公司的地位和职权为自己谋取私利。

第二十四条 公司应当聘用符合国家有关规定的、独立的会计师事务所，审计公司的年度报告，并复核公司的其他财务报告。

公司应当向其聘用的会计师事务所提供有关资料和答复询问。

公司聘用会计师事务所的聘期，自公司本次股东年会结束时起至下次股东年会结束时止。

第二十五条 公司解聘或者不再续聘会计师事务所，应当事先通知会计师事务所，会计师事务所有权向股东大会陈述意见。

会计师事务所提出辞聘的，应当向股东大会说明公司有无不当情事。

第二十六条 公司聘用、解聘或者不再续聘会计师事务所由股东大会作出决定，并报中国证券监督管理委员会备案。

第二十七条 公司向境外上市外资股股东支付股利以及其他款项，以人民币计价和宣布，以外币支付。公司所筹集的外币资本金的结汇和公司向股东支付股利以及其他款项所需的外币，按照国家有关外汇管理的规定办理。

公司章程规定由其他机构代为兑换外币并付给股东的，可以依照公司章程的规定办理。

第二十八条 公司所编制的向境内和境外公布的信息披露文件，内容不得相互矛盾。

分别依照境内、境外法律、法规、证券交易场所规则的规定，公司在境内、境外或者境外不同国家和地区披露的信息有差异的，应当将差异在有关的证券交易场所同时披露。

第二十九条 境外上市外资股股东与公司之间，境外上市外资股股东与公司董事、监事和经理之间，境外上市外资股股东与内资股股东之间发生的与公司章程规定的内容以及公司其他事务有关的争议，依照公司章程规定的解决方式处理。

解决前款所述争议，适用中华人民共和国法律。

第三十条 本规定自发布之日起施行。

附件3：境内企业申请到中国香港创业板上市审批与监管指引

境内企业申请到中国香港创业板上市审批与监管指引

（国务院1999年9月6日批准，中国证监会1999年9月21日证监发行字〔1999〕126号发布）

为确保境内企业到中国香港创业板上市有序进行，凡符合本指引所列条件的国有企业、集体企业及其他所有制形式的企业，在依法设立股份有限公司后，均可自愿由上市保荐人代表其向中国证券监督管理委员会（以下简称"证监会"）提交申请，证监会依法按程序审批，成熟一家，批准一家。

一、境内企业申请到中国香港创业板上市的条件

（一）经省级人民政府或国家经贸委批准、依法设立并规范运作的股份有限公司（以下简称"公司"）；

（二）公司及其主要发起人符合国家有关法规和政策，在最近二年内没有重大违法违规行为；

（三）符合中国香港创业板上市规则规定的条件；

（四）上市保荐人认为公司具备发行上市可行性并依照规定承担保荐责任；

（五）国家科技部认证的高新技术企业优先批准。

二、境内企业申请到中国香港创业板上市须向证监会提交的文件

境内企业申请到中国香港创业板上市须向证监会提交下列文件：

（一）公司申请报告。内容应包括：公司沿革及业务概况、股本结构、筹资用途及经营风险分析、业务发展目标、筹资成本分析等。

（二）上市保荐人对公司发行上市可行性出具的分析意见及承销意向报告。

（三）公司设立批准文件。

（四）具有证券从业资格的境内律师事务所就公司及其主要发起人是否符合国家有关法规和政策以及在最近二年内是否有重大违法违规行为出具的法律意见书（参照《公开发行股票公司信息披露的内容与格式准则第六号〈法律意见书的内容与格式〉》制作）。

（五）会计师事务所对公司按照中国会计准则、股份有限公司会计制度编制和按照国际会计准则调整的会计报表出具的审计报告。

（六）凡有国有股权的公司，须出具国有资产管理部门关于国有股权管理的批复文件。

（七）较完备的招股说明书。

（八）证监会要求的其他文件。

三、境内企业申请到中国香港创业板上市的审批程序

（一）在向中国香港联交所提交上市申请3个月前，保荐人须代表公司向证监会提交本指引第二部分（一）至（三）项文件（一式四份，其中一份为原件），同时抄报有关省级人民政府和国务院有关部门。如有关政府部门对公司的申请有异议，可自收到公司申请文件起15个工作日内将意见书面通知证监会。

（二）证监会就公司是否符合国家产业政策、利用外资政策以及其他有关规定会商国家经贸委。

（三）经初步审核，证监会发行监管部自收到公司的上述申请文件之日起20个工作日内，就是否同意正式受理其申请函告公司，抄送财政部、外经贸部和外汇局；不同意受理的，说明理由。

（四）证监会同意正式受理其申请的公司，须向证监会提交本指引第二部分（四）至（八）项文件（一式二份，其中一份为原件）；申请文件齐备，经审核合规，而且在正式受理期间外经贸部、外汇局和财政部（如涉及国有股权）等部门未提出书面反对意见的，证监会在10个工作日内予以批准；不予批准的，说明理由。经批准后，公司方可向中国香港联交所提交创业板上市申请。

四、上市后监管事宜

公司在中国香港创业板上市后，证监会将根据监管合作备忘录及与中国香港证监会签署的补充条款的要求进行监管。

五、其他有关事宜

（一）中国香港联交所认可的创业板上市保荐人方可担任境内企业到

创业板上市的保荐人。如保荐人有违规行为或其他不适当行为，证监会可视情节轻重，决定是否受理该保荐人代表公司提出的上市申请。

（二）证监会同意正式受理其申请的公司，须在境内外中介机构确定后，将有关机构名单报证监会备案。

（三）公司须在上市后15个工作日内，将与本次发行上市有关的公开信息披露文件及发行上市情况总结报证监会备案。

（四）公司须遵守国家外汇管理的有关规定。

附件4：关于股份有限公司境外发行股票和上市申报文件及审核程序的监管指引

关于股份有限公司境外发行股票和上市申报文件及审核程序的监管指引

为更好地适应境内企业特别是中小企业的融资需求，服务实体经济发展，中国证券监督管理委员会（以下简称中国证监会）将进一步放宽境内企业境外发行股票和上市的条件，简化审核程序，提高监管效率。依照《中华人民共和国公司法》设立的股份有限公司在符合境外上市地上市条件的基础上，可自主向中国证监会提出境外发行股票和上市申请。根据《中华人民共和国证券法》和《国务院关于股份有限公司境外募集股份及上市的特别规定》等法律法规，制定本指引。

一、申报文件

公司申请境外发行股票和上市应提交下列文件：

（一）申请报告，内容包括：公司演变及业务概况、股本结构、公司治理结构、财务状况与经营业绩、经营风险分析、发展战略、筹资用途、符合境外上市地上市条件的说明、发行上市方案；

（二）股东大会及董事会相关决议；

（三）公司章程；

（四）公司营业执照、特殊许可行业的业务许可证明（如适用）；

（五）行业监管部门出具的监管意见书（如适用）；

（六）国有资产管理部门关于国有股权设置以及国有股减（转）持的相关批复文件（如适用）；

（七）募集资金投资项目的审批、核准或备案文件（如适用）；

（八）纳税证明文件；

（九）环保证明文件；

（十）法律意见书；

（十一）财务报表及审计报告；

（十二）招股说明书（草稿）；

（十三）中国证监会规定的其他文件。

二、申请及审核程序

（一）公司申请境外发行股票和上市的，应向中国证监会报送本通知第一部分列明的行政许可申请文件。

（二）中国证监会依照《中国证券监督管理委员会行政许可实施程序规定》（证监会令第66号），对公司提交的行政许可申请文件进行受理、审查，作出行政许可决定。

（三）中国证监会在收到公司申请文件后，可就涉及的产业政策、利用外资政策和固定资产投资管理规定等事宜征求有关部门意见。

（四）公司收到中国证监会的受理通知后，可向境外证券监管机构或交易所提交发行上市初步申请；收到中国证监会行政许可核准文件后，可向境外证券监管机构或交易所提交发行上市的正式申请。

（五）公司应在完成境外发行股票和上市后15个工作日内，就境外发行上市的有关情况向中国证监会提交书面报告。

（六）中国证监会关于公司境外发行股票和上市的核准文件有效期为12个月。

（七）境外上市公司在同一境外交易所转板上市的，应在完成转板上市后15个工作日内，就转板上市的有关情况向中国证监会提交书面报告。

本指引自2013年1月1日起施行。中国证监会1999年7月14日发布的《关于企业申请境外上市有关问题的通知》（证监发行字〔1999〕83号）同时废止。

附件 5：关于规范境内上市公司所属企业到境外上市有关问题的通知

关于规范境内上市公司所属企业到境外上市有关问题的通知

（中国证监会 2004 年 7 月 21 日证监发［2004］67 号发布）

根据《公司法》、《证券法》、《国务院关于股份有限公司境外募集股份及上市的特别规定》等法律、行政法规的规定，现就规范境内上市公司（以下简称"上市公司"）所属企业到境外上市有关问题通知如下：

一、上市公司所属企业到境外上市，是指上市公司有控制权的所属企业（以下简称"所属企业"）到境外证券市场公开发行股票并上市的行为。

二、所属企业申请到境外上市，上市公司应当符合下列条件：

（一）上市公司在最近三年连续盈利；

（二）上市公司最近三个会计年度内发行股份及募集资金投向的业务和资产不得作为对所属企业的出资申请境外上市；

（三）上市公司最近一个会计年度合并报表中按权益享有的所属企业的净利润不得超过上市公司合并报表净利润的 50%；

（四）上市公司最近一个会计年度合并报表中按权益享有的所属企业净资产不得超过上市公司合并报表净资产的 30%；

（五）上市公司与所属企业不存在同业竞争，且资产、财务独立，经理人员不存在交叉任职；

（六）上市公司及所属企业董事、高级管理人员及其关联人员持有所属企业的股份，不得超过所属企业到境外上市前总股本的 10%；

（七）上市公司不存在资金、资产被具有实际控制权的个人、法人或其他组织及其关联人占用的情形，或其他损害公司利益的重大关联交易；

（八）上市公司最近三年无重大违法违规行为。

三、所属企业到境外上市事项，上市公司应当按照本通知的要求，依法就下列事项做出决议：

（一）董事会应当就所属企业到境外上市是否符合本通知、所属企业到境外上市方案、上市公司维持独立上市地位承诺及持续盈利能力的说明与前景做出决议，并提请股东大会批准。

（二）股东大会应当就董事会提案中有关所属企业境外上市方案、上市公司维持独立上市地位及持续盈利能力的说明与前景进行逐项审议并表决。

（三）上市公司董事、高级管理人员在所属企业安排持股计划的，独立董事应当就该事项向流通股（社会公众股）股东征集投票权，该事项独立表决并须获得出席股东大会的流通股（社会公众股）股东所持表决权的半数以上通过。

四、上市公司应当聘请经中国证监会注册登记并列入保荐机构名单的证券经营机构担任其维持持续上市地位的财务顾问（以下简称"财务顾问"）。财务顾问承担以下职责：

（一）财务顾问应当按照本通知，对上市公司所属企业到境外上市申请文件进行尽职调查、审慎核查，出具财务顾问报告，承诺有充分理由确信上市公司申请文件不存在虚假记载、误导性陈述或者重大遗漏，确信上市公司在所属企业到境外上市后仍然具备独立的持续上市地位、保留的核心资产与业务具有持续经营能力。

（二）财务顾问应当在所属企业到境外上市当年剩余时间及其后一个完整会计年度，持续督导上市公司维持独立上市地位，并承担下列工作：

1. 持续关注上市公司核心资产与业务的独立经营状况、持续经营能力等情况；

2. 针对所属企业发生的对上市公司权益有重要影响的资产、财务状况变化，以及其他影响上市公司股票价格的重要信息，督导上市公司依法履行信息披露义务；

3. 财务顾问应当自持续督导工作结束后十个工作日内向中国证监会、证券交易所报送"持续上市总结报告书"。

五、所属企业到境外上市，上市公司应当在下述事件发生后次日履行信息披露义务：

（一）所属企业到境外上市的董事会、股东大会决议。

（二）所属企业向中国证监会提交的境外上市申请获得受理。

（三）所属企业获准境外发行上市。

（四）上市公司应当及时向境内投资者披露所属企业向境外投资者披露的任何可能引起股价异常波动的重大事件。上市公司应当在年度报告的重大事项中就所属企业业务发展情况予以说明。

六、财务顾问应当参照《证券发行上市保荐制度暂行办法》的规定，遵守法律、行政法规、中国证监会的规定和行业规范，诚实守信，勤勉尽责，尽职出具相关财务顾问报告，持续督导上市公司维持独立上市地位。中国证监会比照《证券发行上市保荐制度暂行办法》对财务顾问执业情况实施监管。

七、上市公司所属企业申请到境外上市，应当按照中国证监会的要求编制并报送申请文件及相关材料。中国证监会对上市公司所属企业到境外上市申请实施行政许可。

八、同时发行境内上市内资股和境内上市外资股的上市公司不适用本通知。

附件 6：关于执行《到境外上市公司章程必备条款》的通知

关于执行《到境外上市公司章程必备条款》的通知

(1994 年 8 月 27 日证券委体改委证委发［1994］21 号，
自发布之日起施行)

各省、自治区、直辖市及计划单列市人民政府，国务院各部委、各直属机构：

为适应股份有限公司向境外募集股份和到境外上市的需要，规范到境外上市的股份有限公司的行为，国务院证券委、国家体改委根据《国务院关于股份有限公司境外募集股份及上市的特别规定》第十三条，制定了《到境外上市公司章程必备条款》（以下简称《必备条款》），现印发给你们，请遵照执行。

到境外上市的股份有限公司（以下简称"到境外上市公司"），应当在其公司章程中载明《必备条款》所要求的内容，并不得擅自修改或者删除《必备条款》的内容。到境外上市公司可以根据具体情况，在其公司章程中规定《必备条款》要求载明以外的、适合本公司实际需要的其他内容，也可以在不改变《必备条款》规定含义的前提下，对《必备条款》作文字和条文顺序的变动。《必备条款》中明确规定到中国香港上市的股份有限公司章程所应当载明的内容，无须载入到中国香港以外的其他地区或者国家上市的股份有限公司的公司章程。

《必备条款》自本通知印发之日起执行。在此之前已经获得批准的到境外上市公司的公司章程不符合《必备条款》规定要求的，有关公司应当在本通知发出后的第一次股东年会上，对其公司章程作出相应修改。

《到境外上市公司章程必备条款》

第一章 总则

第一条 本公司系依照《中华人民共和国公司法》(简称《公司法》)、《国务院关于股份有限公司境外募集股份及上市的特别规定》(简称《特别规定》)和国家其他有关法律、行政法规成立的股份有限公司。

公司经［批准机关和批准文件名称］批准，于［设立日期］，以发起方式［或募集方式］设立，于［登记日期］在［公司登记机关所在地名］工商行政管理局注册登记，取得公司营业执照。公司的营业执照号码为：［号码数字］。

公司的发起人为：［发起人全称］。

第二条 公司注册名称：［中文全称］［英文全称］。

第三条 公司住所：［公司住所全称，邮政编码，电话、电传号码］。

第四条 公司的法定代表人是公司董事长。

第五条 公司的营业期限为［年数］年［或公司为永久存续的股份有限公司］。

第六条 公司章程自公司成立之日起生效。

自公司章程生效之日起，公司章程即成为规范公司的组织与行为、公司与股东之间、股东与股东之间权利义务的，具有法律约束力的文件。

第七条 公司章程对公司及其股东、董事、监事、经理和其他高级管理人员均有约束力；前述人员均可以依据公司章程提出与公司事宜有关的权利主张。

股东可以依据公司章程起诉公司；公司可以依据公司章程起诉股东；股东可以依据公司章程起诉股东；股东可以依据公司章程起诉公司的董事、监事、经理和其他高级管理人员。

前款所称起诉,包括向法院提起诉讼或者向仲裁机构申请仲裁。

第八条 公司可以向其他有限责任公司、股份有限公司投资,并以该出资额为限对所投资公司承担责任。

经国务院授权的公司审批部门批准,公司可以根据经营管理的需要,按照《公司法》第十二条第二款所述控股公司运作。

第二章 经营宗旨和范围

第九条 公司的经营宗旨是:[宗旨内容]。

第十条 公司的经营范围以公司登记机关核准的项目为准。

公司的主营范围包括[公司登记机关核准的项目]。

公司的兼营范围包括[公司登记机关核准的项目]。

第三章 股份和注册资本

第十一条 公司在任何时候均设置普通股;公司根据需要,经国务院授权的公司审批部门批准,可以设置其他种类的股份。

第十二条 公司发行的股票,均为有面值股票,每股面值人民币一元。

第十三条 经国务院证券主管机构批准,公司可以向境内投资人和境外投资人发行股票。

前款所称境外投资人是指认购公司发行股份的外国和中国香港、澳门、台湾地区的投资人;境内投资人是指认购公司发行股份的,除前述地区以外的中华人民共和国境内的投资人。

第十四条 公司向境内投资人发行的以人民币认购的股份,称为内资股。公司向境外投资人发行的以外币认购的股份,称为外资股。外资股在境外上市的,称为境外上市外资股。

第十五条 经国务院授权的公司审批部门批准,公司可以发行的普通股总数为[股份数额]股,成立时向发起人发行[股份数额]股,占公司可发行的普通股总数的百分之[百分比数]。

第十六条 公司成立后发行普通股[股份数额]股,包括不少于[股份数额]股,不超过[股份数额]股的境外上市外资股,占公司可发行的普通股总数的百分之[百分比数],以及向社会公众发行的[股份数额]股的内资股。

公司的股本结构为：普通股［股份数额］股，其中发起人［各发起人姓名或者名称］持有［股份数额］股，其他内资股股东持有［股份数额］股，境外上市外资股股东持有［股份数额］股。

第十七条 经国务院证券主管机构批准的公司发行境外上市外资股和内资股的计划，公司董事会可以作出分别发行的实施安排。

公司依照前款规定分别发行境外上市外资股和内资股的计划，可以自国务院证券委员会批准之日起 15 个月内分别实施。

第十八条 公司在发行计划确定的股份总数内，分别发行境外上市外资股和内资股的，应当分别一次募足；有特殊情况不能一次募足的，经国务院证券委员会批准，也可以分次发行。

第十九条 公司的注册资本为人民币［资本数额］元。

第二十条 公司根据经营和发展的需要，可以按照公司章程的有关规定批准增加资本。

公司增加资本可以采取下列方式：

（一）向非特定投资人募集新股；

（二）向现有股东配售新股；

（三）向现有股东派送新股；

（四）法律、行政法规许可的其他方式。

公司增资发行新股，按照公司章程的规定批准后，根据国家有关法律、行政法规规定的程序办理。

第二十一条 除法律、行政法规另有规定外，公司股份可以自由转让，并不附带任何留置权。

第四章 减资和购回股份

第二十二条 根据公司章程的规定，公司可以减少其注册资本。

第二十三条 公司减少注册资本时，必须编制资产负债表及财产清单。

公司应当自作出减少注册资本决议之日起 10 日内通知债权人，并于 30 日内在报纸上至少公告 3 次。债权人自接到通知书之日起 30 日内，未接到通知书的自第一次公告之日起 90 日内，有权要求公司清偿债务或者提供相应的偿债担保。

公司减少资本后的注册资本，不得低于法定的最低限额。

第二十四条 公司在下列情况下，可以经公司章程规定的程序通过，报国家有关主管机构批准，购回其发行在外的股份：

（一）为减少公司资本而注销股份；

（二）与持有本公司股票的其他公司合并；

（三）法律、行政法规许可的其他情况。

第二十五条 公司经国家有关主管机构批准购回股份，可以下列方式之一进行：

（一）向全体股东按照相同比例发出购回要约；

（二）在证券交易所通过公开交易方式购回；

（三）在证券交易所外以协议方式购回。

第二十六条 公司在证券交易所外以协议方式购回股份时，应当事先经股东大会按公司章程的规定批准。经股东大会以同一方式事先批准，公司可以解除或者改变经前述方式已订立的合同，或者放弃其合同中的任何权利。

前款所称购回股份的合同，包括（但不限于）同意承担购回股份义务和取得购回股份权利的协议。

公司不得转让购回其股份的合同或者合同中规定的任何权利。

第二十七条 公司依法购回股份后，应当在法律、行政法规规定的期限内，注销该部分股份，并向原公司登记机关申请办理注册资本变更登记。

被注销股份的票面总值应当从公司的注册资本中核减。

第二十八条 到中国香港上市公司，应当将下列内容载入公司章程：

除非公司已经进入清算阶段，公司购回其发行在外的股份，应当遵守下列规定：

（一）公司以面值价格购回股份的，其款项应当从公司的可分配利润账面余额、为购回旧股而发行的新股所得中减除；

（二）公司以高于面值价格购回股份的，相当于面值的部分从公司的可分配利润账面余额、为购回旧股而发行的新股所得中减除；高出面值的部分，按照下述办法办理：

（1）购回的股份是以面值价格发行的，从公司的可分配利润账面余额中减除；

（2）购回的股份是以高于面值的价格发行的，从公司的可分配利润账面余额、为购回旧股而发行的新股所得中减除；但是从发行新股所得中减除的金额，不得超过购回的旧股发行时所得的溢价总额，也不得超过购回时公司溢价账户［或资本公积金账户］上的金额（包括发行新股的溢价金额）。

（三）公司为下列用途所支付的款项，应当从公司的可分配利润中支出：

（1）取得购回其股份的购回权；

（2）变更购回其股份的合同；

（3）解除其在购回合同中的义务。

（四）被注销股份的票面总值根据有关规定从公司的注册中核减后，从可分配的利润中减除的用于购回股份面值部分的金额，应当计入公司的溢价账户［或资本公积金账户］中。

第五章 购回公司股份的财务资助

第二十九条 公司或者其子公司在任何时候均不应当以任何方式，对购买或者拟购买公司股份的人提供任何财务资助。前述购买公司股份的人，包括因购买公司股份而直接或者间接承担义务的人。

公司或者其子公司在任何时候均不应当以任何方式，为减少或者解除前述义务人的义务向其提供财务资助。

本条规定不适用于本章第三十一条所述的情形。

第三十条 本章所称财务资助，包括（但不限于）下列方式：

（一）馈赠；

（二）担保（包括由保证人承担责任或者提供财产以保证义务人履行义务）、补偿（但是不包括因公司本身的过错所引起的补偿）、解除或者放弃权利；

（三）提供贷款或者订立由公司先于他方履行义务的合同，以及该贷款、合同当事方的变更和该贷款、合同中权利的转让等；

（四）公司在无力偿还债务、没有净资产或者将会导致净资产大幅度减少的情形下，以任何其他方式提供的财务资助。

本章所称承担义务，包括义务人因订立合同或者作出安排（不论该合同或者安排是否可以强制执行，也不论是由其个人或者与任何其他人共同承担），或者以任何其他方式改变了其财务状况而承担的义务。

第三十一条 下列行为不视为本章第二十九条禁止的行为：

（一）公司提供的有关财务资助是诚实地为了公司利益，并且该项财务资助的主要目的不是为购买本公司股份，或者该项财务资助是公司某项总计划中附带的一部分；

（二）公司依法以其财产作为股利进行分配；

（三）以股份的形式分配股利；

（四）依据公司章程减少注册资本、购回股份、调整股权结构等；

（五）公司在其经营范围内，为其正常的业务活动提供贷款（但是不应当导致公司的净资产减少，或者即使构成了减少，但该项财务资助是从公司的可分配利润中支出的）；

（六）公司为职工持股计划提供款项（但是不应当导致公司的净资产减少，或者即使构成了减少，但该项财务资助是从公司的可分配利润中支出的）。

第六章 股票和股东名册

第三十二条 公司股票采用记名式。

公司股票应当载明的事项，除《公司法》规定的外，还应当包括公司股票上市的证券交易所要求载明的其他事项。

第三十三条 股票由董事长签署。公司股票上市的证券交易所要求公司其他高级管理人员签署的，还应当由其他有关高级管理人员签署。股票经加盖公司印章或者以印刷形式加盖印章后生效。公司董事长或者其他有关高级管理人员在股票上的签字也可以采取印刷形式。

第三十四条 公司应当设立股东名册，登记以下事项：

（一）各股东的姓名（名称）、地址（住所）、职业或性质；

（二）各股东所持股份的类别及其数量；

（三）各股东所持股份已付或者应付的款项；

（四）各股东所持股份的编号；

（五）各股东登记为股东的日期；

（六）各股东终止为股东的日期。

股东名册为证明股东持有公司股份的充分证据；但是有相反证据的除外。

第三十五条 公司可以依据国务院证券主管机构与境外证券监管机构

达成的谅解、协议，将境外上市外资股股东名册存放在境外，并委托境外代理机构管理。公司应当将境外上市外资股股东名册的副本备置于公司住所；受委托的境外代理机构应当随时保证境外上市外资股股东名册正、副本的一致性。

境外上市外资股股东名册正、副本的记载不一致时，以正本为准。

第三十六条　公司应当保存有完整的股东名册。

股东名册包括下列部分：

（一）存放在公司住所的、除本款（二）、（三）项规定以外的股东名册；

（二）存放在境外上市的证券交易所所在地的公司境外上市外资股股东名册；

（三）董事会为公司股票上市的需要而决定存放在其他地方的股东名册。

第三十七条　股东名册的各部分应当互不重叠。在股东名册某一部分注册的股份的转让，在该股份注册存续期间不得注册到股东名册的其他部分。

股东名册各部分的更改或者更正，应当根据股东名册各部分存放地的法律进行。

第三十八条　股东大会召开前 30 日内或者公司决定分配股利的基准日前 5 日内，不得进行因股份转让而发生的股东名册的变更登记。

第三十九条　公司召开股东大会、分配股利、清算及从事其他需要确认股权的行为时，应当由董事会决定某一日为股权确定日，股权确定日终止时，在册股东为公司股东。

第四十条　任何人对股东名册持有异议而要求将其姓名（名称）登记在股东名册上，或者要求将其姓名（名称）从股东名册中删除的，均可以向有管辖权的法院申请更正股东名册。

第四十一条　任何登记在股东名册上的股东或者任何要求将其姓名（名称）登记在股东名册上的人，如果其股票（即"原股票"）遗失，可以向公司申请就该股份（即"有关股份"）补发新股票。内资股股东遗失股票，申请补发的，依照《公司法》第一百五十条的规定处理。

境外上市外资股股东遗失股票，申请补发的，可以依照境外上市外资股股东名册正本存放地的法律、证券交易场所规则或者其他有关规定处理。

到中国香港上市公司的境外上市外资股股东遗失股票申请补发的，其股票的补发应当符合下列要求：

（一）申请人应当用公司指定的标准格式提出申请并附上公证书或者法定声明文件。公证书或者法定声明文件的内容应当包括申请人申请的理由、股票遗失的情形及证据，以及无其他任何人可就有关股份要求登记为股东的声明。

（二）公司决定补发新股票之前，没有收到申请人以外的任何人对该股份要求登记为股东的声明。

（三）公司决定向申请人补发新股票，应当在董事会指定的报刊上刊登准备补发新股票的公告；公告期间为90日，每30日至少重复刊登一次。

（四）公司在刊登准备补发新股票的公告之前，应当向其挂牌上市的证券交易所提交一份拟刊登的公告副本，收到该证券交易所的回复，确认已在证券交易所内展示该公告后，即可刊登。公告在证券交易所内展示的期限为90日。

如果补发股票的申请未得到有关股份的登记在册股东的同意，公司应当将拟刊登的公告的复印件邮寄给该股东。

（五）本条（三）、（四）项所规定的公告、展示的90日期限届满，如公司未收到任何人对补发股票的异议，即可以根据申请人的申请补发新股票。

（六）公司根据本条规定补发新股票时，应当立即注销原股票，并将此注销和补发事项登记在股东名册上。

（七）公司为注销原股票和补发新股票的全部费用，均由申请人负担。在申请人未提供合理的担保之前，公司有权拒绝采取任何行动。

第四十二条 公司根据公司章程的规定补发新股票后，获得前述新股票的善意购买者或者其后登记为该股份的所有者的股东（如属善意购买者），其姓名（名称）均不得从股东名册中删除。

第四十三条 公司对于任何由于注销原股票或者补发新股票而受到损害的人均无赔偿义务，除非该当事人能证明公司有欺诈行为。

第七章　股东的权利和义务

第四十四条 公司股东为依法持有公司股份并且其姓名（名称）登记在股东名册上的人。

股东按其持有股份的种类和份额享有权利，承担义务；持有同一种类股份的股东，享有同等权利，承担同种义务。

第四十五条 公司普通股股东享有下列权利：

（一）依照其所持有的股份份额领取股利和其他形式的利益分配；

（二）参加或者委派股东代理人参加股东会议，并行使表决权；

（三）对公司的业务经营活动进行监督管理，提出建议或者质询；

（四）依照法律、行政法规及公司章程的规定转让股份；

（五）依照公司章程的规定获得有关信息，包括：

1. 在缴付成本费用后得到公司章程；

2. 在缴付了合理费用后有权查阅和复印：

（1）所有各部分股东的名册；

（2）公司董事、监事、经理和其他高级管理人员的个人资料，包括：

（A）现在及以前的姓名、别名；

（B）主要地址（住所）；

（C）国籍；

（D）专职及其他全部兼职的职业、职务；

（E）身份证明文件及其号码。

（3）公司股本状况；

（4）自上一会计年度以来公司购回自己每一类别股份的票总值、数值、最高价和最低价，以及公司为此支付的全部费用的报告；

（5）股东会议的会议记录。

（六）公司终止或者清算时，按其所持有的股份份额参加公司剩余财产的分配；

（七）法律、行政法规及公司章程所赋予的其他权利。

第四十六条 公司普通股股东承担下列义务：

（一）遵守公司章程；

（二）依其所认购股份和入股方式缴纳股金；

（三）法律、行政法规及公司章程规定应当承担的其他义务。

股东除了股份的认购人在认购时所同意的条件外，不承担其后追加任何股本的责任。

第四十七条 除法律、行政法规或者公司股份上市的证券交易所的上市规则所要求的义务外，控股股东在行使其股东的权力时，不得因行使其表决权在下列问题上作出有损于全体或者部分股东的利益的决定：

（一）免除董事、监事应当真诚地以公司最大利益为出发点行事的责任；

（二）批准董事、监事（为自己或者他人利益）以任何形式剥夺公司财产，包括（但不限于）任何对公司有利的机会；

（三）批准董事、监事（为自己或者他人利益）剥夺其他股东的个人权益，包括（但不限于）任何分配权、表决权，但不包括根据公司章程提交股东大会通过的公司改组。

第四十八条 前条所称控股股东是具备以下条件之一的人：

（一）该人单独或者与他人一致行动时，可以选出半数以上的董事；

（二）该人单独或者与他人一致行动时，可以行使公司30%以上（含30%）的表决权或者可以控制公司的30%以上（含30%）表决权的行使；

（三）该人单独或者与他人一致行动时，持有公司发行在外30%以上（含30%）的股份；

（四）该人单独或者与他人一致行动时，以其他方式在事实上控制公司。

第八章 股东大会

第四十九条 股东大会是公司的权力机构，依法行使职权。

第五十条 股东大会行使下列职权：

（一）决定公司的经营方针和投资计划；

（二）选举和更换董事，决定有关董事的报酬事项；

（三）选举和更换由股东代表出任的监事，决定有关监事的报酬事项；

（四）审议批准董事会的报告；

（五）审议批准监事会的报告；

（六）审议批准公司的年度财务预算方案、决算方案；

（七）审议批准公司的利润分配方案和弥补亏损方案；

（八）对公司增加或者减少注册资本作出决议；

（九）对公司合并、分立、解散和清算等事项作出决议；

（十）对公司发行债券作出决议；

（十一）对公司聘用、解聘或者不再续聘会计师事务所作出决议；

（十二）修改公司章程；

（十三）审议代表公司有表决权的股份5%以上（含5%）的股东的提案；

（十四）法律、行政法规及公司章程规定应当由股东大会作出决议的其他事项。

第五十一条　非经股东大会事前批准，公司不得与董事、监事、经理和其他高级管理人员以外的人订立将公司全部或者重要业务的管理交予该人负责的合同。

第五十二条　股东大会分为股东年会和临时股东大会。股东大会由董事会召集。股东年会每年召开一次，并应于上一会计年度完结之后的6个月之内举行。

有下列情形之一的，董事会应当在两个月内召开临时股东大会：

（一）董事人数不足《公司法》规定的人数或者少于公司章程要求数额的2/3时；

（二）公司未弥补亏损达股本总额的1/3时；

（三）持有公司发行在外的有表决权的股份10%以上（含10%）的股东以书面形式要求召开临时股东大会时；

（四）董事会认为必要或者监事会提出召开时。

第五十三条　公司召开股东大会，应当于会议召开45日前发出书面通知，将会议拟审议的事项以及开会的日期和地点告知所有在册股东。拟出席股东大会的股东，应当于会议召开20日前，将出席会议的书面回复送达公司。

第五十四条　公司召开股东大会年会，持有公司有表决权的股份总数5%以上（含5%）的股东，有权以书面形式向公司提出新的提案，公司应当将提案中属于股东大会职责范围内的事项，列入该次会议的议程。

第五十五条　根据股东大会召开前20日时收到的书面回复，计算拟出席会议的股东所代表的有表决权的股份数。拟出席会议的股东所代表的有表决权的股份数达到公司有表决权的股份总数1/2以上的，公司可以召开股东大会；达不到的，公司应当在5日内将会议拟审议的事项、开会日期和地点以公告形式再次通知股东，经公告通知，公司可以召开股东大会。

临时股东大会不得决定通知未载明的事项。

第五十六条　股东会议的通知应当符合下列要求：

（一）以书面形式作出；

（二）指定会议的地点、日期和时间；

（三）说明会议将讨论的事项；

（四）向股东提供为使股东对将讨论的事项作出明智决定所需要的资

料及解释；此原则包括（但不限于）在公司提出合并、购回股份、股本重组或者其他改组时，应当提供拟议中的交易的具体条件和合同（如果有的话），并对其起因和后果作出认真的解释；

（五）如任何董事、监事、经理和其他高级管理人员与将讨论的事项有重要利害关系，应当披露其利害关系的性质和程度；如果将讨论的事项对该董事、监事、经理和其他高级管理人员作为股东的影响有别于对其他同类别股东的影响，则应当说明其区别；

（六）载有任何拟在会议上提议通过的特别决议的全文；

（七）以明显的文字说明，有权出席和表决的股东有权委任一位或者一位以上的股东代理人代为出席和表决，而该股东代理人不必为股东；

（八）载明会议投票代理委托书的送达时间和地点。

第五十七条 股东大会通知应当向股东（不论在股东大会上是否有表决权）以专人送出或者以邮资已付的邮件送出，受件人地址以股东名册登记的地址为准。对内资股股东，股东大会通知也可以用公告方式进行。

前款所称公告，应当于会议召开前45~50日内，在国务院证券主管机构指定的一家或者多家报刊上刊登，一经公告，视为所有内资股股东已收到有关股东会议的通知。

第五十八条 因意外遗漏未向某有权得到通知的人送出会议通知或者该等人没有收到会议通知，会议及会议作出的决议并不因此无效。

第五十九条 任何有权出席股东会议并有权表决的股东，有权委任一人或者数人（该人可以不是股东）作为其股东代理人，代为出席和表决。该股东代理人依照该股东的委托，可以行使下列权利：

（一）该股东在股东大会上的发言权；

（二）自行或者与他人共同要求以投票方式表决；

（三）以举手或者投票方式行使表决权，但是委任的股东代理人超过一人时，该等股东代理人只能以投票方式行使表决权。

第六十条 股东应当以书面形式委托代理人，由委托人签署或者由其以书面形式委托的代理人签署；委托人为法人的，应当加盖法人印章或者由其董事或者正式委任的代理人签署。

第六十一条 表决代理委托书至少应当在该委托书委托表决的有关会议召开前24小时，或者在指定表决时间前24小时，备置于公司住所或者召集会议的通知中指定的其他地方。委托书由委托人授权他人签署的，授权签署的授权书或者其他授权文件应当经过公证。经公证的授权书或者其他授权文件，应当和表决代理委托书同时备置于公司住所或者召集会议的通知中指定的其他地方。

委托人为法人的，其法定代表人或者董事会、其他决策机构决议授权的人作为代表出席公司的股东会议。

第六十二条 任何由公司董事会发给股东用于任命股东代理人的委托书的格式，应当让股东自由选择指示股东代理人投赞成票或者反对票，并就会议每项议题所要作出表决的事项分别作出指示。委托书应当注明如果股东不作指示，股东代理人可以按自己的意思表决。

第六十三条 表决前委托人已经去世、丧失行为能力、撤回委任、撤回签署委任的授权或者有关股份已被转让的，只要公司在有关会议开始前没有收到该等事项的书面通知，由股东代理人依委托书所作出的表决仍然有效。

第六十四条 股东大会决议分为普通决议和特别决议。

股东大会作出普通决议，应当由出席股东大会的股东（包括股东代理人）所持表决权的1/2以上通过。

股东大会作出特别决议，应当由出席股东大会的股东（包括股东代理人）所持表决权的2/3以上通过。

第六十五条 股东（包括股东代理人）在股东大会表决时，以其所代表的有表决权的股份数额行使表决权，每一股份有一票表决权。

第六十六条 除非下列人员在举手表决以前或者以后，要求以投票方式表决，股东大会以举手方式进行表决：

（一）会议主席；

（二）至少两名有表决权的股东或者有表决权的股东的代理人；

（三）单独或者合并计算持有在该会议上有表决权的股份10%以上（含10%）的一个或者若干股东（包括股东代理人）。

除非有人提出以投票方式表决，会议主席根据举手表决的结果，宣布提议通过情况，并将此记载在会议记录中，作为最终的依据，无须证明该会议通过的决议中支持或者反对的票数或者其比例。

以投票方式表决的要求可以由提出者撤回。

第六十七条 如果要求以投票方式表决的事项是选举主席或者中止会议，则应当立即进行投票表决；其他要求以投票方式表决的事项，由主席决定何时举行投票，会议可以继续进行，讨论其他事项，投票结果仍被视为在该会议上所通过的决议。

第六十八条 在投票表决时，有两票或者两票以上的表决权的股东（包括股东代理人），不必把所有表决权全部投赞成票或者反对票。

第六十九条 当反对和赞成票相等时，无论是举手还是投票表决，会议主席有权多投一票。

第七十条 下列事项由股东大会的普通决议通过：

（一）董事会和监事会的工作报告；

（二）董事会拟订的利润分配方案和亏损弥补方案；

（三）董事会和监事会成员的罢免及其报酬和支付方法；

（四）公司年度预、决算报告，资产负债表、利润表及其他财务报表；

（五）除法律、行政法规规定或者公司章程规定应当以特别决议通过以外的其他事项。

第七十一条 下列事项由股东大会以特别决议通过：

（一）公司增、减股本和发行任何种类股票、认股证和其他类似证券；

（二）发行公司债券；

（三）公司的分立、合并、解散和清算；

（四）公司章程的修改；

（五）股东大会以普通决议通过认为会对公司产生重大影响的、需要以特别决议通过的其他事项。

第七十二条 股东要求召集临时股东大会或者类别股东会议，应当按照下列程序办理：

（一）合计持有在该拟举行的会议上有表决权的股份10%以上（含10%）的两个或者两个以上的股东，可以签署一份或者数份同样格式内容的书面要求，提请董事会召集临时股东大会或者类别股东会议，并阐明会议的议题。董事会在收到前述书面要求后应当尽快召集临时股东大会或者类别股东会议。前述持股数按股东提出书面要求日计算。

（二）如果董事会在收到前述书面要求后30日内没有发出召集会议的通告，提出该要求的股东可以在董事会收到该要求后4个月内自行召集会议，召集的程序应当尽可能与董事会召集股东会议的程序相同。

股东因董事会未应前述要求举行会议而自行召集并举行会议的，其所发生的合理费用，应当由公司承担，并从公司欠付失职董事的款项中扣除。

第七十三条 股东大会由董事会召集并担任会议主席；董事长因故不能出席会议的，应当由副董事长召集会议并担任会议主席；董事长和副董事长均无法出席会议的，董事会可以指定一名公司董事代其召集会议并且担任会议主席；未指定会议主席的，出席会议的股东可以选举一人担任主席；如果因任何理由，股东无法选举主席，应当由出席会议的持有最多表决权股份的股东（包括股东代理人）担任会议主席。

第七十四条 会议主席负责决定股东大会的决议是否通过，其决定为终局决定，并应当在会上宣布和载入会议记录。

第七十五条 会议主席如果对提交表决的决议结果有任何怀疑，可以对所投票数进行点算；如果会议主席未进行点票，出席会议的股东或者股东代理人对会议主席宣布结果有异议的，有权在宣布后立即要求点票，会议主席应当即时进行点票。

第七十六条 股东大会如果进行点票，点票结果应当记入会议记录。

会议记录连同出席股东的签名簿及代理出席的委托书，应当在公司住所保存。

第七十七条 股东可以在公司办公时间免费查阅会议记录复印件。任何股东向公司索取有关会议记录的复印件，公司应当在收到合理费用后7日内把复印件送出。

第九章 类别股东表决的特别程序

第七十八条 持有不同种类股份的股东，为类别股东。

类别股东依据法律、行政法规和公司章程的规定，享有权利和承担义务。

第七十九条 公司拟变更或者废除类别股东的权利，应当经股东大会以特别决议通过和经受影响的类别股东在按第八十一条至第八十五条分别召集的股东会议上通过，方可进行。

第八十条 下列情形应当视为变更或者废除某类别股东的权利：

（一）增加或者减少该类别股份的数目，或者增加或减少与该类别股份享有同等或者更多的表决权、分配权、其他特权的类别股份的数目；

（二）将该类别股份的全部或者部分换作其他类别，或者将另一类别的股份的全部或者部分换作该类别股份或者授予该等转换权；

（三）取消或者减少该类别股份所具有的、取得已产生的股利或者累积股利的权利；

（四）减少或者取消该类别股份所具有的优先取得股利或者在公司清算中优先取得财产分配的权利；

（五）增加、取消或者减少该类别股份所具有的转换股份权、选择权、表决权、转让权、优先配售权、取得公司证券的权利；

（六）取消或者减少该类别股份所具有的，以特定货币收取公司应付款项的权利；

（七）设立与该类别股份享有同等或者更多表决权、分配权或者其他特权的新类别；

（八）对该类别股份的转让或所有权加以限制或者增加该等限制；

（九）发行该类别或者另一类别的股份认购权或者转换股份的权利；

（十）增加其他类别股份的权利和特权；

（十一）公司改组方案会构成不同类别股东在改组中不按比例地承担责任；

（十二）修改或者废除本章所规定的条款。

第八十一条 受影响的类别股东，无论原来在股东大会上是否有表决权，在涉及第八十条（二）至（八）、（十一）至（十二）项的事项时，在类别股东会上具有表决权，但有利害关系的股东在类别股东会上没有表决权。

前款所述有利害关系股东的含义如下：

（一）在公司按本章程第二十五条的规定向全体股东按照相同比例发出购回要约或者在证券交易所通过公开交易方式购回自己股份的情况下，"有利害关系的股东"是指本章程第四十八条所定义的控股股东；

（二）在公司按照本章程第二十五条的规定在证券交易所外以协议方式购回自己股份的情况下，"有利害关系的股东"是指与该协议有关的股东；

（三）在公司改组方案中，"有利害关系股东"是指以低于本类别其他股东的比例承担责任的股东或者与该类别中的其他股东拥有不同利益的股东。

第八十二条 类别股东会的决议，应当经根据第八十一条由出席类别股东会议的有表决权的2/3以上的股权表决通过，方可作出。

第八十三条 公司召开类别股东会议，应当于会议召开45日前发出书面通知，将会议拟审议的事项以及开会日期和地点告知所有该类别股份的在册股东。拟出席会议的股东，应当于会议召开 20 日前，将出席会议的书面回复送达公司。

拟出席会议的股东所代表的在该会议上有表决权的股份数，达到在该会议上有表决权的该类别股份总数 1/2 以上的，公司可以召开类别股东会议；达不到的，公司应当在 5 日内将会议拟审议的事项、开会日期和地点以公告形式再次通知股东，经公告通知，公司可以召开类别股东会议。

第八十四条 类别股东会议的通知只须送给有权在该会议上表决的股东。

类别股东会议应当以与股东大会尽可能相同的程序举行，公司章程中有关股东大会举行程序的条款适用于类别股东会议。

第八十五条 如果公司股票上市的证券交易所的规则有要求，公司章程应当载入"除其他类别股份股东外，内资股股东和境外上市外资股股东视为不同类别股东"的内容。

载有前款规定内容的公司章程，应当同时规定"下列情形不适用类别股东表决的特别程序：

（一）经股东大会以特别决议批准，公司每间隔 12 个月单独或者同时发行内资股、境外上市外资股，并且拟发行的内资股、境外上市外资股的数量各自不超过该类已发行在外股份的 20% 的；

（二）公司设立时发行内资股、境外上市外资股的计划，自国务院证券委员会批准之日起 15 个月内完成的。"

第十章 董事会

第八十六条 公司设董事会，董事会由［人数］名董事组成，设董事长一人，副董事长［人数］人，董事［人数］人。

第八十七条 董事由股东大会选举产生，任期［年数］年。董事任期届满，可以连选连任。

董事长、副董事长由全体董事的过半数选举和罢免，董事长、副董事长任期［年数］年，可以连选连任。

董事无须持有公司股份。

第八十八条 董事会对股东大会负责，行使下列职权：

（一）负责召集股东大会，并向股东大会报告工作；

（二）执行股东大会的决议；

（三）决定公司的经营计划和投资方案；

（四）制定公司的年度财务预算方案、决算方案；

（五）制定公司的利润分配方案和弥补亏损方案；

（六）制定公司增加或者减少注册资本的方案以及发行公司债券的方案；

（七）拟定公司合并、分立、解散的方案；

（八）决定公司内部管理机构的设置；

（九）聘任或者解聘公司经理，根据经理的提名，聘任或者解聘公司副经理、财务负责人，决定其报酬事项；

（十）制定公司的基本管理制度；

（十一）制订公司章程修改方案。

董事会作出前款决议事项，除第（六）、（七）、（十一）项必须由2/3以上的董事表决同意外，其余可以由半数以上的董事表决同意。

第八十九条 董事会在处置固定资产时，如拟处置固定资产的预期价值，与此项处置建议前4个月内已处置了的固定资产所得到的价值的总和，超过股东大会最近审议的资产负债表所显示的固定资产价值的33%，则董事会在未经股东大会批准前不得处置或者同意处置该固定资产。

本条所指对固定资产的处置，包括转让某些资产权益的行为，但不包括以固定资产提供担保的行为。

公司处置固定资产进行交易的有效性，不因违反本条第一款而受影响。

第九十条 董事长行使下列职权：

（一）主持股东大会和召集、主持董事会会议；

（二）检查董事会决议的实施情况；

（三）签署公司发行的证券；

（四）董事会授予的其他职权。

董事长不能履行职权时，可以由董事长指定副董事长代行其职权。

第九十一条 董事会每年至少召开两次会议，由董事长召集，于会议召开［日数］日以前通知全体董事。有紧急事项时，经［人数］名以上董事或者公司经理提议，可以召开临时董事会会议。

第九十二条 董事会及临时董事会会议召开的通知方式为：［具体通知方式］；通知时限为：［具体通知时限］。

第九十三条 董事会会议应当由1/2以上的董事出席方可举行。

每名董事有一票表决权。董事会作出决议，必须经全体董事的过半数通过。

当反对票和赞成票相等时，董事长有权多投一票。

第九十四条 董事会会议，应当由董事本人出席。董事因故不能出席，可以书面委托其他董事代为出席董事会，委托书中应当载明授权范围。

代为出席会议的董事应当在授权范围内行使董事的权利。董事未出席某次董事会会议，亦未委托代表出席的，应当视作已放弃在该次会议上的投票权。

第九十五条 董事会应当对会议所议事项的决定作成会议记录，出席会议的董事和记录员应当在会议记录上签名。董事应当对董事会的决议承担责任。董事会的决议违反法律、行政法规或者公司章程，致使公司遭受严重损失的，参与决议的董事对公司负赔偿责任；但经证明在表决时曾表明异议并记载于会议记录的，该董事可以免除责任。

第十一章 公司董事会秘书

第九十六条 公司设董事会秘书。董事会秘书为公司的高级管理人员。

第九十七条 公司董事会秘书应当是具有必备的专业知识和经验的自然人，由董事会委任。其主要职责是：

（一）保证公司有完整的组织文件和记录；

（二）确保公司依法准备和递交有权机构所要求的报告和文件；

（三）保证公司的股东名册妥善设立，保证有权得到公司有关记录和文件的人及时得到有关记录和文件。

第九十八条 公司董事或者其他高级管理人员可以兼任公司董事会秘书。公司聘请的会计师事务所的会计师不得兼任公司董事会秘书。

当公司董事会秘书由董事兼任时，如某一行为应当由董事及公司董事会秘书分别作出，则该兼任董事及公司董事会秘书的人不得以双重身份作出。

第十二章 公司经理

第九十九条 公司设经理一名，由董事会聘任或者解聘。

第一百条 公司经理对董事会负责，行使下列职权：

（一）主持公司的生产经营管理工作，组织实施董事会决议；

（二）组织实施公司年度经营计划和投资方案；

（三）拟订公司内部管理机构设置方案；

（四）拟订公司的基本管理制度；

（五）制定公司的基本规章；

（六）提请聘任或者解聘公司副经理、财务负责人；

（七）聘任或者解聘除应由董事会聘任或者解聘以外的负责管理人员；

（八）公司章程和董事会授予的其他职权。

第一百零一条 公司经理列席董事会会议；非董事经理在董事会会议上没有表决权。

第一百零二条 公司经理在行使职权时，应当根据法律、行政法规和公司章程的规定，履行诚信和勤勉的义务。

第十三章 监事会

第一百零三条 公司设监事会。

第一百零四条 监事会由［人数］人组成，其中一人出任监事会主席。监事任期［年数］年，可以连选连任。

第一百零五条 监事会成员由［人数］名股东代表和［人数］名公司职工代表组成。股东代表由股东大会选举和罢免，职工代表由公司职工民主选举和罢免。

第一百零六条 公司董事、经理和财务负责人不得兼任监事。

第一百零七条 监事会每年至少召开［次数］次会议，由监事会主席负责召集。

第一百零八条 监事会向股东大会负责，并依法行使下列职权：

（一）检查公司的财务；

（二）对公司董事、经理和其他高级管理人员执行公司职务时违反法律、行政法规或者公司章程的行为进行监督；

（三）当公司董事、经理和其他高级管理人员的行为损害公司的利益时，要求前述人员予以纠正；

（四）核对董事会拟提交股东大会的财务报告、营业报告和利润分配方案等财务资料，发现疑问的，可以公司名义委托注册会计师、执业审计师帮助复审；

（五）提议召开临时股东大会；

（六）代表公司与董事交涉或者对董事起诉；

（七）公司章程规定的其他职权。

监事列席董事会会议。

第一百零九条 监事会的议事方式为：[具体议事方式]；表决程序为：[具体表决程序]。

第一百一十条 监事会行使职权时聘请律师、注册会计师、执业审计师等专业人员所发生的合理费用，应当由公司承担。

第一百一十一条 监事应当依照法律、行政法规及公司章程的规定，忠实履行监督职责。

第十四章 公司董事、监事、经理和其他高级管理人员的资格和义务

第一百一十二条 有下列情况之一的，不得担任公司的董事、监事、经理或者其他高级管理人员：

（一）无民事行为能力或者限制民事行为能力；

（二）因犯有贪污、贿赂、侵占财产、挪用财产罪或者破坏社会经济秩序罪，被判处罚，执行期满未逾 5 年，或者因犯罪被剥夺政治权利，执行期满未逾 5 年；

（三）担任因经营管理不善破产清算的公司、企业的董事或者厂长、经理，并对该公司企业的破产负有个人责任的，该公司、企业破产清算完结之日起未逾 3 年；

（四）担任因违法被吊销营业执照的公事、企业的法定代表人，并负有个人责任的，自该公司、企业被吊销营业执照之日起未逾 3 年；

（五）个人所负数额较大的债务到期未清偿；

（六）因触犯刑法被司法机关立案调查，尚未结案；

（七）法律、行政法规规定不能担任企业领导；

（八）非自然人；

（九）被有关主管机构裁定违反有关证券法规的规定，且涉及有欺诈或者不诚实的行为，自该裁定之日起未逾 5 年。

第一百一十三条 公司董事、经理和其他高级管理人员代表公司的行为对善意第三人的有效性，不因其在任职、选举或者资格上有任何不合规行为而受影响。

第一百一十四条 除法律、行政法规或者公司股票上市的证券交易所的上市规则要求的义务外，公司董事、监事、经理和其他高级管理人员在行使公司赋予他们的职权时，还应当对每个股东负有下列义务：

（一）不得使公司超越其营业执照规定的营业范围；

（二）应当真诚地以公司最大利益为出发点行事；

（三）不得以任何形式剥夺公司财产，包括（但不限于）对公司有利的机会；

（四）不得剥夺股东个人权益，包括（但不限于）分配权、表决权，但不包括根据公司章程提交股东大会通过的公司改组。

第一百一十五条 公司董事、监事、经理和其他高级管理人员都有责任在行使其权利或者履行其义务时，以一个合理的谨慎的人在相似情形下所应表现的谨慎、勤勉和技能为其所应为的行为。

第一百一十六条 公司董事、监事、经理和其他高级管理人员在履行职责时，必须遵守诚信原则，不应当置自己于自身的利益与承担的义务可能发生冲突的处境。此原则包括（但不限于）履行下列义务：

（一）真诚地以公司最大利益为出发点行事；

（二）在其职权范围内行使权力，不得越权；

（三）亲自行使所赋予他的酌量处理权，不得受他人操纵；

非经法律、行政法规允许或者得到股东大会在知情的情况下的同意，不得将其酌量处理权转给他人行使；

（四）对同类别的股东应当平等，对不同类别的股东应当公平；

（五）除公司章程另有规定或者由股东大会在知情的情况下另有批准外，不得与公司订立合同、交易或者安排；

（六）未经股东大会在知情的情况下同意，不得以任何形式利用公司财产为自己谋取利益；

（七）不得利用职权收受贿赂或者其他非法收入，不得以任何形式侵占公司的财产，包括（但不限于）对公司有利的机会；

（八）未经股东大会在知情的情况下同意，不得接受与公司交易有关的佣金；

（九）遵守公司章程，忠实履行职责，维护公司利益，不得利用其在公司的地位和职权为自己谋取私利；

（十）未经股东大会在知情的情况下同意，不得以任何形式与公司竞争；

（十一）不得挪用公司资金或者将公司资金借贷给他人，不得将公司资产以其个人名义或者以其他名义开立账户存储，不得以公司资产为本公司的股东或者其他个人债务提供担保；

（十二）未经股东大会在知情的情况下同意，不得泄露其在任职期间所获得的涉及本公司的机密信息；除非以公司利益为目的，亦不得利用该信息；但是，在下列情况下，可以向法院或者其他政府主管机构披露该信息：

1. 法律有规定；
2. 公众利益有要求；
3. 该董事、监事、经理和其他高级管理人员本身的利益要求。

第一百一十七条 公司董事、监事、经理和其他高级管理人员，不得指使下列人员或者机构（"相关人"）做出董事、监事、经理和其他高级管理人员不能做的事：

（一）公司董事、监事、经理和其他高级管理人员的配偶或者未成年子女；

（二）公司董事、监事、经理和其他高级管理人员或者本条（一）项所述人员的信托人；

（三）公司董事、监事、经理和其他高级管理人员或者本条（一）、（二）项所述人员的合伙人；

（四）由公司董事、监事、经理和其他高级管理人员在事实上单独控制的公司，或者与本条（一）、（二）、（三）项所提及的人员或者公司其他董事、监事、经理和其他高级管理人员在事实上共同控制的公司；

（五）本条（四）项所指被控制的公司的董事、监事、经理和其他高级管理人员。

第一百一十八条 公司董事、监事、经理和其他高级管理人员所负的诚信义务不一定因其任期结束而终止，其对公司商业秘密保密的义务在其任期结束后仍有效。其他义务的持续期应当根据公平的原则决定，取决于事件发生时与离任之间时间的长短，以及与公司的关系在何种情况和条件下结束。

第一百一十九条　公司董事、监事、经理和其他高级管理人员因违反某项具体义务所负的责任，可以由股东大会在知情的情况下解除，但是本章程第四十七条所规定的情形除外。

第一百二十条　公司董事、监事、经理和其他高级管理人员，直接或者间接与公司已订立的或者计划中的合同、交易、安排有重要利害关系时（公司与董事、监事、经理和其他高级管理人员的聘任合同除外），不论有关事项在正常情况下是否需要董事会批准同意，均应当尽快向董事会披露其利害关系的性质和程度。

除非有利害关系的公司董事、监事、经理和其他高级管理人员按照本条前款的要求向董事会做了披露，并且董事会在不将其计入法定人数，亦未参加表决的会议上批准了该事项，公司有权撤销该合同、交易或者安排，但在对方是对有关董事、监事、经理和其他高级管理人员违反其义务的行为不知情的善意当事人的情形下除外。

公司董事、监事、经理和其他高级管理人员的相关人与某合同、交易、安排有利害关系的，有关董事、监事、经理和其他高级管理人员也应被视为有利害关系。

第一百二十一条　如果公司董事、监事、经理和其他高级管理人员在公司首次考虑订立有关合同、交易、安排前以书面形式通知董事会，声明由于通知所列的内容，公司日后达成的合同、交易、安排与其有利害关系，则在通知阐明的范围内，有关董事、监事、经理和其他高级管理人员视为做了本章前条所规定的披露。

第一百二十二条　公司不得以任何方式为其董事、监事、经理和其他高级管理人员缴纳税款。

第一百二十三条　公司不得直接或者间接向本公司和其母公司的董事、监事、经理和其他高级管理人员提供贷款、贷款担保；亦不得向前述人员的相关人提供贷款、贷款担保。

前款规定不适用于下列情形：

（一）公司向其子公司提供贷款或者为子公司提供贷款担保；

（二）公司根据经股东大会批准的聘任合同，向公司的董事、监事、经理和其他高级管理人员提供贷款、贷款担保或者其他款项，使之支付为了公司目的或者为了履行其公司职责所发生的费用；

（三）如公司的正常业务范围包括提供贷款、贷款担保，公司可以向有关董事、监事、经理和其他高级管理人员及其相关人提供贷款、贷款担保，但提供贷款、贷款担保的条件应当是正常商务条件。

第一百二十四条 公司违反前条规定提供贷款的，不论其贷款条件如何，收到款项的人应当立即偿还。

第一百二十五条 公司违反第一百二十三条第一款的规定所提供的贷款担保，不得强制公司执行；但下列情况除外：

（一）向公司或者其母公司的董事、监事、经理和其他高级管理人员的相关人提供贷款时，提供贷款人不知情的；

（二）公司提供的担保物已由提供贷款人合法地售予善意购买者的。

第一百二十六条 本章前述条款中所称担保，包括由保证人承担责任或者提供财产以保证义务人履行义务的行为。

第一百二十七条 公司董事、监事、经理和其他高级管理人员违反对公司所负的义务时，除法律、行政法规规定的各种权利、补救措施外，公司有权采取以下措施：

（一）要求有关董事、监事、经理和其他高级管理人员赔偿由于其失职给公司造成的损失；

（二）撤销任何由公司与有关董事、监事、经理和其他高级管理人员订立的合同或者交易，以及由公司与第三人（当第三人明知或者理应知道代表公司的董事、监事、经理和其他高级管理人员违反了对公司应负的义务）订立的合同或者交易；

（三）要求有关董事、监事、经理和其他高级管理人员交出因违反义务而获得的收益；

（四）追回有关董事、监事、经理和其他高级管理人员收受的本应为公司所收取的款项，包括（但不限于）佣金；

（五）要求有关董事、监事、经理和其他高级管理人员退还因本应交予公司的款项所赚取的、或者可能赚取的利息。

第一百二十八条 公司应当就报酬事项与公司董事、监事订立书面合同，并经股东大会事先批准。前述报酬事项包括：

（一）作为公司的董事、监事或者高级管理人员的报酬；

（二）作为公司的子公司的董事、监事或者高级管理人员的报酬；

（三）为公司及其子公司的管理提供其他服务的报酬；

（四）该董事或者监事因失去职位或者退休所获补偿的款项。

除按前述合同外，董事、监事不得因前述事项为其应获取的利益向公司提出诉讼。

第一百二十九条 公司在与公司董事、监事订立的有关报酬事项的合同中应当规定，当公司将被收购时，公司董事、监事在股东大会事先批准的条件下，有权取得因失去职位或者退休而获得的补偿或者其他款项。

前款所称公司被收购是指下列情况之一：

（一）任何人向全体股东提出收购要约；

（二）任何人提出收购要约，旨在使要约人成为控股股东。控股股东的定义与本章程第四十八条中的定义相同。

如果有关董事、监事不遵守本条规定，其收到的任何款项，应当归那些由于接受前述要约而将其股份出售的人所有，该董事、监事应当承担因按比例分发该等款项所产生的费用，该费用不得从该等款项中扣除。

第十五章 财务会计制度与利润分配

第一百三十条 公司依照法律、行政法规和国务院财政主管部门制定的中国会计准则的规定，制定本公司的财务会计制度。

第一百三十一条 公司应当在每一会计年度终了时制作财务报告，并依法经审查验证。

第一百三十二条 公司董事会应当在每次股东年会上，向股东呈交有关法律、行政法规、地方政府及主管部门颁布的规范性文件所规定由公司准备的财务报告。

第一百三十三条 公司的财务报告应当在召开股东大会年会的 20 日以前备置于本公司，供股东查阅。公司的每个股东都有权得到本章中所提及的财务报告。

到中国香港上市的公司至少应当将前述报告以邮资已付的邮件寄给每个境外上市外资股股东，受件人地址以股东的名册登记的地址为准。

第一百三十四条 公司的财务报表除应当按中国会计准则及法规编制外，还应当按国际或者境外上市地会计准则编制。如按两种会计准则编制的财务报表有重要出入，应当在财务报表附注中加以注明。公司在分配有关会计年度的税后利润时，以前述两种财务报表中税后利润数较少者为准。

第一百三十五条 公司公布或者披露的中期业绩或者财务资料应当按中国会计准则及法规编制,同时按国际或者境外上市地会计准则编制。

第一百三十六条 公司每一会计年度公布两次财务报告,即在一会计年度的前6个月结束后的60天内公布中期财务报告,会计年度结束后的120天内公布年度财务报告。

第一百三十七条 公司除法定的会计账册外,不得另立会计账册。

第一百三十八条 资本公积金包括下列款项:

(一)超过股票面额发行所得的溢价款;

(二)国务院财政主管部门规定列入资本公积金的其他收入。

第一百三十九条 公司可以下列形式分配股利:

(一)现金;

(二)股票。

第一百四十条 公司应当为持有境外上市外资股股份的股东委任收款代理人。收款代理人应当代有关股东收取公司就境外上市外资股股份分配的股利及其他应付的款项。

公司委任的收款代理人应当符合上市地法律或者证券交易所有关规定的要求。

第十六章 会计师事务所的聘任

第一百四十一条 公司应当聘用符合国家有关规定的、独立的会计师事务所,审计公司的年度财务报告,并审核公司的其他财务报告。

公司的首任会计师事务所可以由创立大会在首次股东年会前聘任,该会计师事务所的任期在首次股东年会结束时终止。

创立大会不行使前款规定的职权时,由董事会行使该职权。

第一百四十二条 公司聘用会计师事务所的聘期,自公司本次股东年会结束时起至下次股东年会结束时为止。

第一百四十三条 经公司聘用的会计师事务所享有下列权利:

(一)随时查阅公司的账簿、记录或者凭证,并有权要求公司的董事、经理或者其他高级管理人员提供有关资料和说明;

(二)要求公司采取一切合理措施,从其子公司取得该会计师事务所为履行职务而必需的资料和说明;

（三）出席股东会议，得到任何股东有权收到的会议通知或者与会议有关的其他信息，在任何股东会议上就涉及其作为公司的会计师事务所的事宜发言。

第一百四十四条 如果会计师事务所职位出现空缺，董事会在股东大会召开前，可以委任会计师事务所填补该空缺。但在空缺持续期间，公司如有其他在任的会计师事务所，该等会计师事务所仍可行事。

第一百四十五条 不论会计师事务所与公司订立的合同条款如何规定，股东大会可以在任何会计师事务所任期届满前，通过普通决议决定将该会计师事务所解聘。有关会计师事务所如有因被解聘而向公司索偿的权利，有关权利不因此而受影响。

第一百四十六条 会计师事务所的报酬或者确定报酬的方式由股东大会决定。由董事会聘任的会计师事务所的报酬由董事会确定。

第一百四十七条 公司聘用、解聘或者不再续聘会计师事务所由股东大会作出决定，并报国务院证券主管机构备案。

第一百四十八条 公司解聘或者不再续聘会计师事务所，应当事先通知会计师事务所，会计师事务所有权向股东大会陈述意见。会计师事务所提出辞聘的，应当向股东大会说明公司有无不当情事。

第十七章 公司的合并与分立

第一百四十九条 公司合并或者分立，应当由公司董事会提出方案，按公司章程规定的程序通过后，依法办理有关审批手续。反对公司合并、分立方案的股东，有权要求公司或者同意公司合并、分立方案的股东，以公平价格购买其股份。公司合并、分立决议的内容应当作成专门文件，供股东查阅。对到中国香港上市公司的境外上市外资股股东，前述文件还应当以邮件方式送达。

第一百五十条 公司合并可以采取吸收合并和新设合并两种形式。

公司合并，应当由合并各方签订合并协议，并编制资产负债表及财产清单。公司应当自作出合并决议之日起10日内通知债权人，并于30日内在报纸上至少公告3次。

公司合并后，合并各方的债权、债务，由合并后存续的公司或者新设的公司承继。

第一百五十一条　公司分立，其财产应当作相应的分割。

公司分立，应当由分立各方签订分立协议，并编制资产负债表及财产清单。公司应当自作出分立决议之日起 10 日内通知债权人，并于 30 日内在报纸上至少公告 3 次。

公司分立前的债务按所达成的协议由分立后的公司承担。

第一百五十二条　公司合并或者分立，登记事项发生变更的，应当依法向公司登记机关办理变更登记；公司解散的，依法办理公司注销登记；设立新公司的，依法办理公司设立登记。

第十八章　公司解散的清算

第一百五十三条　公司有下列情形之一的，应当解散并依法进行清算：

（一）营业期限届满；

（二）股东大会决议解散；

（三）因公司合并或者分立需要解散；

（四）公司因不能清偿到期债务被依法宣告破产；

（五）公司违反法律、行政法规被依法责令关闭。

第一百五十四条　公司因前条（一）、（二）项规定解散的，应当在 15 日之内成立清算组，并由股东大会以普通决议的方式确定其人选。

公司因前条（四）项规定解散的，由人民法院依照有关法律的规定，组织股东、有关机关及有关专业人员成立清算组，进行清算。

公司因前条（五）项规定解散的，由有关主管机关组织股东、有关机关及有关专业人员成立清算组，进行清算。

第一百五十五条　如董事会决定公司进行清算（因公司宣告破产而清算的除外），应当在为此召集的股东大会的通知中，声明董事会对公司的状况已经做了全面的调查，并认为公司可以在清算开始后 12 个月内全部清偿公司债务。

股东大会进行清算的决议通过之后，公司董事会的职权立即终止。

清算组应当遵循股东大会的指示，每年至少向股东大会报告一次清算组的收入和支出，公司的业务和清算的进展，并在清算结束时向股东大会作最后报告。

第一百五十六条　清算组应当自成立之日起 10 日内通知债权人，并于 60 日内在报纸上至少公告 3 次。清算组应当对债权进行登记。

第一百五十七条 清算组在清算期间行使下列职权：

（一）清理公司财产，分别编制资产负债表和财产清单；

（二）通知或者公告债权人；

（三）处理与清算有关的公司未了结的业务；

（四）清缴所欠税款；

（五）清理债权、债务；

（六）处理公司清偿债务后的剩余财产；

（七）代表公司参与民事诉讼活动。

第一百五十八条 清算组在清理公司财产、编制资产负债表和财产清单后，应当制定清算方案，并报股东大会或者有关主管机关确认。

公司财产按下列顺序清偿：[清偿顺序]。

公司财产按前款规定清偿后的剩余财产，由公司股东按其持有股份的种类和比例进行分配。

清算期间，公司不得开展新的经营活动。

第一百五十九条 因公司解散而清算，清算组在清理公司财产、编制资产负债表和财产清单后，发现公司财产不足清偿债务的，应当立即向人民法院申请宣告破产。

公司经人民法院裁定宣告破产后，清算组应当制作清算事务移交给人民法院。

第一百六十条 公司清算结束后，清算组应当制作清算报告以及清算期内收支报表和财务账册，经中国注册会计师验证后，报股东大会或者有关主管机关确认。清算组应当自股东大会或者有关主管机关确认之日起 30 日内，将前述文件报送公司登记机关，申请注销公司登记，公告公司终止。

第十九章　公司章程的修订程序

第一百六十一条 公司根据法律、行政法规及公司章程的规定，可以修改公司章程。

第一百六十二条 公司章程的修改，涉及《到境外上市公司章程必备条款》（简称《必备条款》）内容的，经国务院授权的公司审批部门和国务院证券委员会批准后生效；涉及公司登记事项的，应当依法办理变更登记。

第二十章 争议的解决

第一百六十三条 凡境外上市外资股股东与公司之间，境外上市外资股股东与公司董事、监事、经理或者其他高级管理人员之间，境外上市外资股股东与内资股股东之间，基于公司章程及有关法律、行政法规所规定的权利义务发生的与公司事务有关的争议或者权利主张，国务院证券主管机构未就争议解决方式与境外有关证券监管机构达成谅解、协议的，有关当事人可以依照法律、行政法规规定的方式解决，也可以双方协议确定的方式解决。

到中国香港上市的公司，应当将下列内容载入公司章程：

（一）凡境外上市外资股股东与公司之间，境外上市外资股股东与公司董事、监事、经理或者其他高级管理人员之间，境外上市外资股股东与内资股股东之间，基于公司章程、《公司法》及其他有关法律、行政法规所规定的权利义务发生的与公司事务有关的争议或者权利主张，有关当事人应当将此类争议或者权利主张提交仲裁解决。

前述争议或者权利主张提交仲裁时，应当是全部权利主张或者争议整体；所有由于同一事由有诉因的人或者该争议或权利主张的解决需要其参与的人，如果其身份为公司或公司股东、董事、监事、经理或者其他高级管理人员，应当服从仲裁。

有关股东界定、股东名册的争议，可以不用仲裁方式解决。

（二）申请仲裁者可以选择中国国际经济贸易仲裁委员会按其仲裁规则进行仲裁，也可以选择中国香港国际仲裁中心按其证券仲裁规则进行仲裁。

申请仲裁者将争议或者权利主张提交仲裁后，对方必须在申请者选择的仲裁机构进行仲裁。

如申请仲裁者选择中国香港国际仲裁中心进行仲裁，则任何一方可以按中国香港国际仲裁中心的证券仲裁规则的规定请求该仲裁在深圳进行。

（三）以仲裁方式解决因（一）项所述争议或者权利主张，适用中华人民共和国的法律；但法律、行政法规另有规定的除外。

（四）仲裁机构作出的裁决是终局裁决，对各方均具有约束力。

第二十一章 附 则

第一百六十四条 《必备条款》中明确规定到中国香港上市的股份有限公司章程所应当载明的内容，无须载入到中国香港以外的其他地区或者国家上市的股份有限公司的章程。

第一百六十五条 对于到中国香港上市的公司，《必备条款》中所称会计师事务所的含义与"核数师"相同。

第一百六十六条 《必备条款》中，以"[　]"标示的内容，由公司按照实际情况填入；以"（　）"标示的内容，必须载入公司章程。

附件7：关于境外上市公司进一步做好信息披露工作的若干意见

关于境外上市公司进一步做好信息披露工作的若干意见

（中国证监会1999年3月26日证监发〔1999〕18号发布）

为了规范境外上市公司（以下简称"公司"）信息披露行为，进一步增加公司透明度，切实保护投资者利益及公司的长远利益，树立公司在国际资本市场的良好形象，现就境外上市公司进一步做好信息披露工作问题提出以下意见。

一、要严格按照境内及境外上市地的要求履行信息披露义务

公司全体董事承担诚信义务，须熟悉境内外上市法规，努力增加公司透明度，取得投资者的信任。为此，必须严格履行所签订《上市协议》、《董事的声明及承诺》等的义务及境内外上市法规、规则的相关责任，切实搞好信息披露，保证公司发布的信息没有虚假、严重误导性陈述或重大遗漏，并对此承担相应的法律责任。公司要向聘请的境内外会计师事务所、律师事务所、资产评估公司等中介机构提供全面、及时、准确的资料，上述机构也要做好尽职调查，对其出具文件和内容没有虚假、严重误导性陈述或者重大遗漏承担相应的法律责任。公司与有关中介机构在发行上市和上市后持续经营过程中应严格执行所签订的协议。公司董事及上述相关人士有责任不断推动公司改进信息披露工作，提高信息披露质量。

二、要重视对重大事件及关联交易的信息披露

公司发生重大事件，或发生上市地法规及上市规则要求公布的事件（如中国香港联交所《上市规则》所涉及的五类"须予公布的交易"以及会影响证券价格的资料），要做到全面、及时、准确地进行信息披露，并同时报中国证监会备案。上述重大事件至少应包括以下内容：

（1）公司签署包括进行收购或变卖重要资产等方面内容的重要合约；

（2）公司发生重大经营性或者非经营性亏损；

（3）公司资产遭受重大损失；

（4）涉及公司的重大诉讼事项；

（5）公司通过发行债券等进行的融资活动；

（6）公司用营运资产、股权进行抵押的活动；

（7）公司发生的重大关联交易；

（8）公司董事长、总经理、财务负责人、独立董事及董事会秘书发生人事变动，或者30%以上的董事发生变动；

（9）公司或控股公司重组对公司业务存在重大影响的事项；

（10）其他证券监管机构认定的重大事件。当公司进行重大资产和股权的收购和兼并时，在磋商洽谈阶段应注意保守秘密，消息一旦外泄，应及时披露。公司在董事长、监事会主席、总经理、财务负责人、独立董事或监事、董事会秘书发生变动之前，应通告中国证监会。上述人员的简历要送中国证监会备案，并履行有关的信息披露义务。

三、要审慎对待预测性的信息披露，适时披露公司重大风险及潜在风险

公司要对预测（计划）性信息及承诺持审慎负责的态度，在定期报告、临时报告及其他各种场合对公司发展前景、财务和经营状况进行预测及发布时，要充分考虑有关政策及市场风险因素。凡已公开披露的预测性信息和承诺，一旦认为不能实现或对市场可能产生误导，公司应及时披露，并予以必要的解释和说明。

公司在生产经营和资产交易过程中，发现存在重大风险，或者正在发生重大经营亏损或资产损失，或出现其他对股价有重大影响的事件，均应在适当时机发出正式公告提醒投资者，并通知境外监管机构及中国证监会，也可以与上市保荐人等协商披露。对于其他在生产经营和资产交易中出现的非重大事件，公司也可在适当时机采取适当方式告知投资者，以增加公司透明度。公司要学习对股价敏感性信息披露的处理技巧，尽量平缓释放在经营过程中可能对股价有重大影响的因素。

在公司处于困难或逆境的时候，公司领导和董事会秘书尤其要重视信息披露，加强与投资者的沟通。

四、要严格按照境内外上市要求继续做好定期报告的披露，协调好不同上市地的信息披露工作

对于在境内、外以及境外不同市场同时发行股票并上市的公司，公开披露的信息要同时公告,并遵从报告内容从多不从少、报告编制时间从短不从长、报告要求从严不从宽的原则。对于因会计制度不同而出现的差异,要在各自披露的信息中加以解释和说明。年度报告、中期报告在报纸公布的当天,须将内容摘要传真至中国证监会,并于公布后10个工作日内将报告一式5套报中国证监会备案。

五、要建立健全公司信息披露的责任和内部协调制度

公司董事、经理及董事会秘书对公司全面、及时和准确地履行信息披露义务负有直接责任。公司可以建立信息披露发言人制度,董事会秘书承担协调和组织公司信息披露的责任,负责与境内外证券监管机构、新闻媒体及投资者的联系。公司要注意协调对外宣传和披露事宜,适时研究和协调对外发言的口径。

公司董事及管理层要为信息披露工作提供必要的条件,在机构设置、人员配备等方面予以支持。董事会秘书要通过列席董事会会议、参加公司管理层会议及其他涉及信息披露的有关会议,充分把握和协调有关信息披露事宜。公司各部门要积极配合董事会秘书开展工作,提供为履行信息披露所需的资料和信息。公司内设机构在进行有关财务、生产、投资、重大人事变动等宣传报道时,应主动与董事会秘书协商。

公司董事、管理层、协助公司处理有关事务的投资银行、律师、会计师及其他中介咨询人士,以及因工作关系触及公司敏感信息的其他人士,必须保守公司资料秘密,并制定行之有效的保密措施。对于各种原因引致的公司股价敏感资料外泄,公司领导及董事会秘书要及时研究采取补救措施,及时加以解释和澄清,并通告境外上市地监管机构及中国证监会。

六、加强公司推介,重视来访接待

公司董事长、总经理等主要负责人应主动保持与投资者及市场分析人士的接触和沟通,加强与资本市场的联系。公司应从实际出发,多渠道接触投资者,每年举办一至两次境内或境外推介活动。在出现或可能出现公司股价异常波动特别是市场出现消极预期的情况下,公司主要负责人要主动与市场人士见面。对投资者和市场分析人士来访,要热情接待,同时应小心谨慎,避免造成不平等的信息披露。公司管理层及董事会秘书要重视和关心市场各界提出的问题和意见,保证有畅通的渠道及必要的人员接受投资者的问询。董事会秘书要密切跟踪和搜集有关公司的市场信息,及时向公司董事和管理层报告,并根据情况加以利导。对市场推介和重要来访等活动要健全记录，形成总结报告。公司对外推介的总结报告要书面抄送中国证监会。

七、公司控股单位要支持公司履行信息披露义务

公司依法按境内外法规及监管机构的要求披露信息，要主动向公司控股单位、有关政府部门和机构说明并解释有关信息披露的法律法规，汇报对敏感信息披露的工作安排。公司控股单位、有关政府部门和机构不得干预公司按有关规定披露信息。

公司要及时了解并积极研究有关重大政策信息，注意协调相关矛盾。公司控股单位及有关政府部门要充分考虑公司信息披露的特殊性，及时将可能对公司生产经营发生重大影响的政策通告公司，以保证公司全面履行信息披露义务。凡涉及对公司有影响的消息应由公司发表，非公司指定的任何人士不得就在中国香港等地上市的公司随便发表讲话。

八、加强对境外上市公司信息披露的监管

中国证监会支持公司积极进行信息披露，可以帮助协调公司与有关政府部门、控股单位等在信息披露过程中出现的矛盾和需解决的问题。公司在遇到难以协调的问题时，可及时通报中国证监会。中国证监会督促公司严格按照有关要求履行信息披露义务，保持与境外监管机构在信息披露监管方面的交流，协调处理公司在信息披露过程中与境外证券监管机构之间的矛盾。对公司及有关投资银行、会计师、律师及其他中介机构未能履行有关信息披露义务，出现敏感信息泄露并产生重大危害，出现投资者投诉等，中国证监会将及时组织调查，提出协调解决问题的意见或建议。中国证监会对执行本《意见》的公司及有关责任人给予或建议给予必要的奖励或处分。各证券监管机构受中国证监会委托配合督促公司做好信息披露工作，协助调查处理有关问题。

附件 8：关于进一步促进境外上市公司规范运作和深化改革的意见

关于进一步促进境外上市公司规范运作和深化改革的意见

（国家经贸委、中国证监会 1999 年 3 月 29 日国经贸企改 [1999] 230 号发布）

境外上市公司（以下简称公司）是到境外募集资本的公司，是现代企业制度的一种组织形式，在公司治理结构和信息披露等方面有较高的要求。目前，大多数公司在制度创新和转换经营机制方面取得了进展，但也有一些公司的经营机制转换没有完全到位，在规范运作及内部管理等方面存在问题。为进一步促进公司严格遵循境内外有关法律和法规，切实履行对投资者的持续责任，树立公司在境内外资本市场的良好形象，现对公司规范运作和深化改革提出以下意见：

一、公司的经营机构与控股机构必须分开

公司必须按现代企业制度的要求理顺公司管理体制。公司和控股机构（指对公司控股的具有法人资格的公司、企事业单位，下同）必须各自独立核算，独立承担责任和风险。控股机构主要通过股东会以法定程序对公司行使股东权利。公司的机构，特别是董事会、经理层、财务、营销等机构应独立于控股机构；凡是目前没有独立的，必须在 1999 年年底前分开。控股机构的内设机构与公司的相应部门没有上下级关系，前者不得通过下发文件等形式影响公司机构的独立性。

控股机构向公司派出股权代表依法进入董事会。控股机构的高级管理人员（董事长、副董事长、执行董事）兼任公司董事长、副董事长、执行董事职务的人数不得超过 2 名，且必须分清各自职务的职责，承担所兼职务的法定责任和行使所兼职务的法定权利，并保证有足够的时间和必要的知识能力承担公司的工作。控股机构的管理人员不得兼任公司经理、副经理、财务主管、营销主管和董事会秘书。

二、进一步深化控股机构和公司的改组工作

国有控股机构的主要业务和资产已纳入公司的，控股机构的职能要逐步划转或合并到其他国有法人实体。除公司业务外还拥有其他资产和业务的控股机构，应减少与公司的关联交易，避免同业竞争。

要逐步分离控股机构的办社会职能以及非经营性资产，通过拍卖、并购、移交地方政府、纳入当地社会保障体系等方式实现社会化经营。对于目前难以彻底分离的，要制定严格的管理办法，保证在财务和人员等方面与公司分开。

分离公司办社会职能以及非经营性资产，要严格执行上市重组时公司与控股机构所签订的协议；对分离不彻底的，要继续分离，限期完成。新上市的公司应在上市前制订分离办社会职能以及非经营性资产的具体方案，有关遗留问题要明确解决的办法和责任，否则不予批准上市。各级政府及有关部门要采取积极措施，支持公司和控股机构的改组工作。

三、明确公司决策程序，强化董事责任

公司必须在公司章程中明确决策程序，不能以非股东大会的任何形式代替股东大会进行决策。公司也不得以其他形式（如联席会议等）代替董事会进行决策。凡须经公司董事会决策的重大事项，必须按法定时间事先通知所有执行董事及外部董事（指不在公司内部任职的董事，下同），并同时提供足够的资料，严格按照规定的程序进行。董事可要求提出补充材料。当1/4以上董事或2名以上外部董事认为资料不充分或论证不明确时，可联名提出缓开董事会或缓议董事会所议的部分事项，董事会应予以采纳。

公司董事负有诚信义务，应当勤勉尽责。董事应当以认真负责的态度出席董事会，对所议事项表达明确的意见。董事无法出席董事会，不得转让其表决权，可以书面形式委托其他董事代为出席，但要独立承担法律责任。凡未按法定程序形成经董事签字的书面决议，即使每一位董事都以不同方式表示过意见，亦不具有董事会决议的法律效力；董事会的决议违反法律、行政法规和公司章程，投赞成票的董事应承担直接责任；对经证明在表决时曾表明异议并记载于会议记录的投反对票的董事，可以免除责任；对在表决中投弃权票或未出席也未委托他人出席的董事不得免除责任；对在讨论中明确提出异议但在表决中未明确投反对票的董事，也不得免除责任。董事会要对会议所议事项及决议进行完整记录。董事会秘

书要认真组织记录和整理会议所议事项，并在决议上签字，承担准确记录的责任。

四、强化董事会的战略决策功能，积极利用好社会咨询力量

公司董事会要集中精力组织研究公司的长远发展战略，可根据需要成立战略决策、审计等专业性的委员会。公司在作出有关市场开发、兼并收购、新领域投资等方面的决策前，对投资额或兼并收购资产额达到公司总资产10%以上的项目，应聘请社会咨询机构提供专业意见，作为董事会决策的重要依据。

五、保持公司高级管理人员的稳定，提高公司高级管理人员素质

公司高级管理人员（指董事、监事、经理、副经理、财务主管和董事会秘书，下同）的选举、委派或聘任，应严格按照《中华人民共和国公司法》（以下简称《公司法》）和《到境外上市公司章程必备条款》（以下简称《必备条款》）的有关规定执行。如无特殊原因，有关高级管理人员在公司章程要求的任期内不得随意变动；若变动，必须履行法定的手续和程序，向社会公众披露，并报中国证监会备案。对经营业绩突出的公司，董事长、经理应相对稳定。

公司董事会和经理层应具备合理的知识结构，应吸收发展战略、财务、营销、技术开发以及法律等方面的专业人才。公司董事长、经理、财务主管、董事会秘书应参加中国证监会认定的境外上市相关知识的培训并通过任职资格考试。公司要立足境内和境外人才市场，择优聘任财务、市场开拓、技术开发等高级管理人员。

六、逐步建立健全外部董事和独立董事制度

公司应增加外部董事的比重。董事会换届时，外部董事应占董事会人数的1/2以上，并应有2名以上的独立董事（独立于公司股东且不在公司内部任职的董事，下同）。外部董事应有足够的时间和必要的知识能力以履行其职责。外部董事履行职责时，公司必须提供必要的信息资料。独立董事所发表的意见应在董事会决议中列明。公司的关联交易必须由独立董事签字后方能生效。2名以上的独立董事可提议召开临时股东大会。独立董事可直接向股东大会、中国证监会和其他有关部门报告情况。

七、加强公司监事会的建设

公司要不断强化监事会的功能，明确监事会的职责和权限，制定监事会的具体工作规则和议事程序，避免监事会流于形式。公司监事会的首要职责是检查公司财务，有了解和查询公司经营情况的权利，可按规定程序向董事会秘书及财务部门索要有关材料，并承担相应的保密义务。监事会可对公司聘用会计师事务所发表建议，可在必要时以公司名义另行委托会计师事务所独立审查公司财务，可直接向中国证监会及其他有关部门报告情况。国家有关部门可委托公司监事会对特定的事项进行调查。公司应增加外部监事（不在公司内部任职的监事，下同）的比重。如果公司监事会换届，外部监事应占监事会人数的1/2以上，并应有2名以上的独立监事（独立于公司股东且不在公司内部任职的监事）。公司外部监事应向股东大会独立报告公司高级管理人员的诚信及勤勉尽责表现。

八、充分发挥董事会秘书的作用

公司董事会秘书由董事会委任，经董事会授权负责协调和组织公司的信息披露工作，负责与投资者、证券监管机构、新闻媒体的联络工作。公司董事会及经理层要注意增强公司透明度，积极支持董事会秘书履行职责，并在工作机构及人员配备方面给予必要的保证。

九、探索对公司高级管理人员的激励办法

公司可从自身经营特点出发，将公司高级管理人员的物质利益与公司业绩联系起来，根据收入公开、提高透明度的原则，设计各具特色的分配和奖励办法。经股东大会同意，公司可采取适当的形式，对公司高级管理人员及在技术创新、经营风险大、挑战性强且绩效易于考核的岗位上的有特殊贡献的人员进行奖励。

十、深化公司内部改革

公司要防止和改变重筹资、轻转制的倾向，要根据市场竞争的要求，组织生产经营活动，深化内部改革，转换经营机制，建立科学有效的管理制度。

公司可自主决定内部机构设置和招工的条件、方式、数量与时间。公司依照法律、法规和公司章程，可实行经济性裁员，解除与职工签订的劳动合同；可辞退、开除职工。

公司要取消"干部"和"工人"的称谓，打破"干部"和"工人"的身份界限和岗位界限，不得套用政府机关的行政级别。对管理人员要实行竞争上岗、淘汰下岗。

公司自主决定年度工资总额和内部分配办法。公司必须按照国家有关规定实行住房制度改革，停止对职工福利分房。公司要参加社会保障制度的改革，按照国家有关规定办理职工的养老、失业、医疗等项保险。

十一、政企分开、规范股东与公司的出资关系

解除公司与政府部门的行政隶属关系，公司与政府部门在资产、财务、人员管理等方面要彻底脱钩。政府部门不得干预公司的生产经营管理，不得向公司收缴任何形式的管理费或监管费。

行使公司国家股股权的机构或公司国有法人股的持股机构委派的股东代表，要按照法律规定的程序出席股东大会，依法行使权利。任何股东机构及其委派的代表不得越过股东大会干预公司的生产经营管理、任免公司的高级管理人员，不得对公司股东大会人事选举决议和董事会人事聘任决议履行批准手续。

附件9：境外上市公司董事会秘书工作指引

境外上市公司董事会秘书工作指引

(中国证监会1999年4月8日证监发行字〔1999〕39号发布)

为了促进境外上市公司(以下简称"公司")规范运作，充分发挥董事会秘书的作用，加强对董事会秘书工作的指导，根据《国务院关于股份有限公司境外募集股份及上市的特别规定》、《到境外上市公司章程必备条款》等有关境外发行上市法规和规则，并参照境内外有关董事会秘书管理办法，现就公司董事会秘书工作提出如下要求：

第一章 董事会秘书的地位、主要任务及任职资格

第一条 董事会秘书是公司高级管理人员，承担法律、法规及公司章程对公司高级管理人员所要求的义务，享有相应的工作职权，并获取相应的报酬。

第二条 董事会秘书的主要任务是协助董事处理董事会的日常工作，持续向董事提供、提醒并确保其了解境内外监管机构有关公司运作的法规、政策及要求，协助董事及经理在行使职权时切实履行境内外法律、法规、公司章程及其他有关规定；负责董事会、股东大会文件的有关组织和准备工作，作好会议记录，保证会议决策符合法定程序，并掌握董事会决议执行情况；负责组织协调信息披露，协调与投资者关系，增强公司透明度；参与组织资本市场融资；处理与中介机构、监管部门、媒体的关系，搞好公共关系。

第三条 公司董事会秘书应具备境外上市的专业知识和有关法律法规知识，原则上应懂外语，熟悉公司经营情况和行业知识，掌握履行其职责所应具备的相关知识，具备良好的个人品质和职业道德，具有较强的公关能力和协调能力。

第四条 董事会秘书必须符合境外监管机构及有关上市规则的要求。应具有大学专科以上学历,具有3年以上从事金融或财务审计、工商管理或法律等方面的工作经历,参加过中国证监会及其他机构组织的董事会秘书任职资格培训并考核合格。

具有《到境外上市公司章程必备条款》第112条规定情形之一的自然人不得担任董事会秘书。

第五条 公司董事会聘任董事会秘书前应报中国证监会备案,应予公开披露。备案的主要资料包括:

(1) 董事会秘书的履历、学历证明(复印件)、相关工作经历;
(2) 有关培训及任职资格证书;
(3) 董事会出具的董事会秘书聘任文件;
(4) 监管部门要求的其他资料。

第六条 公司董事会秘书原则上应由专职人员担任。如果公司董事或其他高级管理人员兼任,必须保证能有足够的精力和时间承担董事会秘书的职责。公司总经理(不含副职)、财务负责人不得兼任董事会秘书。

第二章 董事会秘书的职权范围

第七条 组织筹备董事会会议和股东大会,准备会议文件,安排有关会务,负责会议记录,保障记录的准确性,保管会议文件和记录,主动掌握有关决议的执行情况。对实施中的重要问题,应向董事会报告并提出建议。

第八条 为强化公司董事会的战略决策和导向功能,董事会秘书应确保公司董事会决策的重大事项严格按规定的程序进行。根据董事会要求,参加组织董事会决策事项的咨询、分析,提出相应的意见和建议。受委托承办董事会及其有关委员会的日常工作。

第九条 董事会秘书作为公司与证券监管部门的联络人,负责组织准备和及时递交监管部门所要求的文件,负责接受监管部门下达的有关任务并组织完成。

第十条 负责协调和组织公司信息披露事宜,建立健全有关信息披露的制度,参加公司所有涉及信息披露的有关会议,及时知晓公司重大经营决策及有关信息资料。

第十一条 负责公司股价敏感资料的保密工作，并制定行之有效的保密制度和措施。对于各种原因引致公司股价敏感资料外泄，要采取必要的补救措施，及时加以解释和澄清，并通告境外上市地监管机构及中国证监会。

第十二条 负责协调组织市场推介，协调来访接待，处理投资者关系，保持与投资者、中介机构及新闻媒体的联系，负责协调解答社会公众的提问，确保投资人及时得到公司披露的资料。组织筹备公司境内外推介宣传活动，对市场推介和重要来访等活动形成总结报告，并组织向中国证监会报告有关事宜。

第十三条 负责管理和保存公司股东名册资料、董事名册、大股东的持股数量和董事股份的记录资料，以及公司发行在外的债券权益人名单。可以保管公司印章，并建立健全公司印章的管理办法。

第十四条 协助董事及经理在行使职权时切实履行境内外法律、法规、公司章程及其他有关规定。在知悉公司作出或可能作出违反有关规定的决议时，有义务及时提醒，并有权如实向中国证监会及其他监管机构反映情况。

第十五条 协调向公司监事会及其他审核机构履行监督职能提供必须的信息资料，协助做好对有关公司财务主管、公司董事和经理履行诚信责任的调查。

履行董事会授予的其他职权以及境外上市地要求具有的其他职权。

第三章 董事会秘书的法律责任

第十六条 董事会秘书对公司负有诚信和勤勉的义务，应当遵守公司章程，忠实履行职责，维护公司利益，不得利用在公司的地位和职权为自己谋私利。董事会秘书在需要把部分职责交与他人行使时，必须经董事会同意，并确保所委托的职责得到依法执行，一旦发生违法行为，董事会秘书应承担相应的责任。中国证监会对董事会秘书的工作，可给予或建议给予必要的鼓励或处分。

第十七条 董事会秘书在任职期间出现下列情形之一时，董事会应终止对其聘任：

（1）未能履行有关职责和义务，对公司造成重大损失；

（2）在执行职务时违反法律、法规、公司章程及其他有关规定，造成严重后果或恶劣影响；

（3）泄露公司机密，造成严重后果或恶劣影响；

（4）监管机构认为其不具备继续出任董事会秘书的条件；

（5）董事会认定的其他情形。中国证监会对董事会秘书的工作可给予或建议给予必要的鼓励或处分。

第十八条 被解聘的董事会秘书离任前应接受公司监事会的离任审查，并在公司监事会的监督下，将有关档案材料、尚未了结的事务、遗留问题，完整移交给继任的董事会秘书。董事会秘书在离任时应签订必要的保密协议，履行持续保密义务。

第四章 其 他

第十九条 公司董事、经理及公司内部有关部门要支持董事会秘书依法履行职责，在机构设置、工作人员配备以及经费等方面予以必要的保证。公司各有关部门要积极配合董事会秘书工作机构的工作。

第二十条 公司不得无故解聘董事会秘书，董事会秘书的变动必须事先报中国证监会备案并通知境外上市地有关监管机构。公司董事会终止聘任前任董事会秘书的同时，须按规定的程序和手续重新聘任董事会秘书。

第二十一条 本指引由中国证监会负责解释或补充修订。

附件10：国家外汇管理局关于境外上市外汇管理有关问题的通知

国家外汇管理局关于境外上市外汇管理有关问题的通知

(外汇局2013年2月7日汇发〔2013〕5号发布，自发布之日起施行)

国家外汇管理局各省、自治区、直辖市分局、外汇管理部，深圳、大连、青岛、厦门、宁波市分局：

为规范和完善境外上市外汇管理，根据《中华人民共和国外汇管理条例》等相关法规，现就有关事项通知如下：

一、本通知所称境外上市，是指在境内注册的股份有限公司经中国证券监督管理委员会（以下简称中国证监会）许可，在境外发行股票（含股票派生形式证券）、可转换为股票的公司债券等法律、法规允许的证券，并在境外证券交易所公开上市流通的行为，该类公司以下简称境内公司。

二、国家外汇管理局及其分支机构（以下简称外汇局）对境内公司境外上市涉及的业务登记、账户开立与使用、跨境收支、资金汇兑等行为实施监督、管理与检查。

三、境内公司应在境外上市首次发股结束后的15个工作日内，持下列材料到其注册所在地外汇局（以下简称所在地外汇局）办理境外上市登记：

（一）书面申请，并附《境外上市登记表》（见附件1）；

（二）中国证监会许可该境内企业境外上市的证明文件；

（三）境外发股结束的公告文件；

（四）前述材料内容不一致或不能说明交易真实性时，要求提供的补充材料。

外汇局审核上述材料无误后，为境内公司出具境外上市登记证明，境内公司凭该证明办理境外上市有关业务。

四、境内公司境外上市后，其境内股东拟根据有关规定增持或减持境外股份的，应持下列材料到境内股东所在地外汇局办理境外持股登记：

（一）书面申请，并附《境外持股登记表》（见附件2）；

（二）关于增持或减持事项的董事会或股东大会决议（如需要）；

（三）需经国有资产管理部门等相关部门批准的，另需提供相关部门的批准文件；

（四）前述材料内容不一致或不能说明交易真实性时，要求提供的补充材料。

外汇局审核上述材料无误后，为境内股东出具境外持股登记证明，境内股东凭该证明办理后续增持或减持有关业务。

五、境内公司应当凭境外上市登记证明，针对其首发（或增发）、回购业务，分别在所在地银行开立境内专用账户，用以办理与该项业务对应的资金汇兑与划转（相关账户类型、收支范围及注意事项见附件3）。

六、境内公司的境内股东应当凭境外持股登记证明，针对其增持或减持境外股份业务，分别在所在地银行开立境内专用账户，用以办理与该项业务对应的资金汇兑与划转（相关账户类型、收支范围及注意事项见附件3）。

七、境内公司及其境内股东因办理境外上市相关业务需在境外开立专用账户的，该境外专用账户的收支范围应当符合附件3的相关要求。

八、境内公司境外上市募集资金可调回对应的境内专用账户或存放境外专用账户，资金用途应与招股说明文件或公司债券募集说明文件、股东通函、股东大会决议等公开披露的文件（以下简称公开披露文件）所列相关内容一致。发行可转换为股票的公司债券所募集资金拟调回境内的，应调回其外债专户并按外债管理有关规定使用；发行其他形式证券所募集资金拟调回境内的，应调回对应的境外上市境内专用账户。

九、境内公司申请境外上市境内专用账户资金结汇的，应向所在地外汇局提供以下材料：

（一）书面申请（详细说明境外资金募集及其调回或留存境外情况、结汇资金数额及用途，前述情况是否与公开披露文件所列相关内容一致等）；

（二）境外上市登记证明；

（三）资金调回及结汇用途与公开披露文件所列的资金用途不一致或公开披露文件未予明确的，另需提供关于变更或明确对应资金用途的董事会或股东大会决议；

（四）前述材料内容不一致或不能说明交易真实性时，要求提供的补充材料。

外汇局审核上述材料无误后为境内公司出具结汇核准件，境内公司凭该核准件到银行办理结汇手续。

十、境内公司回购其境外股票，可使用符合有关规定的境外资金，也可境内汇出资金。需由境内汇出的，可凭列明了相关回购信息的境外上市登记证明，到银行办理资金划入其回购境内专用账户及汇出境外的手续。

回购结束后，由境内汇出境外用于回购的资金如有剩余，应汇回回购境内专用账户。其中，原自有外汇部分以内的金额及其利息应划回其原划出的境内外汇账户，原购汇部分以内的金额及其利息可结汇。相关划转及汇兑手续可凭境外上市登记证明到银行直接办理。

十一、境内股东依据有关规定增持境内公司境外股份，可以使用符合有关规定的境外资金，也可以从境内汇出。需由境内汇出的，可凭境外持股登记证明，到银行办理资金划入其增持境内专用账户及汇出境外的手续。

增持结束后，由境内汇出境外用于增持的资金如有剩余，应汇回增持境内专用账户。其中，原自有外汇部分以内的金额及其利息应划回其原划出的境内外汇账户，原购汇部分以内的金额及其利息可结汇。相关划转及汇兑手续可凭境外持股登记证明到银行直接办理。

十二、境内股东因减持、转让境内公司境外股份或境内公司从境外证券市场退市等原因所得的资本项下收入，应当自该收入获得之日起2年内调回其减持境内专用账户。

上述调回资金若需结汇，可凭境外持股登记证明直接到银行办理。

十三、境内公司若发生如下情形，应在15个工作日内持书面申请、原境外上市登记证明、最新填写的《境外上市登记表》及相关交易真实性证明材料，到所在地外汇局办理境外上市登记变更：

（一）境外上市公司名称、注册地址、主要股东信息等基本信息发生变更；

（二）增发股票或资本公积、盈余公积、未分配利润转增股本等资本变动；

（三）回购境外股票或将可转换债券转为股票（需提供外债登记变更或注销凭证）；

（四）境内股东减持、增持、转让、受让境外股份计划实施完毕使得境外上市公司股权结构发生变化；

（五）原登记的境外募集资金使用计划和用途发生变更；

（六）需经主管部门审批或备案的变更事项，另需提供主管部门关于变更事项的批复或备案文件；

（七）其他登记证明有关内容的变更。

十四、境内股东应在其持有境内公司境外股份的相关安排发生重大变更（如增持或减持的比例、价格、期限、进度等发生变化等）的15个工作日内，持书面申请、原境外持股登记证明、最新填写的《境外持股登记表》及相关交易真实性证明材料，到所在地外汇局办理变更登记。

十五、境内公司的国有股东按照《减持国有股筹集社会保障资金管理暂行办法》（国发［2001］22号）有关规定需将减持收入上缴全国社会保障基金（以下简称社保基金）的，应当由该境内公司代为办理，并通过该境内公司的境内外专用账户办理相应的资金汇兑与划转。

境内公司应持国有股东需上缴社保基金的减持收入情况说明（包括减持应得资金测算说明和应缴、拟缴资金数额等）、境外上市登记证明等材料，向其境内专用账户开户银行申请将国有股东减持收入直接划转（或结汇划转）至财政部在境内银行开立的对应账户。

十六、境内公司向境外的监管部门、交易所、承销机构、律师、会计师等境外机构支付与其境外上市相关的合理费用，原则上应从境外上市募集资金中扣减，确需从境内汇出（含购汇汇出）的，应持下列材料向银行申请办理：

（一）境外上市登记证明；

（二）能够说明汇出（含购汇汇出）境外金额及对应事项的境外上市费用支付清单及相关证明材料；

（三）有关境外机构应向境内税务部门完税的，另需提供代扣境外企业或个人税款等相关税务证明。

十七、境内公司从境外证券市场退市的，应在退市后的15个工作日内持主管部门相关批复复印件、退市公告等真实性证明材料及相关账户及资金处理情况说明到所在地外汇局办理境外上市登记注销。

十八、境内公司及境内股东应在对应的境外专用账户开立、变更或关闭后的10个工作日内，及时将相关情况报外汇局备案（见附件4）。

境内公司及境内股东的开户银行应于每月初3个工作日内向外汇局报送《境外上市境内专用账户开立及关闭情况表》（见附件5）、《境外上市境内专用账户收支情况表》（见附件6）。

境内公司所在地国家外汇管理局分局、外汇管理部（以下简称分局）应于每月初5个工作日内向国家外汇管理局上报《境外上市业务情况汇总表》（见附件7）。

十九、境内公司、境内股东及相关境内银行应当按照有关规定及时办理国际收支统计申报。

二十、境内公司、境内股东及银行等违反本通知的，外汇局可依法采取相应的监管措施，并依据《中华人民共和国外汇管理条例》相应条款进行行政处罚。

二十一、境内金融机构境外上市外汇管理相关事宜应按照本通知办理，对银行类和保险类金融机构境外上市募集资金调回及结汇等另有规定的除外。

二十二、本通知要求报送的相关申请及登记备案材料均需提供具有法律效力的中文文本；具有中文及其他文字等多种文本的，以具有法律效力的中文文本为准。

二十三、本通知由国家外汇管理局负责解释。

二十四、本通知自发布之日起实施。《国家外汇管理局中国证监会关于进一步完善境外上市外汇管理有关问题的通知》（汇发〔2002〕77号）、《国家外汇管理局资本项目管理司关于做好境外上市外汇管理工作有关事项的通知》（汇资函〔2002〕29号）、《国家外汇管理局关于完善境外上市外汇管理有关问题的通知》（汇发〔2003〕108号）、《国家外汇管理局关于境外减持外汇收入上缴全国社保基金有关问题的通知》（汇发〔2004〕64号）、《国家外汇管理局关于境外上市外汇管理有关问题的通知》（汇发〔2005〕6号）同时废止。

各分局收到本通知后，应尽快转发辖内中心支局、支局、城市商业银行及外资银行。各中资外汇指定银行收到本通知后，应尽快转发所辖分支行。执行中如遇问题，请及时向国家外汇管理局资本项目管理司反馈。

附件1：境外上市登记表（略）

附件2：境外持股登记表（略）

附件3：境外上市相关账户类型表（略）

附件4：境外上市境外专用账户情况备案表（略）
附件5：境外上市境内专用账户开立及关闭情况表（略）
附件6：境外上市境内专用账户收支情况表（略）
附件7：境外上市业务情况汇总表（略）

附件 11：关于境外上市公司非境外上市股份集中登记存管有关事宜的通知

关于境外上市公司非境外上市股份集中登记存管有关事宜的通知

（中国证监会 2007 年 3 月 28 日证监国合字〔2007〕10 号发布，自发布之日起施行）

为保护投资者合法权益，加强对境外上市公司的管理，完善境外上市公司非境外上市股份的股权管理，保证股份的有序转让，现就境外上市公司非境外上市股份集中登记存管有关事宜通知如下：

一、本通知适用于尚未在境内公开发行人民币普通股的境外上市公司非境外上市股份的集中登记存管业务。境外上市公司在境内公开发行人民币普通股的，其非境外上市股份的登记存管业务按照人民币普通股登记存管的规定执行。

二、境外上市公司的非境外上市股份应由中国证券登记结算有限责任公司（以下简称中登公司）集中登记存管。中登公司根据其业务规则，办理境外上市公司非境外上市股份的集中登记存管事宜。

三、首次公开发行境外上市外资股的境外上市公司应在境外上市外资股上市后 15 个工作日内，将其非境外上市股份集中登记存管在中登公司，并将非境外上市股份集中登记存管结果与本次发行上市情况一并书面报告我会。

四、本通知发布前已到境外上市的公司，应在 2007 年 6 月 30 日前办结其非境外上市股份的集中登记存管手续。

五、本通知所称境外上市公司，是指发行境外上市外资股的境内股份有限公司。本通知所称非境外上市股份，是指境外上市公司的内资股、非上市外资股等未在境外上市的股份。

六、本通知自颁布之日起施行。

附件12：国务院关于进一步加强在境外发行股票和上市管理的通知

国务院关于进一步加强在境外发行股票和上市管理的通知

（国发〔1997〕21号，自发布之日起施行）

各省、自治区、直辖市人民政府，国务院各部委、各直属机构：

1992年以来，国务院和国务院证券主管部门在一系列法规和文件中，对在境外发行股票和上市的有关政策作了明确规定。但最近一个时期，一些机构和企业违反规定，未经批准，擅自将境内资产以各种形式转移到境外上市，造成了不良影响。在境外发行股票和上市是一项政策性很强的工作，必须依照国家有关规定有组织、有步骤地进行。针对目前境外上市中存在的问题，为进一步加强管理，保证境外发行股票和上市工作有序进行，现将有关规定通知如下：

一、在境外注册、中资控股（包括中资为最大股东，下同）的境外上市公司（以下称境外中资控股上市公司），进行分拆上市、增发股份等活动，受当地证券监管机构监管，但其中资控股股东的境内股权持有单位应当事后将有关情况报中国证监会备案，并加强对股权的监督管理。

二、在境外注册的中资非上市公司和中资控股的上市公司，以其拥有的境外资产和由其境外资产在境内投资形成并实际拥有三年以上的境内资产，在境外申请发行股票和上市，依照当地法律进行，但其境内股权持有单位应当按照隶属关系事先征得省级人民政府或者国务院有关主管部门同意；其不满三年的境内资产，不得在境外申请发行股票和上市，如有特殊需要的，报中国证监会审核后，由国务院证券委审批。上市活动结束后，境内股权持有单位应当将有关情况报中国证监会备案。

三、凡将境内企业资产通过收购、换股、划转以及其他任何形式转移到境外中资非上市公司或者境外中资控股上市公司在境外上市，以及将境内资产通过先转移到境外中资非上市公司再注入境外中资控股上市公司在境外上市，境内企业或者中资控股股东的境内股权持有单位应当按照隶属关系事先经省级人民政府或者国务院有关主管部门同意，并报中国证监会审核后，由国务院证券委按国家产业政策、国务院有关规定和年度总规模审批。

四、重申《国务院关于暂停收购境外企业和进一步加强境外投资管理的通知》（国发〔1993〕69号）规定的精神，禁止境内机构和企业通过购买境外上市公司控股股权的方式，进行买壳上市。

五、对违反上述规定的，以擅自发行股票论处，对负有责任的主管部门领导，由有关部门给予行政处分；对当事单位的主管人员和直接责任人员由该单位上级主管部门给予撤职直至开除的处分；对构成犯罪的，移交司法机关依法追究刑事责任；对当事单位和有关中介机构及责任人员由中国证监会按照《股票发行与交易管理暂行条例》等有关规定，给以处罚。

各地方、各部门要严格执行本通知的规定，采取切实有效措施，监督所属企业认真遵守国家有关法规和政策。境内企业到境外证券市场融资应主要采取直接上市的方式，国务院证券委要继续指导好这项工作，选择符合国家产业政策和境外上市条件的国有企业到境外直接上市。

本通知自发布之日起施行。

附件 13：中国证券监督管理委员会关于落实国务院《关于进一步加强在境外发行股票和上市管理的通知》若干问题的通知

中国证券监督管理委员会关于落实国务院《关于进一步加强在境外发行股票和上市管理的通知》若干问题的通知

（中国证监会 1998 年 2 月 27 日证监［1998］5 号发布）

各省、自治区、直辖市、计划单列市证管办（证监会），国务院有关部委及直属机构办公厅：

1997 年 6 月 20 日国务院发布了《关于进一步加强在境外发行股票和上市管理的通知》（以下简称《通知》），进一步明确并重申了我国对在境外发行股票和上市管理的有关政策。为了贯彻落实《通知》精神，现将监管工作中的有关问题进一步明确如下：

一、对境外中资控股上市公司进行一次普查建档工作。近期我会将对境外中资控股上市公司进行一次摸底调查，请你们接到本通知后，责成有关境内股权持有单位，在 1998 年 3 月 31 日前，将所属境外中资控股上市公司的基本情况补报中国证监会。补报材料的内容要求参见附件一。

二、对按《通知》规定属于事后报中国证监会备案的境外间接上市或注资，各地区、各部门应严格审批。依据《通知》第一条及第二条前款规定，属于事先由国内股权持有单位按照隶属关系征求省级人民政府和国务院有关主管部门同意、事后报中国证监会备案的境外间接上市或注资，各地区、各部门应严格审批，注意防止违规及越权或变相越权审批，并督促有关境内股权持有单位在上市或注资活动完成后及时向中国证监会备案。具体要求是：上市或注资活动完成后 3 个工作日内将简要情况及有关公告传真至中国证监会国际业务部，15 个工作日内将有关备案材料报送中国证监会备案。备案材料的内容要求参见附件二。

上市筹集资金使用如属于《通知》第三条规定的情况，涉及将境内资产向境外转移的，应事先经中国证监会审核后报国务院证券委审批。

三、由中国证监会审核并经国务院证券委批准上市或注资的境外中资控股上市公司，上市或注资活动完成后15个工作日内，其国内股权持有单位应将发行上市或注资的有关情况报国务院证券委和中国证监会。报送材料的内容要求参见附件三。

四、各地区、各部门不得以政府名义就有关企业境外上市向境内、境外机构出具承诺函或类似函件。有特殊情况的，应事先征求中国证监会意见。

五、严禁中方驻外人员利用内幕消息在境外股市违法、违规牟利。境外中资控股上市公司应遵守上市地的有关法律法规，规范运作，严禁中方驻外人员进行内幕交易；凡涉及境内的资产经营和业务活动，应遵守境内的有关法律法规。各地区、各部门应采取切实有效的保密措施，防止内幕消息泄露，严禁境内参与决策人员将内幕消息透露给境外第三方进行内幕交易；有关部门应按照国家有关法规对泄露内幕消息及进行内幕交易的驻外人员严加惩处。

六、境外中资控股上市公司股权结构若发生重大变动，对中资控股地位有影响的，其境内股权持有单位应在事后按本通知第二条规定的时间要求将有关情况报中国证监会备案。

七、各地区、各部门应督促有关境内股权持有单位将所属境外中资控股上市公司每年的年报在其公布后15个工作日内报送中国证监会备案。

附件一：已上市境外中资控股上市公司补报材料内容要求

一、国内股权持有单位报告

二、公司发行上市及注资等活动的有关法律文件

1. 公司境外发行上市申请及地方政府或国务院主管部门的批复；
2. 外经贸部同意公司设立的批复、公司的注册证书、公司章程；
3. 境内律师出具的法律意见书；
4. 政府部门有关公司发行上市向境内、境外机构所作的承诺函或其他类似文件（如有）；
5. 若属买壳或分拆上市，应报送有关收购或分拆的申请及批复；
6. 省级人民政府或国务院有关主管部门、境内股权持有单位关于境外

中资机构股权管理的规定；

　　7. 历次注资的申请和批复情况，涉及境内资产转移的有关审批文件。

　　三、公开披露材料

　　包括公司的招股书（若属买壳上市，请报送有关收购公告），历次注资、扩股、分拆上市的有关公告，公司历年年报等。

　　四、境外中资控股上市公司补报情况统计表1（略）

　　五、要求

　　以上材料需在1998年3月31日以前报送中国证监会，所有材料应采用A4纸张装订成册，一式2份。

附件二：境外中资控股上市公司上市或注资事后备案材料内容要求

　　一、国内股权持有单位报告

　　包括：上市公司的演变和重组；上市（或注资）主要资产；上市（或注资）所涉及境内资产的投资时间和方式、股权变动情况，境内资产转移存在的问题和解决的办法，境内资产评估情况等。

　　二、公司发行上市（或注资）有关法律文件

　　1. 公司在境外发行股票及上市（或注资）的申请及地方政府或国务院有关主管部门的批复；

　　2. 外经贸部的有关批复、公司的注册证书、公司章程；

　　3. 境内律师出具的法律意见书；

　　4. 政府部门有关公司发行上市向境内、境外机构所作的承诺函或其他文件（如有）；

　　5. 发行上市（注资）所涉及境内资产有关的外商投资审批文件。

　　三、公开披露的材料

　　1. 招股说明书（或有关注资的公告）（2套）；

　　2. 有关投资银行所做的公司研究报告（2套）；

　　3. 募股碑铭（Tomestone，2块）。

　　四、境外中资控股上市公司上市（注资）备案情况统计表（略）

　　五、要求

　　1. 以上备案材料需在上市或注资活动完成后15个工作日内报送中国证监会，所有材料需采用A4纸张装订成册，一式2份。

2. 在上市或注资活动完成后 3 个工作日内需将以下材料传真快报中国证监会国际业务部：发行上市（注资）简介，包括：发行量、公司股本结构、发行价（收购价）、市盈率、筹资量等；发行上市（或注资）的有关公告。

境外中资控股上市公司上市（注资）备案情况统计表 2（略）

附件三：境外中资控股上市公司发行上市或注资总结材料内容要求

一、发行上市（或注资）工作总结

包括：公司演变与重组、公司股本结构（注资后股本变动）、主要业务及筹资用途、发行推介情况、股票上市后（注资后）的交易情况、公司认为需要说明的其他情况。

二、境外中资控股上市公司总结情况统计表 3（略）

三、公开披露材料

1. 招股说明书（5 套）（或注资有关公告）；

2. 有关投资银行所做的公司研究报告（2 套）；

3. 募股碑铭（Tomestone，2 块）。

四、要求

以上材料需在上市或注资活动完成后 15 个工作日内报送国务院证券委和中国证监会，所有材料应采用 A4 纸张装订成册，一式 2 份。

境外中资控股上市公司总结情况统计表 3（略）

附件14：关于加强在境外发行证券与上市相关保密和档案管理工作的规定

关于加强在境外发行证券与上市相关保密和档案
管理工作的规定

(2009年10月20日中国证券监督管理委员会、国家保密局和国家档案局公告〔2009〕29号公布，自公布之日起施行)

一、为保障国家经济安全，保护社会公共利益，根据《中华人民共和国证券法》、《中华人民共和国保守国家秘密法》和《中华人民共和国档案法》等法律法规的有关规定，制定本规定。

二、在境外发行证券与上市过程中，境外上市公司（包括拟上市公司，下同）以及提供相关证券服务的证券公司、证券服务机构应当严格贯彻执行有关法律法规的规定以及本规定的要求，增强保守国家秘密和加强档案管理的法律意识，建立和完善专项规章制度，加强对有关人员的教育和管理，认真落实各项具体措施，进一步做好保密和档案管理工作。

三、在境外发行证券与上市过程中，境外上市公司向有关证券公司、证券服务机构和境外监管机构提供或者公开披露涉及国家秘密的文件、资料和其他物品的，应当依法报有审批权限的主管部门批准，并报同级保密行政管理部门备案。是否属于国家秘密不明确或者有争议的，应当报有关保密行政管理部门确定。

四、在境外发行证券与上市过程中，境外上市公司向有关证券公司、证券服务机构和境外监管机构提供或者公开披露涉及国家安全或者重大利益的档案的，应当依法报国家档案局批准。

五、境外上市公司在与有关证券公司、证券服务机构签订服务协议时，应当依照《中华人民共和国保守国家秘密法》等法律法规及本规定，对有关证券公司、证券服务机构承担保密义务的范围等事项依法作出明确的约定；服务协议关于适用法律以及有关证券公司和证券服务机构承担保密义务的约定条款与中国有关法律法规的规定以及本规定不符的，应当及时修改。

六、在境外发行证券与上市过程中，提供相关证券服务的证券公司、证券服务机构在境内形成的工作底稿等档案应当存放在境内。

前款所称工作底稿涉及国家秘密、国家安全或者重大利益的，不得在非涉密计算机信息系统中存储、处理和传输；未经有关主管部门批准，也不得将其携带、寄运至境外或者通过信息技术等任何手段传递给境外机构或者个人。

七、证监会、国家保密局和国家档案局等有关主管部门建立协作机制，在各自的职权范围内依法对在境外发行证券与上市过程中涉及保密和档案管理的有关事项进行监督检查。

前款所称检查，包括现场检查和非现场检查。

八、证监会负责就在境外发行证券与上市保密和档案管理工作涉及的跨境证券监管事宜，与境外证券监管机构和其他相关机构开展交流与合作。

境外证券监管机构和其他相关机构提出对境外上市公司以及为境外发行证券与上市提供证券服务的证券公司、证券服务机构（包括境外证券公司和证券服务机构在境内设立的成员机构、代表机构、联营机构、合作机构等关联机构）在境内进行现场检查的，有关境外上市公司、证券公司和证券服务机构应当事先向证监会和有关主管部门报告，涉及需要事先经有关部门批准的事项，应当事先取得有关部门的批准。现场检查应以我国监管机构为主进行，或者依赖我国监管机构的检查结果。

境外证券监管机构和其他相关机构提出对境外上市公司以及为境外发行证券与上市提供证券服务的证券公司、证券服务机构（包括境外证券公司和证券服务机构在境内设立的成员机构、代表机构、联营机构、合作机构等关联机构）进行非现场检查的，涉及国家秘密的事项，有关境外上市公司、证券公司和证券服务机构应当依法报有审批权限的主管部门批准，并报同级保密行政管理部门备案；涉及档案管理的事项，有关境外上市公司、证券公司和证券服务机构应当依法报国家档案局批准。涉及需要事先经其他有关部门批准的事项，有关境外上市公司、证券公司和证券服务机构应当事先取得其他有关部门的批准。

九、在境外发行证券与上市过程中，任何单位和个人违反《中华人民共和国保守国家秘密法》和《中华人民共和国档案法》等法律法规的，由有关部门依法追究法律责任；涉嫌犯罪的，移送司法机关依法追究刑事责任。

十、本规定所称境外上市公司，是指发行境外上市外资股的境内股份有限公司。

十一、境外中资控股上市公司的境内股权持有单位以及为上述公司提供证券服务的证券公司和证券服务机构参照本规定执行。

十二、本规定自公布之日起施行。

附件15 历年境内企业境外首发上市数量和筹资额简表

时间	直接上市		间接上市			
			"大红筹"		"小红筹"	
	首发上市数量（家）	筹资额（百万美元）	首发上市数量（家）	筹资额（百万美元）	首发上市数量（家）	筹资额（百万美元）
1996年及以前年度	26	4874.00	30	63.36	0	0
1997年	17	4685.00	8	11.89	0	0
1998年	1	457.00	1	16.00	3	182.01
1999年	3	569.00	3	235.00	7	196.12
2000年	5	6790.00	2	282.07	18	698.64
2001年	8	882.00	3	1316.49	16	318.09
2002年	16	2323.00	0	0	49	586.85
2003年	18	5369.54	2	330.18	44	1145.33
2004年	18	4989.04	6	3882.86	74	1719.38
2005年	12	15699.05	2	95.28	72	3999.19
2006年	23	32522.61	1	1023.00	72	7140.01
2007年	7	12697.00	6	4091.38	122	24139.58
2008年	5	3744.78	0	0	42	4073.18
2009年	6	13473.12	2	957.84	78	12759.73
2010年	7	15561.96	2	574.75	115	16818.49
2011年	6	11624.00	2	670.13	69	10774.00
2012年	7	8250.00	0	0	47	9842.00
合计	179	190659.00	68	13550.23	759	83628.60

数据来源：CVSource，ZDB Database，Dealogic，中国证监会网站。

境内企业境外上市监管问题研究

附件16 境外上市公司遭遇证券集团诉讼情况一览表

H 股公司在美国遭遇证券集团诉讼情况

序号	上市公司名称	注册地	上市地	主要业务	上市时间	被诉时间	诉讼事由	诉讼结果
1	中国人寿保险股份有限公司	中国	纽约证券交易所	商业保险服务	2003年12月	2004年3月	招股书存在虚假记载和误导性陈述，导致投资者遭受损失。	2008年9月，美国纽约州南区地方法院判决驳回原告的诉讼请求；2009年1月8日，原告撤回上诉。

在美国上市的"中国公司"遭遇证券集团诉讼情况

序号	上市公司名称	注册地	上市地	主要业务	上市时间	被诉时间	诉讼事由	诉讼结果
1	侨兴环球电话公司（Qiao Xing Universal Telephone Inc.）	英属维尔京群岛	NASDAQ	通信设备的生产和销售	1999年2月	2007年8月	上市后的信息披露虚假，导致在指定期间内买入股票的投资者遭受损失。	2008年7月，美国纽约州南区地方法院批准和解协议，被告及其保险公司分别向原告支付210万美元和30万美元赔偿金。

· 228 ·

续表

序号	上市公司名称	注册地	上市地	主要业务	上市时间	被诉时间	诉讼事由	诉讼结果
2	中华网公司 (CDC Corporation)	英属开曼群岛	NASDAQ	软件开发和销售、移动和互联网、媒体服务	1999年7月	2001年6月	招股书存在虚假记载和误导性陈述,导致投资者遭受损失。	2005年3月,美国纽约州南区地方法院有条件批准包括被告在内的300多家在1998~2000年发行上市目的公司与原告达成证券集团诉讼和解协议,赔偿金额总计约10亿美元。
3	UT斯达康公司 (UTStarcom, Inc.)	美国特拉华州	NASDAQ	通信产品研发、生产和销售	2000年3月	2007年9月	上市后的信息披露虚假、存在重大遗漏,导致在指定期间内买入股票的投资者遭受损失。	2009年9月,美国加利福尼亚州北区地方法院批准和解协议,被告支付950万美元赔偿金。
						2004年11月	上市后的信息披露虚假、存在重大遗漏,导致在指定期间内买入股票的投资者遭受损失。	2011年2月,美国加利福尼亚州北区地方法院批准和解协议,被告支付290万美元赔偿金。
						2001年10月	招股书存在虚假记载和误导性陈述,导致投资者遭受损失。	尚未结案。
4	亚信控股有限公司 (Asiainfo Holdings, Inc.)	美国特拉华州	NASDAQ	通信软件的开发和服务	2000年3月	2001年12月	招股书存在虚假记载和误导性陈述,导致投资者遭受损失。	2005年3月,美国纽约州南区地方法院有条件批准包括被告在内的300多家在1998~2000年发行上市目的公司与原告达成证券集团诉讼和解协议,赔偿金额总计约10亿美元。

· 229 ·

续表

序号	上市公司名称	注册地	上市地	主要业务	上市时间	被诉时间	诉讼事由	诉讼结果
5	网易公司（NetEase.com, Inc.）	英属开曼群岛	NASDAQ	在线媒体及移动增值服务	2000年6月	2001年10月	上市后的信息披露虚假，导致在指定期间内买入股票的投资者遭受损失。	2003年6月，美国纽约州南区地方法院批准和解协议，被告支付435万美元赔偿金。
6	新浪公司（SINA Corporation）	英属开曼群岛	NASDAQ	在线媒体及移动增值服务	2004年4月	2005年2月	上市后的信息披露虚假，存在重大遗漏，导致在指定期间买入股票的投资者遭受损失。	2006年9月，美国纽约州南区地方法院驳回原告的诉讼请求。
7	空中网公司（KongZhong Corporation）	英属开曼群岛	NASDAQ	无线增值娱乐服务	2004年7月	2004年8月	招股书存在虚假记载和误导性陈述，导致投资者遭受损失。	2006年4月，美国纽约州南区地方法院批准和解协议，被告向原告支付350万美元赔偿金。
8	前程无忧公司（51job, Inc.）	英属开曼群岛	NASDAQ	人力资源服务	2004年9月	2005年7月	上市后的信息披露虚假，存在重大遗漏，导致在指定期间买入股票的投资者遭受损失。	2006年11月，美国纽约州南区地方法院驳回原告的诉讼请求。
9	第九城市有限公司（The9, Ltd.）	英属开曼群岛	NASDAQ	在线网络游戏开发和运营	2004年12月	2009年10月	上市后的信息披露存在重大遗漏，导致在指定期间内买入股票的投资者遭受损失。	2011年5月，美国纽约州南区地方法院驳回原告的诉讼请求。
10	中国节能技术有限公司（China Energy Savings Technology Inc.）	英属维尔京群岛	NASDAQ	节能设备生产和销售	2005年4月	2006年5月	上市后的信息披露虚假，导致在指定期间买入股票的投资者遭受损失。1.内幕信息知情人员参与了2006年1月进行的非公开发行；2.违反关于股份限售的监管规定，但未予披露。	原告于2007年1月26日自愿撤回起诉。

续表

序号	上市公司名称	注册地	上市地	主要业务	上市时间	被诉时间	诉讼事由	诉讼结果
11	中国专家技术有限公司（China Expert Technology Inc.）	美国内华达州	NASDAQ	网络建设服务	2005年4月	2007年11月	上市后的信息披露虚假、误导，导致在指定期间内买入股票的投资者遭受损失。	尚未结案。
12	分众传媒控股股份有限公司（Focus Media Holding Limited）	英属开曼群岛	NASDAQ	数字化媒体服务	2005年7月	2007年11月	招股书存在重大遗漏，导致投资者遭受损失。	2011年12月，美国纽约州南区地方法院批准双方达成的和解协议。
13	中国圣火药业控股有限公司（China Shenghuo Pharmaceutical Holdings, Inc.）	美国特拉华州	美国证券交易所	药品、化妆品、保健品的研发、生产和销售	2005年8月	2008年8月	上市后的信息披露虚假、误导，导致在指定期间内买入股票的投资者遭受损失。	2011年3月，美国纽约州南区地方法院判决被告承担律师费用和其他费用。
14	富维薄膜（控股）有限公司（Fuwei Films (Holdings) Company, Ltd.）	英属开曼群岛	NASDAQ	塑料薄膜的生产和销售	2006年12月	2007年10月	招股书存在虚假记载和误导性陈述，导致投资者遭受损失。	尚未结案。
15	晶澳太阳能控股有限公司（JA Solar Holdings Co., Ltd.）	英属开曼群岛	NASDAQ	太阳能产品的研发、生产和销售	2007年2月	2008年12月	上市后的信息披露存在重大遗漏，导致在指定期间内买入股票的投资者遭受损失。	尚未结案。
16	新华悦动传媒有限公司（Xinhua Sports & Entertainment LTD.）	英属开曼群岛	NASDAQ	体育和娱乐传媒服务	2007年3月	2007年5月	招股书存在重大遗漏，导致投资者遭受损失。	2009年2月，美国纽约州南区地方法院判决驳回原告的诉讼请求。
17	中电光伏有限公司（China Sunergy Company Limited）	英属开曼群岛	NASDAQ	太阳能产品的研发、生产和销售	2007年4月	2007年9月	招股书存在虚假记载和误导性陈述，导致投资者遭受损失。	2009年10月，各方当事人达成和解协议，被告或其保险公司支付105万美元赔偿金。

续表

序号	上市公司名称	注册地	上市地	主要业务	上市时间	被诉时间	诉讼事由	诉讼结果
18	诺亚舟教育控股有限公司（Noah Education Holdings Ltd）	英属开曼群岛	纽约证券交易所	教育辅助内容开发及服务提供	2007年10月	2008年10月	招股书存在重大遗漏，导致投资者遭受损失。	2011年5月，美国纽约州南区地方法院判决被告承担律师费用和其他费用。
19	巨人网络集团公司（Giant Interactive Group, Inc.）	英属开曼群岛	纽约证券交易所	网络游戏开发和运营	2007年11月	2007年11月	招股书未准确及时披露公司经营成果已经发生的重大变化，导致投资者遭受损失。	尚未结案。
20	赛维LDK太阳能有限公司（LDK Solar Co., Ltd.）	英属开曼群岛	纽约证券交易所	太阳能产品的开发、研发、生产和销售	2007年6月	2007年12月	上市后的信息披露存在重大遗漏，导致在指定期间内买入股票的投资者遭受损失。	尚未结案（被告已与原告达成总金额约160万美元的和解协议，尚待法院批准）。
21	福麒国际有限公司（Fuqi International, Inc.）	美国特拉华州	NASDAQ	珠宝首饰的生产和销售	2007年10月	2010年3月	上市后的信息披露存在虚假、重大遗漏，导致在指定期间内买入股票的投资者遭受损失。	尚未结案。
22	华奥物种集团有限公司（Agria Corporation）	英属开曼群岛	纽约证券交易所	上游农产品的研发、生产和销售	2007年11月	2008年4月	上市后的信息披露存在虚假、重大遗漏，导致在指定期间内买入股票的投资者遭受损失。	2011年6月，美国纽约州南区地方法院判决被告支付约98万美元的赔偿金。

在美国场外证券市场挂牌的"中国公司"遭遇证券集团诉讼情况

序号	上市公司名称	注册地	挂牌地	主要业务	挂牌时间	被诉时间	诉讼事由	诉讼结果
1	中国有机农业有限公司（China Organic Agriculture, Inc.）	美国佛罗里达州	OTCBB	农产品销售	2007年5月	2008年12月	上市后的信息披露虚假、误导，内幕信息知情人员趁机抛售公司股票，导致在指定期间内买入股票的投资者遭受损失。	尚未结案。

其他境外上市公司在美国遭遇证券集团诉讼情况

序号	上市公司名称	注册地	上市地	主要业务	上市时间	被诉时间	诉讼事由	诉讼结果
1	中国航空油料（新加坡）股份有限公司（China Aviation Oil (Singapore) Corporation, Ltd.）	新加坡	新加坡交易所（在OTCBB挂牌）	航空燃油采购和销售	2001年12月	2005年1月	上市后的信息披露虚假、误导，向公众投资者隐瞒重要事实，导致在指定期间内买入股票的投资者遭受损失。	2005年3月，美国纽约州南区地方法院以对被诉诉讼事项无管辖权为由驳回原告的起诉。

参考文献

李寿双等:《红筹博弈——十号文时代的民企境外上市》,中国政法大学出版社 2011 年版。

祈斌等:《海外交易所竞争中国潜在上市资源情况分析》,《上海证券报》2007 年 2 月 9 日第 A04 版。

任自力等:《证券集团诉讼:国际经验 & 中国道路》,法律出版社 2008 年版。

商务部国际贸易经济合作研究院:《2004 年中国对外经济贸易蓝皮书》,中国商务出版社 2004 年版。

外汇局:《中国外汇管理年报》,各年度。

萧凯:《跨国证券交易的国际私法问题》,武汉大学出版社 2008 年版。

邢钢:《国际私法视野下的外国公司法律规制》,知识产权出版社 2009 年版。

叶勇、但有为:《商务部首称将完善十号文 鼓励企业境外直接上市》,《上海证券报》2009 年 6 月 11 日第 5 版。

张贝:《从股东代表诉讼看股东代表仲裁》,《仲裁研究》第 18 辑。

中国证监会:《中国证券监督管理委员会年报》,中国财政经济出版社,各年度。

Anita I. Anand, "Rules v. Principles as Approaches to Financial Market Regulation", *Harvard International Law Journal*, Vol. 49, 2009.

Ashley Lee, "How China State Secrecy Law Challenges Hong Kong Independence", *International Financial Law Review*, September 4, 2012.

A. Douglas Harris, "The Impact of Hot Issue Markets and Noise Traders on Stock Exchange Listing Standards", *University of Toronto Law Journal*, Vol. 56, No. 3, 2006.

Andrea M. Corcoran and Terry L. Hart, "The Regulation of Cross-Border Financial Services in the EU Internal Market: A Primer for Third Countries", *Columbia Journal of European Law*, Vol. 8, 2002.

Andreas M. Fleckner, "Stock Exchanges at the Crossroad", *Fordham Law Review*, Vol. 74, Iss. 5, 2006.

Andrew C.W. Lund, "What Was the Question? The NYSE and Nasdaq's Curious Listing Standards Requiring Shareholder Approval of Equity-Compensation Plans", *Connecticut Law Review*, Vol. 39, No. 1, 2006.

Dana T. Ackerly II and Eric J. Pan, Dual-Listing Securities in Europe and the United States, in Sarah Bolton ed., *The Complete Guide to Listing on the London Stock Exchange*, ISI Publications, 2002.

Elizabeth P. Gray and Jessica L. Matelis, "PCAOB Foreign Inspections-A Chinese Condundrum", *Review of Securities & Commodities Regulation*, Vol. 44, No. 12, 2012.

Erica Fung, "Regulatory Competition in International Capital Markets: Evidence from China in 2004-2005", *Journal of Law & Business*, Vol. 3, 2006.

Ed Sun, "Still Waiting for Regulation 10", *International Financial Law Review*, 2008, Vol. 27, Iss. 9, 2008.

Flood G. and Lunt M G., "The Extraterritorial Effects of the Sarbanes-Oxley Act 2002", *Journal of Business Law*, 2006.

G. Ferrarini and E. Wymeersch, eds., *Investor Protection in Europe*, Oxford: Oxford University Press, 2006.

John Armour, "Who Should Make Corporate Law? EC Legislation versus Regulatory Competition", *ECGI - Law Working Paper*, No. 54/2005.

John JA Burke, "Re-Examining Investor Protection in Europe and the US", *Murdoch University Electronic Journal of Law*, Vol.16, Iss. 2, 2009.

John C. Coffee, Jr., "Racing towards the Top: The Impact of Cross-Listing and Stock Market Competition on International Corporate Governance", *Columbia Law Review*, Vol. 102, 2002.

John H. Walsh, "Institution-Based Financial Regulation: A Third Paradigm", *Harvard International Law Journal*, Vol. 49, No. 2, 2008.

Jonathan R. Macey and Maureen O'Hara, "From Markets to Venues: Securities Regulation in an Evolving World", *Standford Law Review*, Vol. 58, 2005.

Mahmood Bagheri and Chizu Nakajima, "Competition and Integration among Stock Exchanges: The Dilemma of Conflicting Regulatory Objectives and Strategies", *Oxford Journal of Legal Studies*, Vol. 24, Iss. 1, 2004.

Pierpaolo Marano and Isabella Ferreti, "Cross-Listing, Global Shares and Dematerialised Shares", *Uniform Law Review*, Vol. 11, 2006-2.

R. Karmel, "Comparative Corporate Governance Symposium: The Securities and Exchange Commission Goes Abroad to Regulate Corporate Governance", *Stetson Law Review*, Vol. 33, No. 3, 2004.

Reinier Kraakman, et al., *The Anatomy of Corporate Law: A Comparative and Functional Approach*, Oxford: Oxford University Press, 2004.

Robert B. Ahdieh, "Making Markets: Network Effects and the Role of Law in the Creation of Strong Securities Markets", *Southern California Law Review*, Vol. 76, 2003.

Robert M. Daines, "The Incorporation Choice of IPO Firms", *New York University Law Review*, Vol. 77, 2002.

Robert Patton, Recent Trends in US Securities Class Actions against Non-US Companies, in *The International Comparative Legal Guide to: Class & Group Actions* 2013, Global Legal Group Ltd., 2012.

Robert B. Thompson, "Collaborative Corporate Governance: Listing Standards, State Law, and Federal Regulation", *Wake Forest Law Review*, Vol. 38, 2003.

Robert W. Koepp, *Betting on China: Chinese Stocks, American Stock Markets, and the Wagers on a New Dynamic in Global Capitalism*, Hoboken: John Wiley & Sons Inc., 2012.

Stephen D. Bohrer, "Lifting the Veil from the SEC's Cross-Border Rules", *RDAI/IBJL*, No. 5, 2006.

Thomas J. Chemmanur and Paolo Fulghierib, "Competition and Cooperation among Exchanges: A Theory of Cross-Listing and Endogenous Listing Standards", *Journal of Financial Economics*, Vol. 82, Iss. 2, 2006.

Tim Morris and Julia Machin, "The Pan-European Capital Market: Is the Prospectus Directive a Success or Failure?", *Capital Market Law Journal*, Vol. 1, Iss. 2, 2006.

Tobias H. Tröger, "Choice of Jurisdiction in European Corporate Law: Perspective of European Corporate Governance", *European Business Organization Law Review*, Vol. 6, Iss. 1, 2005.

Wolf-Georg Ringe and Alexander Hellgardt, "The International Dimension of Issuer Liability: Liability and Choice of Law from a Transatlantic Perspective", *Oxford Journal of Legal Studies*, Vol. 31, No. 1, 2010.

Yuan Cheng, "Listing Overseas: What is the Real Scope of the CSRC Circular?", *China Law & Practice*, September, 2000.

Zohar Goshen and Gideon Parchomovsky, "The Essential Role of Securities Regulation", *Duke Law Journal*, Vol. 55, No. 4, 2006.

索 引

B

备忘录 4，86，111，158
并购 3，15，16，62，63，64，65，
66，67，68，69，70，73，74，75，
76，77，78，80，81，143，144，
145，146，147，148，149，203

D

大红筹 2，3，5，9，10，15，55，
56，57，58，59，62，68，70，74，
75，76，78，80，81，93，95，105，
142，143，149，227
档案 44，113，114，115，116，117，
126，210，224，225，226

F

反向收购 3，94，95
返程投资 63，64，65，66，69，78，
82

G

公司治理 12，13，14，15，17，35，
36，77，83，139，146，160，202
规则监管模式 19，20，21，22，23，
24，27，28，29，32，34
股权激励 72，81，130，132，133，
134，135
国有股减持 43，47
国家秘密 103，112，113，114，115，
116，224，225，226
国有资产 11，12，59，63，64，70，
72，75，152，158，160，212

H

H股 1，2，3，4，5，6，7，8，9，
10，11，12，13，14，15，16，17，
18，20，21，22，23，24，25，26，
27，28，29，30，31，32，33，34，
35，36，37，39，40，41，42，43，
44，45，46，47，48，49，50，51，
52，53，54，55，57，58，59，60，
61，62，63，64，65，66，67，68，
69，70，71，72，73，74，75，76，
77，78，79，80，81，82，83，84，
85，86，87，88，89，90，91，
93，96，105，127，129，228

J

间接上市 1，2，3，5，9，39，46，53，54，55，56，57，58，59，60，61，62，63，65，66，67，68，69，70，71，72，73，74，75，76，77，78，79，80，81，149，220，227

境外投资 4，5，10，11，14，41，47，49，51，56，59，61，62，63，64，65，66，69，70，76，79，80，82，94，128，130，138，147，153，155，164，167，219

《境外主板上市通知》 42，43，45，48

《减持国有股办法》 43，47

《境外直接上市特别规定》 41，42，44，45，46，47，51，80，83，85，91，138，149

《境外直接上市指引》 42，43，44，45，48，51

境外中资公司 55，56，68，74，75，76，81

K

会计准则 18，119，120，121，122，123，124，125，158，191，192，192

跨境审计监管 101，102，103，105，107，109，111，113，115，116，117

跨境证券争议 84，85，86，87，88，89，90，91

L

利用外资 9，10，45，61，77，79，80，158，161

N

内部控制 13，15，18，26，27，28，34，36，99，140，141，146

内幕交易 97，143，144，145，146，147，148，221

P

PCAOB 104，105，106，107，108，109，110，111，112，114，115，117，139，140

S

《萨班斯法（2002年）》 6，7，15，20，23，29，102，104，105，106，139，140，141

所有制歧视 71，72

审计工作底稿 102，103，104，105，108，112，113，114，115，117，140

审计服务协议 105，114，115，117

税法 125，126，127，128，130

T

特殊目的公司 1，56，61，62，63，64，65，66，67，68，69，74，75，76，78

W

外汇 10，11，39，43，45，48，53，

56，57，62，63，64，65，66，67，68，69，70，73，74，75，77，78，82，135，137，138，139，158，211，212，213，214，215，235

无异议函 58，59，60，61，63，67，72

完全依赖 107，110，111

X

小红筹 2，3，7，9，57，58，59，62，68，70，72，74，75，80，81，93，94，95，101，103，149，227

《香港创业板上市指引》 42，44，45，48，51，58

《信息披露若干意见》 43，44，50

行政许可 48，51，59，68，72，78，81，82，138，161，164

协议控制 61，65，66，69，77

Y

原则监管模式 19，24，25，26，27，28，29，30，31，32，33，34，35，36

Z

直接上市 1，4，6，7，8，9，14，39，40，41，42，43，44，45，46，47，48，49，50，51，53，54，55，56，57，70，72，75，77，80，81，83，85，91，93，138，149，219，227，235

中国概念公司 9，14，16，17，76，80，93，94，95，101，103，104，145，149

《章程必备条款》 42，44，46，47，48，83，84，85，87，88，89，90，91

《中华人民共和国证券法》39，40，41，44，46，51，57，59，67，72，75，80，86，90，132，160，224

资本外逃 63，64，72

仲裁 46，47，84，85，86，87，88，89，90，154，167，196，235

证券集团诉讼 93，94，95，96，97，98，99，148，228，229，233，235

后 记

这本书系统地总结了我在南开大学求学期间完成的主要研究成果。在本书付梓之际，我不禁再次回忆起这几年在学术研究阵地上拼搏成长的点点滴滴，深深地领悟到"允公允能，日新月异"这一校训丰富的精神内涵。公德、能力兼备，创新进取，勇攀高峰，这也是我作为南开学子持久的奋斗目标。

在此，我首先要感谢合作导师李志辉教授。几年来，无论是在学术研究方面，还是在职业发展、个人成长方面，李老师都对我关怀备至，既有严格要求，也有鼓励、鞭策，这正是我们整个学术团队得以凝聚一心、团结协作的基础。

在日常的科研工作中，南开大学人事处的杨柳老师、社科处的王转运老师、南开大学滨海开发研究院的范振义老师、经济学院科研办的宋雪玲老师和段涛进老师等都一直给予我热情支持，令我感激不尽。南开大学为博士后提供和创造了良好的科研条件，这与以上几位老师认真负责、无私奉献的工作态度是息息相关的。

"九秩南开，岁月如诗"，南开的博大精深造就了南开人的踏实勤奋，南开人的艰苦奋斗体现了南开的伟大精神，我对南开大学的感情一定会历久弥新。

刘 轶

2013 年 5 月